译丛

Travels
with
Charley

In Search of America

John Steinbeck

远方 译丛 罗新 主编

带上查理去旅行

重寻美国

〔美〕约翰·斯坦贝克 著

栾奇 译

商务印书馆
始于1897
The Commercial Press

John Steinbeck

TRAVELS WITH CHARLEY:

In Search of America

本书依据 Bantam Books 1963 年版译出

此书献给哈罗德·金兹伯格（Harold Guinzburg）
以表达交往与交情所致的敬意

推荐序

约翰·斯坦贝克（John Steinbeck, 1902—1968）是二十世纪美国文学史上的一个重要人物，虽然也写有相当数量的非虚构文字，包括他在美国国内和世界各地（如苏联）的旅行记，但在《带上查理去旅行：重寻美国》（*Travels with Charley: In Search of America*，以下简称《带上查理去旅行》）于 1962 年出版以前，人们列举他的代表性作品时，只会想到他在 1930 年代中后期所写的小说，包括长篇小说《愤怒的葡萄》、中篇小说《人鼠之间》等，后来却一定会加上《带上查理去旅行》，可见这部旅行回忆录在斯坦贝克的后期写作中是多么重要。值得一提的是，《带上查理去旅行》出版后没几个月，斯坦贝克就被授予诺贝尔文学奖，成为第五个获此殊荣的美国人。

《带上查理去旅行》讲述的是斯坦贝克 1960 年秋冬在美国长途旅行的经历。这次旅行历时 75 天，行程 10,000 多英里（16,000 多公里），跨越 34 个州。那时商业性房车（RV）主要是拖曳式的，不符合斯坦贝克的设想，他请人把一辆小型卡车改造为野营车，相当于一辆简易版自行式房车（只不过驾驶室与密封式车厢是分离的）。似乎是为了强化此行的戏剧性，他用堂吉诃德坐骑的名字驽骍难得（Rocinante）来命名这辆改装野营车。他独自上路，唯一的旅伴是一只名叫查理（Charley）的法国贵宾犬。这本书以查理为名，是从英国作家罗伯特·路易斯·史蒂文森（Robert Louis Stevenson, 1850—1894）那里获得的灵感，因为史蒂文森记录他在法国塞文山脉独自牵一头毛驴徒步旅行的书，书名就是《驴背旅程》（*Travels with a Donkey in the Cévennes*, 1879）。斯坦贝克崇敬史蒂文森，在早期小说里说过《驴背旅程》是英语文学的最伟大作品之一，还用史蒂文森的名字罗伯特·路易斯给小儿子取名。史蒂文森是英语文学史上最早把徒步旅行、野外露营这种休闲活动当成写作主题的人之一，现在斯坦贝克是在大西洋的另一侧重现这样的行动。

不过斯坦贝克决意赋予自己的旅行以远比休闲娱乐更重大的意义，他解释自己的动机时说："多年来我在世界许多地方旅行。在美国，我生活在纽约，有时去去芝加哥和旧金山。可是正如巴黎不能代表法国、伦敦不能代表英国，纽约远远不足以代表美国。因而，我发现我对自己的国家不再了解。我，一个写美国的美国作家，靠记忆工作，而记忆说得好听点也就是一个有毛病的、扭曲变形的蓄水池而已。我已很久没有听到美国人的言语，没有嗅到青草、树林和下水道的气息，没有看到美国的山水、色彩和亮光了。我只从书本和报纸获知变化。更糟糕的是，我已经有25年未曾感受到这个国家了。简而言之，我正在写着的，恰恰是我所不了解的，在我看来对一个所谓的作家来说这就是犯罪。"[1]

斯坦贝克这一番坦露心事，可能出自内省与自觉，不过也可能与长期以来批评界的指责有关。很多批评家认为他之所以在40岁以后再没写出高

---

[1] 为保留行文风格，此处引文译文并未与正文统一。——编者注

水平的小说，是因为他离开了加州的故土，与自己创作的源泉中断了实实在在的联系。当然斯坦贝克可能还有另外的动力，那就是他的健康状况在前一年发出了危险的信号。据说他在英国发生过突然昏厥，不服老的他急于证明自己仍和过去一样强壮。不管因为什么，1960年春夏完成他的最后一部长篇小说《烦恼的冬天》（*The Winter of Our Discontent*）之后，斯坦贝克立即投入旅行准备。后因飓风来袭，出行推迟了两周。行前的准备以及与飓风的搏斗，成为《带上查理去旅行》的第一部分。这一部分里，最精彩的是斯坦贝克在狂暴的飓风里跳进海湾拯救游艇的故事，似乎是他特意写出来的，表明自己的身体足以应付远行。

1960年9月23日，58岁的斯坦贝克从纽约长岛出发，乘坐渡轮向北进入康涅狄格州，然后驾车向东北方向穿过整个新英格兰的六个州，直到缅因州的最北端，再从那里向西南，离开新英格兰，经大湖区的纽约州、宾夕法尼亚州、俄亥俄州、密歇根州、印第安纳州，进入伊利诺伊州的特大城市芝加哥，这段旅程构成《带上查理去旅行》的第二部分。之后的第三部分是从芝加哥北上，经威斯康星州、明尼苏达州、北达科他州、南达科他州、蒙大拿州、怀俄明州、爱达荷州、华盛顿州、俄勒冈州，回到他的故乡加利福尼亚州，到了他的生长之地和创作灵感的源头，与家人相聚。最后的第四部分写他从西海岸返回纽约的旅程，路程虽长，文字却不多，重点写了他在得克萨斯州牧场上做客，以及在路易斯安那州的新奥尔良目睹黑人小学生进入白人学校所引发的种族紧张与社会动荡。

据书中所写，一路上斯坦贝克常常把车停在风景不错的位置（多为私人地盘），睡在车上，并尽可能多地与当地人攀谈，请他们到车上喝酒或喝咖啡，早晨则到当地餐厅吃早饭，以这种方式与当地人接触。当然，每隔几天他也会到汽车旅馆过个夜，为的是泡一个热水澡。偶尔，他还会到某个老友家里享受美食和温暖的被褥。只在某些非常特殊的情况下，比如当他与妻子在芝加哥欢聚时，他才会在豪华饭店过上几天。书中记录了好多次他与当地人的谈话，这些谈话既涉及国际国内的政治新闻，也与本地经济、社会问题紧密相关。他想知道如今的美国人是什么样子，想些什么，关心什么。那是美苏冷战越来越冷的危险时刻，核战争的阴影笼罩了许多谈话，比如刚出发时与一个在潜艇上服役的小伙子就水下生活的谈话，在新英格兰与一个农场主就赫鲁晓夫在联大脱鞋砸桌子的谈话，以及在明尼苏达沿十号高速公路开车时的浮想联翩，等等。那也是肯尼迪与尼克松竞选的炽热时刻，然而斯坦贝克吃惊地发现，路上很少有人愿意议论这个事项。

更多的是作者的观察与思考。除了壮丽的风景（风景描写理所当然是本书的亮点），斯坦贝克的观察主要集中在美国社会这些年的变化，其中最容易在今天的读者中引发共鸣的，一是他对环境问题的敏感与担忧，二是他对种族问题的观察与态度。书中多处提到从四面八方包围着几乎每一个城镇的废弃汽车等现代垃圾，体现了斯坦贝克的敏感。他写到土壤退化和生态失衡，虽然囿于文体，基本上浅尝辄止，但已经触碰到了时代的脉搏。有意思的是，1962年《带上查理去旅行》出版后，曾在《纽约时报》的图书畅销榜上占据整整一周的榜首，后来取代它的，恰好是雷切尔·卡森（Rachel Carson）的《寂静的春天》（*Silent Spring*）。而对于种族问题的关注，主要反映在旅程的末段，在深南（deep south）各州，特别是在新奥尔良，斯坦贝克见证那群白人妇女骚扰和侮辱获准进入白人学校的黑人小学生，之后他分别与两个白人和两个黑人发生了有相当深度的对话。虽然斯坦贝克忧心忡忡、欲言又止，他的确出现在了一个具有历史意义的时空观测点上，在这里，读者仿佛可以预见到随之而来的整个剧烈动荡的六十年代。

不过从阅读的角度，我更喜欢书中那些随机性记录，那些观察和感想，比如卡车司机群体与沿途社会之间的隔膜，富有特色的各地方言的消失，地方文化的消失和同质化，不同情形下人们对自身历史的重视程度，中西部的人比新英格兰人更热情、更开放，季节性跨境劳作人群，等等。尽管斯坦贝克努力给出他看到的细节，不过，读者读了这本书，与其说更多地了解了美国，不如说更多地了解了斯坦贝克，或者说，更多地了解了斯坦贝克愿意让读者了解的那部分自己。他对威斯康星、蒙大拿这几个州的偏爱，原因也许并不在这几个州拥有什么特质，而是因为它们恰好与斯坦贝克个人的精神世界发生了特别的连接。正是因此，书中大段的内心独白，以及经由与查理的频繁对话而释放出来的心理活动，构成这部旅行作品最富光彩的段落。

全书叙述以旅程的时空变化为线索，读者跟随作者看到路上的美国，同时也看到这位进入职业末期的著名作家在路上的身心变化。也许作者甚至有意遮遮掩掩，读者仍然可以感受到他的兴奋感是在不断下降的。作者那种刚上路时的新鲜感，那种伸长了触角去感知世界的朝气，那种努力去理解而不是抵触种种新现象、新变化的天真劲儿，几乎只出现在新英格兰地区。他努力用风景描写填补某些空白，但无可阻挡的是他的注意力逐渐转向自己的内心。好不容易回到故乡加州，回到他一生最美好回忆的落脚点，可他只有失望和茫然，只有对种种变化的不理解和不适应。加州是他回不去的故乡，他的故乡是往昔岁月，这种情绪本身反映了他拒绝承认的事实：衰老已至，终点在望。从加州东返的过程，尽管书中还浓墨重彩地写了得克萨斯州牧场和新奥尔良种族紧张，读者一定读得出斯坦贝克早已无心恋战，只想回家，漫长的路程成了纯粹的折磨。从出发时的意气风发，到两个半月后的怏怏而归，这个变化到底是心理的还是生理的？或者说，两者是否彼此纠缠，互为因果？

斯坦贝克显然是为了写书而启动这一行程，所以回到纽约后不久即动笔。他在路上写有简单的日记，但没有详细到可据以写出丰富的细节。正是因此，自1962年此书出版后，就有人怀疑书中某些细节并非实录，特别是那些长篇对话，在没有录音的情况下如何可能记得这么全？随着时间流逝，质疑的声音非但没有减弱，相反却越来越宏亮。到斯坦贝克这趟旅行快满50周年时，出于纪念的目的，许多作家和记者都尝试"重走"，严格按照斯坦贝克的日程线路重复这一旅程。然而，许多重走者都发现斯坦贝克此书存在多方面的问题，其中至少有三个人都各自写了书来描述自己的重走，同时"揭发"斯坦贝克存在编造细节与掩盖旅行真相的问题。比如，几乎所有人都相信书中那些与本地人的对话大多数是斯坦贝克虚构出来的。还有就是书中特意隐去（早期手稿中有而出版时删去了）的部分，比如，大部分旅程他都不是一个人，他的妻子陪同他多达一个半月，而且一路上他很少住在他的野营车里。诸如此类的揭发，当然使得有些人开始宣称《带上查理去旅行》不能算是一部非虚构作品。

不过，斯坦贝克的研究专家们虽然承认这些新发现是符合历史事实的，但并不认为这些新发现具有颠覆性意义。为斯坦贝克写传记（*John Steinbeck: A Biography*, 1995）的杰伊·帕里尼（Jay Parini）在2011年接受《纽约时报》采访时说："我一直认为，这本书某种程度上是虚构性作品。斯坦贝克是虚构作家，他型塑并揉搓材料。很可能他没有使用录音机。然而，我仍然觉得，真实是在那里的。这会动摇我对此书的信心吗？刚好相反。我会为斯坦贝克喝彩。如果你想触及某一事物的精神，有时你就得使用虚构作家的某些技巧。"2012 年在为《带上查理去旅行》50 周年纪念版所写的导言中，杰伊·帕里尼也提到书中某些细节的虚构问题："的确，如果全盘采信这部旅行记里的每一个字，那也是不合适的，因为斯坦贝克在骨子里毕竟是一个小说家，会有数不清的添油加醋，比如改变事件顺序、设置场景、发明对话，这些都是更接近虚构而不是非虚构的。"不过杰伊·帕里尼并不认为存在这些问题就降低了《带上查理去旅行》的价值："你得理解，斯坦贝克为了让此书更具可读性，让叙述更生动，因应需求而随意制造和调整了素材，用上了一个小说家全部的本领。此书的'真实'，正如所有好小说和好叙述的真实，因为它提供了一个特定时刻真实的美国图景。人民与大地的呼唤长存于斯坦贝克的心间，而他在历史关键节点对他的国家的理解又是如此超卓不凡。此书反映的是他数十年的观察，以及长久以来他对自己写作技艺的磨炼。"

在这个意义上，《带上查理去旅行》是一部经历了岁月考验的经典作品。

罗新

目录

第一部分

我很小的时候就有一种冲动，到别的什么地方去。那个时候，成熟的大人用不置可否的口吻让我相信，等我长大成人，这种热望就会消遁。当岁月的流逝让我看起来像个成熟的大人时，我得到的答案是，中年是治愈这种激情的良方。我人到中年，又有人信誓旦旦地告诉我，随着年龄的增长，这种狂热就会冷却下来。而现在，我已经五十八岁了，看来，只有老迈才会终止那强烈的欲望。于我而言，所有的建议都是无济于事的。轮船发出四声嘶哑的汽笛声，仍然会让我脖子上的汗毛竖起来，会令我的双脚情不自禁地踢踏地面。喷气式飞机的轰鸣声，发动机预热的声音，甚至打了铁掌的马蹄踏在石板路上发出的"哒哒"声，都会激起我那自打儿时起就有的欲望，令我口干舌燥，两眼茫然，手心发热，肋骨下的胃向上翻腾。换句话说，我的病症不仅没有见好，反倒愈加严重；完全可以说，江山易改，本性难移。恐怕，这个毛病是沉疴难愈了。我把这件事写下来，并不是为了向别人传授些什么，而是为了让我对自己的过去有个更好的了解。

当躁动的病毒开始攻占一位任性者的心，而从这里走出去的道路似乎宽阔、笔直且充满奇妙的时候，病毒受害者的当务之急就是为自己走出去找一个有说服力的、充分的理由。对于经验老到的浪迹天涯者来说，这并不难。他的天性中就有足够的理由任他选择。接下来，他必须在时间和空间上计划他的旅行，选择出行的方向和目的地。最后，他必须将这次旅行付诸实践。出行的方式、携带什么、在外面停留多久，这一部分是旅行一成不变的、永恒的内容。我之所以对此赘述，只是想告诉那些天性渴望到处游荡的新手们，比如那些刚刚染上这种病毒的青少年们，别以为这一切都是他们的发明创造。

行程一旦设计完毕，装备齐全，着手实施，一个新的因素就会介入并占据主导地位。一次旅行是一次冒险之旅、一次探索活动，是一个完整的过程，它不同于任何其他意义上的旅程。旅行具有自己的特征、气质、个性和独特性。就旅行本身而言，就如同一个人；没有两个人是相同的。而为旅行所做的周密计划、防护措施、安全保障以及硬性规定，这些最终都会被证明是徒劳无功的。经历了多年的纠结之后，我们才明白，并不是我们规划旅行，而是旅行主导我们。在旅行过程中，导游、行程安排、各种预订，所有这些绕不开的、不可避免的条条框框相互冲撞，使得旅行个性几近零落殆尽，搞得每次旅行都大同小异。只有悟出这个道理，天生喜欢浪迹天涯的人才能够释怀，令自己在旅行中顺其自然。只有顺其自然，旅行者才能够消弭挫败感。从这个角度来看，旅行犹如婚姻。注定会出错的，就是你认为你能够掌控它。把这些想法都说了出来，此时的我感觉好多了。只不过，唯有那些亲身经历过的人才会懂得我的意思。

我给自己制订的旅行计划目的清楚、内容具体，而且很合理，至少我个人是这么认为的。这些年来，我游历了世界上的许多地方。在美国，我居住在纽约，偶尔会到芝加哥或者旧金山稍作停留。然而，纽约代表不了美国，就如同巴黎代表不了法国、伦敦代表不了英国一样。正因为如此，我认为，我并不了解自己的国家。我，一名美国作家，描写美国的社会生活，是靠着记忆从事写作的，然而不得不说，记忆充其量不过是一个有缺陷的、扭曲变形的存储库。在此次旅行之前，我已经有一阵子没有听到过美国各地的声音，没有闻到过美国草木的芳香、嗅到美国污水的气味，没有看到过美国的山峦与江河及其美丽的色彩与有质感的光芒。我只是从书本和报刊上了解到这个国家发生的变化。还远不止这些，确切地说，我已经有二十五年没有亲身感受过这个国家了。总而言之，我在写一些我并不真正了解的东西，而在我看来，对于一位如此从业的作家来说，这无异于犯罪。我的记忆被中间这二十五年时间给扭曲了。

　　有那么一次，我坐着老式面包房车旅行，那是一辆走起来"咯吱""咯吱"响个不停的双开门货车，车厢的地板上铺着一块垫子。同行的人在哪里停下来观赏什么，我也停下来，跟着他们一起听着、看着、感觉着。一路走下来，我的脑海里形成了一幅自己国家的图景。这并不是一幅精准的图景，之所以如此，原因在于我当时只不过是走马观花。

诸多的原因促使我做出决定，再到美国各处走一圈，尝试重新发现这片幅员辽阔的神奇土地。若不然，在我的写作过程中，我无法对每一件具体的事情给出恰如其分的精准描述，而这些真实情景恰恰是宏观真实性的基础。一个很棘手的问题出现了。在这二十五年的时间里，我已经正经有些名气了。并且，我的经验告诉我，当人们知道你是公众人物的时候，无论他们喜欢不喜欢你，对你的态度都会发生微妙的变化；他们受到广告宣传的影响，会在你面前显得腼腆羞涩，很不自然，跟他们平时不一样。基于这种情况，在这次旅行中，我必须把自己的名字和身份留在家里。一路上，我必须靠着我的眼睛和耳朵，注意观察和聆听，就像是一帧可移动的明胶照相感光板。我不能在酒店登记簿上签上自己的名字，不能跟我认识的人见面，不能采访其他人，甚至不能提出一些刨根究底的问题。不仅如此，两个人或更多的人同行，会扰乱一个地区的综合生态环境。我不得不独自一人出行。还有，我不得不自给自足，就如同一只爬行的乌龟，无论走到哪里，背上都驮着自己的房子。

考虑到这一切，我给一家大型卡车制造公司总部写了一封信，信中详细说明了我的意图和要求。我需要一辆载重为 0.75 吨的轻型卡车，无论在什么地方、无论路况多么糟糕都能够正常行驶。还有，我想在车子上装备一间小车房，形状像小船舱。我不想要拖车，是因为它在山路上很难操控，并且泊车是不可能的，常常也是违反交通规则的。不仅如此，拖车还会有许多其他意想不到的限制。按照约定的时间，车子的规格明细单出来了，一辆坚固皮实、快速敏捷、舒适实用的交通工具，装备了一个露营车顶棚——这是一间小房子，内设双人床、一个四眼炉子，还有使用丁烷的加热器、冰箱和照明灯，一个化学除臭坐便器，还有壁橱、储藏间，窗户装有防蚊虫窗纱——这些正是我想要的。到了夏天，车子被运送到我在靠近长岛（Long Island）东端萨格港（Sag Harbor）的小型钓鱼区。我不打算在劳动节前开始我的旅行，那时全国人民都在赶路，急着赶回到正常的生活和工作状态。虽然如此，我倒是很想让自己早点熟悉一下我的"龟壳"，我要装备它，学着操纵它。车子是在 8 月份送到的，一个帅气的家伙，强健有力而又线条优美，几乎跟一辆小轿车一样容易操作。想到我的旅行计划曾经在我的朋友圈中引起了一些不无讽刺挖苦意味的评论，我决定给这辆车子取名为驽骍难得[1]。这个名字会让你记起，那是堂吉诃德坐骑的名字。

我并没有隐瞒自己的旅行计划，正因为如此，这个计划在我的朋友和顾问——一个经过缜密计划的旅行，总会催生出不同学派的顾问——中间引起了一些争议。有人跟我说，鉴于出版商已经尽其所能将我的照片广泛发行，我会发现，像这样到处走动，我不被人认出来是不可能的。说到这一点，我得先声明一下，在我走过的一万六千多公里[2]、跨越了三十四个州的范围内，我甚至一次都没有被认出来。我相信，人们只有在前后相互关联的环境中才能够辨认出曾经知道的人和事物。即使是那些在我平常的生活和工作背景下可能认识我的人，无论如何也不会认出坐在驽骍难得里的我。

有人对我说，我把驽骍难得这个名字用十六世纪西班牙书写体喷绘在我的车身上，这种做法在一些地方会激发人们的好奇心，会招致各种各样

1　驽骍难得（Rocinante）是西班牙作家塞万提斯的小说《堂吉诃德》中的一匹马的名字，为主人公堂吉诃德的坐骑。此处的译名选自杨绛《堂吉诃德》译本（人民文学出版社，1978 年）。除特别说明外，本书注释及附录均为译者所加。

2　为便于读者直观感受，本书将原书中的"英里""英尺"等单位换算成了"公里""米"等单位。

的询问。我不知道有多少人认出了这个名字，但我可以肯定的是，甚至都没有人问过。

接下来，有人提醒我，一个陌生人在这个国家四处走动，会引起当地人的注意，他们会打探其意图，甚至对其产生怀疑。就因为这个原因，我在车里挂上一支猎枪、两支来复枪，还放了几根鱼竿。根据我的经验，如果一个男人出去打猎或者钓鱼，其意图是很容易被别人理解的，甚至还会因此得到赞许。事实上，我的打猎生涯已经结束。我不再猎杀或捕捉任何我不能放入煎锅里食用的猎物。我已经上了一把年纪，不再适合从事猎杀类的运动了。此次旅行的结果证明，这些舞台布置纯属画蛇添足。

还有人跟我说，我的纽约车牌一定会引起人们的兴趣，也许还会引发人们问些问题，因为车牌是我唯一的外在识别标志。而事实的确如此。在整个旅途中，我的车牌被问过大概二三十次。不过，这类接触遵循着一种一成不变的模式，大致如下：

当地人："纽约来的，对吧？"

我："对。"

当地人："我在一九三八年那会儿去过那里。也许是三九年？爱丽丝，我们是三八年还是三九年去的纽约？"

爱丽丝："是三六年。我记得，因为那一年阿尔弗雷德过世了。"

当地人："不管怎么说，我讨厌纽约。就是有人倒贴钱给我，我也不愿住在那个地方。"

我独自一人出外旅行，的确会有许多需要担心的事情，遇到攻击、遭遇抢劫、受到殴打，这些都是有可能的。众所周知，我们国家的道路存在着不确定的危险。在这一点上，我承认我有过莫名其妙的不安感。孤独、默默无闻、没有朋友，无法从家人、朋友和同伴那里得到安全感，这种情况是好多年前的事了。而在真正踏上旅途之后，并没有发生过危险。这只不过是出行前的一种膨胀了的孤独、无助之感———一种孤寂凄凉的感觉。考虑到这一情况，我为这次旅行带上了一个同伴——一条绅士派头的老法国贵宾犬，名字叫查理。其实，他的全名是 Charles le Chien[1]。查理出生在巴黎郊区贝尔西（Bercy），是在法国接受的训练。尽管他能够听得懂些许贵宾犬英语，他却只对法语命令反应敏捷。除了法语之外，他都得把其他语言翻译成法语，这就放慢了他的反应速度。他是一条体型很大的贵宾犬，浑身的毛色用法语说是 bleu（贵族蓝），当他被洗得干干净净的时候，浑身呈蓝色。查理天生就是一条善于交际的狗。他更喜欢谈判而不是打架。这是为什么呢？因为，查理很不擅长打架。自打他生下来到现在，他已经度过了十个年头，其间只有一次，他陷入了麻烦——他遇到了一条好战的狗，拒绝通过好说好商量的谈判方式解决问题。那一次，查理的右耳朵被咬掉了一块。但是，查理是一条恪尽职守的看家狗。当他狂吠起来，那声音就如同一头狮子在怒吼。我觉得，他是想以此种方式向夜晚在外面游荡的陌生人刻意隐瞒一件不可告人的事实，那就是，他连自己被陷在 cornet de papier[2] 里都咬不出一条出来的路。查理是一个好朋友，一个理想的旅行伙伴。他最喜欢做的事情就是到处旅行，并且这也是他能够想象得到的最适合自己的事情了。在我这部游历纪行中，要是查理被频繁提到的话，那是因为他的确为这次旅行做出了很大的贡献。狗是陌生人之间的纽带，尤其像查理这样充满异国情调的狗。在我此次旅行的途中，有许多次对话都是

1　法语：查尔斯·勒·奇恩（即查理狗）。

2　法语：纸卷。

9

以这种方式开始的："这是一条什么品种的狗？"

打开话题开始聊天的技巧全天下都一样。我很久以前就知道这个道理。并且，通过这次旅行，我重新发现，引起注意、寻求帮助以及意欲交谈的最佳方法就是在一个人迷路之时。即使是一位看着母亲饿死在路上并一脚把她从路中央踢开的人，当他碰到一位声称自己迷路的陌生人，也会兴致勃勃地花上几个小时的时间，给陌生人指引错误的方向。

驽骍难得停放在萨格港我的住处的一棵大橡树下。它造型美观、设备齐全。邻居们跑过来欣赏它，其中有些人我们此前甚至都不知道是我们的邻居。我从他们的眼神里看到了我随后在这个国家走过的各个地方一再看到的东西——一种燃烧着的渴望，走出去，换个地方，开始旅行，哪里都可以，只要能够离开这里。他们平静地说，他们多么想有一天能够到别的什么地方走走，自由自在地、无拘无束地，不是朝着某个目标进发，而是远离某种事物。在我走过的每一个州，我都看到过类似的眼神，听到过类似的渴求。几乎每一位美国人都渴望到别的什么地方走走。有一个小男孩，大概十三岁。他每天都会到我这里来。他怯生生地站在一边，注视着驽骍难得。到后来，他靠近车子，从车门处往车里面看，还躺在地上，研究车盘底下的重型弹簧。这是一个不爱说话的、随处可见的小男孩。他甚至会在晚上过来，仔细琢磨着驽骍难得。一个星期以后，他再也按捺不住了，终于鼓足勇气说出了他的想法。他对我说："要是你肯带上我一起走的话，嗯，让我做什么我都愿意。我可以做饭，可以洗所有的盘子，做所有的活儿，我还会照顾你的。"

　　对他那渴望的心情我深有同感，正因为如此，他的话才让我感到很遗憾。"我真的希望我能够带上你，"我说，"但是，学校董事会、你的父母，还有其他许多人，他们都会说，我不可以这么做。"

"我愿意做任何事。"他说。我相信他说的话是发自内心的。我觉得，直到我并没有带上他，独自开车离开，他都没有放弃他的想法。他的这个梦想，正是我做了一生的梦，而且，这一沉疴一点都没有治愈的办法。

装备驽骍难得是一个漫长而愉快的过程。我带了太多的东西，但我不知道旅途中自己会碰到什么情况。应急工具、牵引缆绳、小型滑车组、挖掘工具和撬棍，以及各种制作、修配和即兴做些什么的工具。此外，我还储备了应急食品。我担心，当我到达西北部的时候，天气应该已经很冷了，或许会被雪困住。我准备了至少足够应对一个星期紧急情况的物品。水不成问题，驽骍难得有一个能够储备三十加仑¹的水箱。

我想着，一路上我可能会写些什么，也许是随笔，无疑会做些笔记，当然也会写信。于是，我带上了纸、复写纸、打字机、铅笔、笔记本；还不止这些，我还带上了词典、一本袖珍百科全书，还有十几本其他方面的参考书，它们都很重。要我说，我们人类自欺欺人的能量绝对是无止境的。我非常清楚，我几乎不做笔记；并且，即便我做了笔记，要么是丢失了，要么就是我自己都看不懂写了什么。三十年的职业生涯养成的习惯也让我清楚地知道，我不可能一下子就把一件事写到最满意的程度，我得让这件事在我的脑海里发酵。正像一位朋友所说的那样，我必须"拖泥带水"一段时间才会做好。尽管我有这种自知之明，我还是在驽骍难得里为自己准备了足够多的用于写作的材料，足以应付我写出十卷本来。还有呐，我在车里放了近七十公斤的书，这些书都是平日里我没有时间阅读的——当然，都是些人们甚至不想抽出时间去阅读的书。罐头食品、猎枪弹、来复枪弹

1　1美制加仑约等于 3.785 升。

夹、工具箱和多得不能再多的衣服，毯子和枕头，鞋子和靴子，加了尼龙里衬的御寒内衣，塑料盘子和杯子，还有一个塑料洗碗盆、一罐备用的瓶装瓦斯。车子的弹簧不堪重负，发出叹息声，车子也被重压而显得低了一点。现在我估计，我当时每样东西大概都比我实际需要的多带了四倍。

回过头来再说说查理。这是一条能够读懂人的心思的狗。他跟着我们一同出去旅行过好多次，而更多的时候，他都不得不被留在家里。每次，我们还没有把旅行箱拿出来，他就知道我们要旅行去了。每到这个时候，他就会走来走去，一副焦躁不安的样子，还发出嗷嗷的叫声，就像他这个年纪的狗一样，略微显露出歇斯底里的状态。在我为旅行做准备的几个星期里，他一直跟在我的脚前脚后，把自己搞得跟一个可恶的讨厌鬼似的。他开始时不时地就到车子里躲藏起来，悄没声地趴在那里，试图让自己看起来很不起眼。

劳动节离我们越来越近了。只有到了这一天，人们才能够真正体验到这是多么疯狂的一天，数百万孩子都要重返校园，数千万家长将会忙着从高速公路上下来。我准备劳动节这天一过，就尽快出发。而差不多就在那个节骨眼儿上，有报道称，飓风"唐娜"冲出了加勒比海，正朝着我们这个方向袭来。我们住在长岛的最顶端，已经受够了飓风侵袭，所以总是对飓风充满敬畏之心。随着飓风的逼近，大家做好了坚守的准备。我们所在的这个小海湾有着相当不错的避风作用，但也并不是万无一失。当飓风"唐娜"一步步向我们逼近的时候，我给煤油灯加满煤油，启动了水井的手动泵，把所有可移动的东西都拴好、绑好，确保牢固。我有一艘 6 米多长的带舱室快艇，我给她命名 Fayre Eleyne（美丽伊莲号）。我用板条将船舱口封好，然后把她开到海湾的中央。我将一个巨大的老式铁锚放到水里，这只铁锚连着一个 1 厘米多粗的长铁链，足以让船在停泊处有一个宽绰的摆动范围。除非船首被飓风拉扯掉，否则，靠着这套装备，她足以驾驭时速 240 公里的飓风。

"唐娜"一刻不停地向我们逼近。考虑到"唐娜"疯狂肆虐的时候电源一定会中断，我们准备了一台使用电池的收音机，用来收听报道。然而这一次，我们还多了一件担心的事情，就是那辆停在树下的驽骍难得。我做了一场噩梦，特别逼真。在梦境里，我看到一棵大树"咔嚓"一声倒了下来，砸在车身上，把车子压扁了，就跟碾死一只小虫子一样轻而易举。想到这情景，我把车子从大树下移走，开到不太可能被什么东西当头砸到的地方。但我心里还是琢磨着，这并不意味着不会有一棵树，整个树冠被狂风折断，在空中飞出 15 米，正好落在我的车子上，把车子给压扁。

那天的一大早，我们从收音机里得知，飓风马上就要抵达。十点钟的时候，我们听报道说，飓风眼会从我们这里经过，到达我们这里的时间是在一点零七分——这就是我们得知的确切时间。此时，我们这个海湾还很平静，水面上没有漾起一点涟漪。但是，海水依然暗沉沉的，美丽伊莲号优雅地骑在水面上，在停泊处悠然自得地摇摆着。

我们的海湾比其他大多数海湾都有更好的避风效果。所以，许多人都把小船驶到我们这里来停泊。而我看到的情况令我担起心来，正经有些船主并不知道应该如何正确停泊船只。到后来，有两艘漂亮的船驶入海湾，一艘拖着另一艘。船主抛下一个轻锚，便离开了。这两艘船是拴在一起的，一艘船的船头拴在另一艘的船尾，两艘船都停泊在美丽伊莲号的摆动范围之内。我拿起扩音器，走到我的突堤码头最前端，竭力抗议这种愚蠢的行为。但是，船主要么是没有听到，要么是不清楚我在喊什么，要么是根本不在乎。

飓风在我们被预先告知的那一刻准时抵达，肆无忌惮地撕裂开犹如一匹巨大黑布似的海面。它抡起铁锤般的拳头击打着所有的一切。我们躲避在小屋子里向外张望，看到一棵橡树的整个树冠被飓风劈断，掉落下来，擦过我们的小屋子。又一股飓风将小屋子的一扇大窗户顶开。我使足力气把窗户推回原处，并用手斧在窗户的顶部和底部打入楔子。第一轮飓风过后，电源被切断了，电话也不通了，这些都在我们的预料之中，是必然会发生的事情。并且，根据预测，接下来还会有2米多高的海浪。我们眼睁睁地看着飓风像一群汹涌狂飙的猎犬，肆虐着海面和陆地。大树犹如小草般随着狂风前倾后仰，左右弯曲。海水被狂风鞭笞，激起一层层奶油似的泡沫。一艘船挣脱了绳索，像雪橇一样冲到岸上，紧接着又一艘。狂风掀起的巨浪冲击着暖春和初夏时节才建好的房屋，浪峰拍打着二楼的窗户。我们的小屋建在一座小山丘上，高于海平面9米。然而，汹涌的海水还是冲上了我们那位置很高的小屋，腾起的海浪一次次冲刷着窗间壁。当风向发生改变的时候，我赶紧将驽骍难得移动一下，让它一直处于我们那些大橡树的背风处。美丽伊莲号勇敢地随着海浪起起伏伏，就跟风向标一样随风摇动，躲开变化无常的风头。

此时，那两艘被拴在一起的船已经面目全非了，螺旋桨和船舵下的拖缆纠缠在一起，两艘船的船身相互剐蹭、相互倾轧。另有一艘船，正拖着自己的锚，被狂风推搡到岸边，在滩涂上搁浅了。

查理这家伙可是一点也不紧张。无论是枪声或雷声，还是爆炸声或刮大风的声音，他对这些都无动于衷。当狂风暴雨最猛烈的时候，他在一张桌子下找到一个温馨的地方，睡着了。

飓风戛然而止，就跟它的遽然而至一样。不过，海浪并没有跟上飓风的节拍，仍旧在涌动着。狂风骤停并没有使海浪溃散，海浪反倒越涨越高。我们这个小海湾的所有突堤码头都消失在水面以下，只有突堤码头上的桩柱或扶手栏杆露在水面上。此时，一片寂静，而你依然感觉阵阵急促的声音。从收音机的报道中得知，我们此时正处在飓风眼中，那是飓风气旋中心令人不安的静止和可怕的平静。我不知道这种平静持续了多久，似乎是一段漫长的等待时间。然后，飓风的另一边开始袭击我们，狂风从相反的方向吹过来。美丽伊莲号顺顺当当地转过船身，船头迎着风。但是，那两艘船头和船尾被拴在一起的船却拖着锚，朝着美丽伊莲号靠拢，把她夹在中间。美丽伊莲号挣扎着、抵抗着，顺着风向被拖曳着，身不由己地撞击着邻近的突堤码头。我们都能听到她的船体撞击在橡树桩上时发出的呼号声。这时，风速已经超过了每小时 150 公里。

我根本都来不及多想，一个箭步冲了出去，迎着狂风，沿着海湾，朝着那个突堤码头狂奔，因为困在那里的船快要被撞散架了。我记得，当时，我的妻子在后面追赶我；美丽伊莲号就是以她的名字命名的。她大声喝令我停下来。突堤码头已经低于海面 1.2 米，只有桩柱还露在水面上，正好为我提供了扶手。我在海水中一点、一点吃力地向前浮动，尽量让自己胸前口袋以上的部位浮在水面上。向着海岸方向撞击的狂风将海水涌起，溅进我的嘴里。我那美丽伊莲号在呼号，在哀叹，一次次被动地撞向桩柱，又一次次像一头受到惊吓的牛犊，扎进水里。我跳进海水里，摸索着爬上我的船。这是我有生以来第一次，在我需要用刀子的时候，身上恰好带着一把刀子。那两艘纠缠在一起的船任性地挤兑着美丽伊莲号，搞得她一再被迫碰撞突堤码头。我割断了那两艘船的锚绳和拖缆，把它们踢开。两艘船被狂风吹向岸边，在滩涂上搁浅了。但是，美丽伊莲号的锚链完好无损，扒住泥巴的大锚钩仍然沉在海底。那是个 45 公斤重的铁家伙，上面有像铲子那么宽的矛状锚钩。

美丽伊莲号的发动机并不是每次都很听使唤，但是这一次，我一下子就把它发动起来了。我尽力使自己在甲板上站稳，伸出左手，紧紧抓住控制舱内的舵轮、节流阀和离合器。美丽伊莲号也在努力帮我的忙——我猜想，她也受到了不小的惊吓。我将船身侧向一边，慢慢将她从死角移开；同时，我用右手设法处理锚链。在通常情况下，我即便用两只手，费很大的力气，也不敢说能不能把锚拉上来。但是这一次，每一件事都很顺利。我把锚链慢慢向一边移动，让水下的锚钩向一侧松动，然后再松动另一侧，松开钩住的东西。之后，我把它从水底提起来，让船底不再有羁绊。我摆正船首，让她迎着狂风，小心翼翼地移动起来，然后踩下油门，我们就一头扎进那该死的狂风之中，打赢了这场硬仗。我驾驶着美丽伊莲号，就好像在浓稠的粥里向前推进似的。在离岸 90 多米的地方，我停下来，把那个大铁锚松开，它一头扎进水里，锚钩扒住水底。美丽伊莲号挺直了身子，昂起船头，好像松了一口气。

这时，我才注意到，我处在离岸边 90 多米之外的海面上，"唐娜"像一群白毛猎犬似的，在我的身边不停地狂吠。没有一只小划艇能够经受得住这样的狂风，哪怕只是一分钟的时间。这时，我看见一根树枝漂过来，便毫不犹豫地跳到水里，抓住它。靠着树枝的浮力，就不会有危险了。只要我能够让我的头部保持在水面之上，风浪一定会把我吹到岸上。但是，我得承认，我穿的那双半长筒威灵顿橡胶雨靴在水里显得格外沉甸甸的。不到三分钟的时间，我的脚就能触到水底了，我的妻子——另一个美丽伊莲——跟一位邻居一起，把我拉到岸上。直到这个时候，我才开始全身发抖。然而，我回头向海面上望去，看到我们的小船安然无恙地在抛锚的范围内随着风浪摆动，那种感觉真是太美妙了。我在用一只手拉锚的时候，一定是把哪里拉伤了，因为我是靠着别人给我搭把手才回到了家。厨房餐桌上的一杯威士忌使我的体力稍有恢复。那次经历之后，我曾试着用一只手把锚链举起来，但是根本做不到。

飓风很快就过去了，把我们丢弃在一片废墟里——输电线断落了，电话中断了一个星期。但是，驽骍难得却毫发无损。

第二部分

在为这次长途旅行做规划的日子里，不得不说，我私底下有过一个念头，指望着这事儿成不了。随着出发日期的一天天临近，我越来越觉得离不开我那温暖舒适的床和那温馨安逸的家，越来越觉得离不开我亲爱的妻子。旅途一定很辛苦，不知什么时候就会出现可怕的甚至恐怖的事情，而我为了这次旅行要离开家、离开我的妻子长达三个月，这似乎太疯狂了。我不想走了。我指望着，走前一定要发生点什么事情，好让我有理由无法成行。然而，什么事情也没有发生。当然，我可能会生病，但那正是我此次旅行主要的却又秘不可宣的原因之一。在我设计这次旅行之前的那个冬天，我得了一种相当严重的病，这种病会使男人陷入一种难以名状的窘境，让我意识到，我老了。当我从病痛中解脱出来的时候，医生告诉我一些常规的注意事项，走路要慢啦，减轻体重啦，限制胆固醇的摄入量啦。这类病在许多男人身上都发生过，因此我想，医生们已经把这些冗长的大道理记得滚瓜烂熟了。我的好多朋友都亲身经历过这类训诫。训诫总会以这样的话作为结束语："把生活节奏放慢点吧。你已经不像以前那么年轻了。"的确，我看到很多人开始用脱脂棉把自己的生活包裹起来，压抑自己的冲动，遮掩自己的激情，让自己渐渐失去男人气质，退入一种精神上和肉体上都处于似有似无的慢性疾病状态。在这一过程中，他们受到妻子和亲戚的鼓励与呵护，这真是一个甜蜜的陷阱。

　　谁不喜欢成为大家关心呵护的中心呢？二度童年的感觉降临到许多男人身上。他们用自己的阳刚威猛做交易，换取延长一小码寿命的承诺。确切地说，一家之主成了这个家庭中最小的孩子。我对这样的生活满心恐惧，曾经检视过自己，想知道自己是否也存在这种可能性。我自认为，我一直过着阳刚威猛的生活，要么暴饮暴食，要么任凭自己饿着也不吃东西；要么睡上一整天，要么一连两天都不合眼；要么长时间情绪高昂地全身心投入工作，要么完全懒散地放任自己一段时间。我举重、划船、伐木、登山，愉悦地做爱，把宿醉当作一种解脱而不是一种惩罚。我不想为了延长那一小码的生命而放弃阳刚威猛的生活。我的妻子是跟一个男人结婚的，我找不出任何理由，认为她应该承继一个婴儿。我心里很清楚，独自一人驾驶卡车，在各种各样路况不明的道路上行驶一万六千公里或两万公里，没有人照料生活，没有人陪伴左右，这绝对是一场挑战，一次艰难的经历。然而我认为，对于那些拿疾病当职业、处于似有似无慢性疾病状态的男人来说，这恰好是一剂有效的解毒药。至于我自己的生命，我的观点是，我可不愿意牺牲生活质量去交换生命时限。假如最终证明，这次计划好的旅行远远超出了我的能力所及，那么至少说明，是时候该离开了。我看到过太多的男人，他们在迁延时日，稽迟自己离去的时间；他们带着某种病态的心理，迟迟不愿离开人生的舞台。这不仅是一次糟糕的人生旅程，也是一场糟糕的戏剧表演。我很庆幸，有一位喜欢做女人的妻子；这意味着，她喜欢的是男人，而不是老小孩。虽然我们从来没有针对人生旅程中这一最后的根本问题进行过实质性的探讨，但我相信，她对此了然于心。

　　出发的那一天来到了，那是一个明媚的早晨，在阳光的照射下，呈现出秋天特有的黄褐色。我和我的妻子很快就分开了，因为我们都不喜欢一遍又一遍地说再见，并且，我俩谁也不想在对方离开后单独留下来。她踩下汽车油门，向着纽约方向飞驰而去。与此同时，我带上查理，驾驶着我的驽骍难得，驶向庇护岛轮渡口（Shelter Island Ferry），在那里乘坐渡轮，然后再转乘第二艘渡轮到格林港（Greenport）。我乘坐的第三艘渡轮是从奥连特角（Orient Point）到康涅狄格州海岸，穿过长岛海峡。我选择这一线路，是因为想避开纽约的交通，好让我的旅程从一开始就很顺利。坦诚地说，此时的我已经感觉到，一种阴沉沉的孤寂凄凉袭上心头。

站在渡轮的甲板上，感觉太阳光很刺眼。坐渡轮到大陆海岸，只不过是一个小时的航程。离我们不远的地方，有一艘迷人的单桅帆船，她那热那亚风格的大型前帆像一条弯曲的围巾。航行在长岛与海岸之间的大大小小船只，要么在艰难地向着海湾缓缓行进，要么在剧烈的颠簸中驶向纽约。这时，在八百米之外，一艘潜艇浮出海面，遮住了一部分白昼的光亮。在更远处的海面上，另一个黑乎乎的家伙正在破浪前进；然后，又出现了一艘。当然，这些潜艇驻扎在新伦敦（New London），那里就是它们的家。或许，人类就是靠着这类恶毒的东西在维护世界和平。我真希望自己能够喜欢上潜艇，那样，我才可能发现它们很漂亮。但是，这太难了，因为它们是为毁灭而设计的。尽管它们可以探索海底、绘制海底图，还可以在北极冰层下画出新的贸易航线，但它们的主要目的仍然是威胁恐吓。我还清楚地记得，我乘坐一艘运兵军舰横渡大西洋的时候，大家都知道，在我们的航线上，说不定在什么地方，就潜伏着这些黑乎乎的家伙，正用它们的单柄眼搜寻着我们的踪迹。不知怎的，当我看到这些家伙的时候，眼前的太阳光不知不觉地变得黯然萧索，我想到了被烧死的人从浮着油污的海面上被拖出来的景象。现在，潜艇装备了大规模杀伤性武器，这是我们为了阻止大规模杀戮所采用的愚蠢的但却被说成是唯一的办法。

在渡轮的顶层甲板上，只有几个人顶着风站在那里。铁甲板"哐当""哐当"响个不停。有一位身穿风衣的年轻人，长着一头玉米须色的浅金色头发，双眼的形状像飞燕草，眼角被潮湿的海风吹得红红的。他向我走过来，指着海面对我说："那是一艘新潜艇。它可以在海底待上三个月。"

"你是怎么看出来的？"

"我对潜艇很在行。我在潜艇上服役。"

"在核潜艇上？"

"还没有呢，但是，我有个叔叔在核潜艇上工作。也许，我也快了。"

"你没穿制服。"

"刚好在休假。"

"你喜欢在潜艇上工作吗？"

"当然喜欢。薪水很高，该有的都有——很有前途。"

"你会愿意在海底待上三个月吗？"

"会习惯的。伙食很棒，还能看电影，还有——我倒是很想到极地海底去看看，你不想去吗？"

"我想，我也很愿意去。"

"还有电影，该有的都有——很有前途。"

"你是哪里人？"

"那儿——新伦敦——我在那儿出生的。我的叔叔在服役，还有两个堂兄弟。可以说，我们算得上是一个潜艇家族了。"

"潜艇让我感到不安。"

"噢，先生，你会克服那种感觉的。没多久，你甚至都不会觉得自己是潜入海底了——前提是，你没有什么毛病。得过幽闭恐惧症吗？"

"没有。"

"那就没问题了。那你很快就会适应的。要不要到下面去喝杯咖啡？时间还很充裕。"

"好哇。"

或许，他是对的，错的是我。这个世界是他的，不再是我的了。在他那双飞燕草般的眼睛里，没有愤怒，也没有恐惧与仇恨。所以，也许没什么大不了的。这只是一份薪水和前途都不错的工作。我不应该将我自己的记忆和恐惧加在他的身上。或许，我的看法不再是现实了；更何况，那是他的观点。现在是他的世界了。也许，他能够理解的事情我永远都不会知道了。

我们用纸杯喝咖啡，透过方形的渡轮窗口，他指给我看那些干船坞和新潜艇的骨架。

"潜艇的优势在于，如果遇到暴风雨，你可以潜入海底；在那里，一切都变得非常安静。大家可以像婴儿一样踏实地睡上一觉，而此时的海面上，狂风巨浪还在肆虐呢。"后来，他还给我指了几条出城的路线。在我的整个旅行途中，我向人问过路，只有为数不多的几个人所指的路线是准确的，而他的就是其中之一。

"再见。"我说，"祝你有一个美好的——前途。"

"不会错，你知道的。再见，先生。"

随后，我沿着康涅狄格州一条僻静的道路行驶。路两边是成排的树木，还有园圃。我很清楚，是那位年轻人让我感觉好多了，内心也变得踏实了。

我曾经花了几个星期的时间研究地图，大比例尺的和小比例尺的地图我都研究过；然而，地图毕竟不是实实在在的自然景貌——它们很容易成为专制的暴君。我认识一些人，他们沉溺于地图上标出的道路，对自己经过的乡间从来都是视而不见。还有一些人，他们事先在地图上勾画好了一条路线，然后便亦步亦趋地按照路线图行驶，就好像他们的车轮只能是沿着轨道行驶的凸缘轮似的。我把驽骍难得开进一处小型野餐区，那里由康涅狄格州政府负责维护。随后，我拿出带来的地图册。我展开地图，猛然间，美国像个令人难以置信的庞然大物展现在我眼前，让我觉得自己永远都无法横越它。真的搞不清楚，我怎么把自己卷入一个根本无法实现的计划之中的。这种感觉就跟我确定要写一部小说但还没有开始执笔时的感觉一样。我总是认为自己根本就不可能写出一部五百页的小说来，为此，我沮丧、绝望，一种病态的失败感降临在我的身上，让我觉得自己永远也写不完。每次写作的时候，都会出现这种状况。尽管如此，我还是开始动笔，写完一页再写一页，就这样一页一页地写下去。我每天都满负荷地工作，把自己能够构思出来的东西都写下来，而我也不再去考虑自己到底能不能写完这部书了。此时在野餐区，当我看着美国这个庞然大物的彩色比例尺地图的时候，就是这种感觉。野餐区四周都是树木，树上的叶子又厚又重，已经不再生长，而是毫无生气地耷拉着，等待着第一场霜冻给它们打上季节的色彩。等到第二场霜冻来临的时候，它们则会被驱使着落到地面上，结束它们这一年的轮回。

查理是一条个头很高的狗。当他坐在我旁边的车位上时，他的头几乎和我的一样高。他把自己的鼻子凑近我的耳朵，发出"夫特"（Ftt）声。他是我知道的唯一一条能够发"夫"这个音节的狗。他之所以能够发出这个音节，那是因为他的门牙有些弯曲，而这一缺陷使他与犬展无缘，这的确很遗憾。然而，也正是因为他的上门牙稍微咬合他的下唇，他才能够发出"夫"这个音节。通常，查理发出"夫特"声的时候，表示他想以他的方式向灌木丛或一棵树致意。我打开驾驶室的门，放他出去，于是，他开始了他的致意仪式。他做这事已经再娴熟不过了，想都不用想，就可以把他的仪式做得很到位。根据我的经验，查理在某些方面比我聪明；但在其他方面，他却极度无知。他不识字，不会开车，对数学也是一窍不通。但在他自己力所能及的领域里，也就是他现在正在做的事，这方面的本事没有哪条狗能超得过他了。他不急不慢地走着，像一个帝王似的将一片区域的气味嗅个遍，还不忘在这个区域留下自己的气味。当然，他的视野是有限的，但是，我的视野又有多宽呢？

这是一个深秋的午后，我们驱车，继续向北行驶。考虑到我的车子上装备齐全，我有了一个想法，要是我能够邀请沿途遇到的人，到我的车房里喝上一杯，也许会很不错。遗憾的是，我出发前忘了在车子上装些酒。幸好，这个州的乡间路上有一些很小的瓶装酒销售店。我知道，有些州是禁酒的，只是忘了都是哪些州。[1] 想到这儿，我决定还是在车子上储备一些为好。在离主道很远的一片糖槭树林里，有一家小店。小店的花园拾掇得非常精致，还点缀着花箱。店主是一位上了年纪的人，但看上去不那么老气。他面色清白，我怀疑，应该是一位禁酒主义者。他翻开自己的购物记

---

1 美国历史上有过严苛的禁酒令。1919 年，美国颁布了《沃尔斯特法案》（Volstead Act），即《禁酒法案》，1920 年 1 月开始生效，该法案禁止制造、售卖、运输酒精含量超过 0.5% 以上的饮料。虽然 1933 年美国国会通过宪法修正案，取消了禁酒令，然而在二十世纪六十年代，美国仍有一些州实施禁酒政策，比如，田纳西州摩尔虽然是著名的杰克·丹尼威士忌的产地，但却禁止销售含有酒精的饮料。

录簿，将复写纸在上面小心翼翼地摊平。你永远都不会知道，大家都想喝什么酒。我要了波旁威士忌、苏格兰威士忌、杜松子酒、苦艾酒、伏特加、品质中等的白兰地、陈年苹果烈酒，还有一箱啤酒。在我看来，这些酒应该能够应付大多数人的需求了。对于这么小的一家瓶装酒专卖店来说，这的确是一笔大生意，店主很感动。

"一定是个很大的派对吧。"

"不是，只是旅行途中会用到。"

他帮我把酒箱搬出小店，我打开了驾驭难得的车门。

"你开着这辆车旅行？"

"当然。"

"去哪儿？"

"哪儿都去。"

接着，我看到了一种表情，这种表情我在随后的旅行途中见到过许多次。"上帝！真希望我也能跟着出去。"

"你不喜欢这里吗？"

"当然喜欢。这里没什么不好的。只是，我希望自己也能跟着出去走走。"

"你甚至都不知道我这是要去哪里。"

"去哪儿我不在乎。随便去什么地方我都喜欢跟着去。"

我一直选择在树荫遮蔽的乡间道路上行驶，尽我所能从城市边缘绕过去。然而到后来，我还是不得不离开乡间道路。在哈特福德（Hartford）和普罗维登斯（Providence）以及诸如此类的大城市，制造工业热火朝天，道路交通拥堵不堪。开车穿过这些城市花费的时间比在城外多开出几百公里要长得多。更何况，在这样错综复杂的路况中开车，由于你一路上都是在努力寻找你自己要走的路，根本没有可能去欣赏什么。尽管如此，我还是在各种气候条件下、不同的风景陪衬下走过了几百个乡镇和城市。当然，这些地方都各有千秋，各地的人也都有着各自的特点；然而，在某些方面，彼此之间依然有着相似之处。美国的城市就像是獾子洞一样，周围全是垃圾——所有的城市都是这样——被一堆堆报废生锈的汽车包围着，整个城市几乎被废弃物覆盖了。我们用的每一样东西都被预先装在盒子里、纸板箱里、大容器里，我们非常喜欢这种所谓的包装模式。我们丢弃的东西堆积如山，远比我们使用过的东西要多得多。就算不去考虑其他方面，仅从这一方面，就足以使我们看到，盲目生产是多么狂野不羁和不计后果，而浪费似乎是一个指标。我一边开着车，一边想，在法国或意大利，这些废弃的东西都是如何被收集起来，留作他用的。我这么说，并不是批评一种制度或者评论另一种制度。但是，我的确感到疑惑，是否会有那么一天，我们再也负担不起我们的挥霍浪费——河里的化学废料、随处可见的金属废料、深埋在地下或沉入海底的核废料。当一个印第安村落把自己的生存环境弄得太脏太乱、难以维系的时候，这个村落里的人就会迁居；而现在的我们却没有什么地方可以搬迁。

我答应过我的小儿子，在路过他的学校时，会过去跟他道别。他的学校在马萨诸塞州的迪尔菲尔德（Deerfield）。但是，等我到达那儿的时候，已经太晚了，早就过了就寝时间。于是，我把车子开到山上，找到一家牛奶场，买了些牛奶，并请求牛奶场主人，允许我在一棵苹果树下露营。牛奶场主人是一位数学博士，并且一定有着自己的一套人生哲理。他喜欢自己现在从事的工作，并不想到别的什么地方去——在我的整个旅途中，他是我所遇到的极少数几位安于现状的人。

我倒宁愿不提我造访过鹰溪学校[1]这件事。可以想象得到，驽骍难得对两百名为教育所束缚的青少年会造成多么大的冲击，他们刚刚开始冬季学期。孩子们成群结队地跑过来，围观我的车子，他们挤进我的小车房里，每次至少有十五个人。他们彬彬有礼地看着我，却让我觉得是在咒骂我，因为我可以离开，而他们却不可以。我的儿子可能永远都不会原谅我。我开车离开学校，没开出去多远，就找个地方停了下来。我要检查一下，确认车子里没有偷渡者。

我的路线是，从佛蒙特州向北行驶，进入新罕布什尔州的怀特山脉[2]，然后继续向东行驶。路边的摊位上堆满了品种各异的南瓜，有金色南瓜，还有赤褐色南瓜。一篮篮的红苹果又脆又甜，咬一口，果汁就好像炸开一样，一下子溢了出来。我买了一些苹果和一罐一加仑的现榨苹果汁。我敢肯定，每一位沿着公路摆摊的人都在卖鹿皮鞋和鹿皮手套，即便不卖这些东西，也一定是在卖山羊奶糖。在此之前，我还没有看到过工厂直销店在乡间的露天地上卖鞋子和衣服。我认为，这些村庄是全国最漂亮的地方，干净整洁，房舍都粉刷成白色的，并且——不把汽车旅馆和旅游区算在内——除了交通和铺设的街道之外，这里一百年来都没有变化。

天气很快就转凉了，树木在不经意间改变了颜色，有的变红了，有的变黄了，简直令人难以置信。这可不仅仅是颜色的改变，更是色彩在闪光，

1　鹰溪学校（Eaglebrook School），位于马萨诸塞州迪尔菲尔德，1922 年由霍华德·吉布斯（Howard Gibbs）创建，为私立男生全日制寄宿中学。

2　怀特山脉（White Mountains）为阿巴拉契亚山脉的一部分，位于新罕布什尔州中北部和缅因州西部，山峰多以历届总统命名，如亚当斯山（Mount Adams）、杰斐逊山（Mount Jefferson）、麦迪逊山（Mount Madison）等，其中最高峰为华盛顿山（Mount Washington），也是美国东北部的最高点。

仿佛树叶饱蘸了秋日的阳光，然后缓慢地释放出来。这些色彩中蕴含着火的特质。我赶在黄昏到来之前把车子开到了山上。溪水边有一块招牌，上面写着出售新鲜鸡蛋。于是，我开上通往那家农场的路。我在那里买了一些鸡蛋，并请求农场主允许我在溪水边有偿露营。

农场主是一位身材清瘦的男人，长着一张大家都能看得出来的典型北方人[1]的脸，操着一口北方人的口音，发出的元音特别平。

"不必付钱，"他说，"这块地反正也不用。只不过，我倒是很想看看你停在那儿的那个大家伙。"

我说："那我先找块平坦的地方，把车子停妥当；然后，我请你过去喝杯咖啡——或者喝点儿其他什么东西。"

我把车子倒出去，在周围寻觅一番，直到我找到一块平坦的地方，把车子停好。在那儿，我能够听到溪水"哗啦""哗啦"欢快流淌的声音。天几乎黑了下来。查理咕哝了好几次"夫特"，意思是，都这个时候了，该考虑到他饿了。我打开驾驶难得车房的门，把灯点上，发现车厢里面乱作一团。在往船上装东西的时候，我总是要考虑左右平衡，把船装得非常妥当，以避免船在行驶时左右摇晃、上下颠簸；但是，卡车的急刹车和快速启动则是另一番危险。地板上到处都是散落的书和纸。打字机栖息在一堆塑料盘子上，显得很不舒服；一支来复枪掉了下来，靠着炉子边给自己挤个位置；还有五百张整整一沓纸，像飘落的大雪片，覆盖了整个地板。我点上那盏瓦斯罩灯，把零散的东西塞进一个小壁橱里。然后，我往壶里加上水，开始煮咖啡。我准备第二天早上再把车子里的东西重新整理一下。没

---

1 北方人（Yankee），通常也称"北方佬"。有趣的是，美国南部各州的人用 Yankee 一词称呼美国北部各州的人，而美国北部各州的人也用 Yankee 这个词称呼新英格兰各州的人。然而，对于外国人来说，Yankee 一词指"美国人"，亦称"美国佬""洋基人"。

有人事先就知道应该怎么装车。这个技巧只能是在实践中学会，跟我的经历一样，是通过失败来获取经验的。到了这个时候，天已经完全黑了下来，空气冷得有些刺骨。不过，灯光和炉火让我的小车房逐渐暖和起来，给人一种舒适安逸的感觉。查理吃过晚饭，像是有任务要完成一样，外出巡视一番。然后，他退到桌子底下，在一个铺着地毯的角落趴了下来。在接下来的三个月里，这儿就是他的地盘。

如此之多的现代设计，让生活便捷多了。在我的船上，我学会了使用一次性的铝制炊具，煎锅和汤盘，这些家什的确给我带来了方便。举个例子，你做一次煎鱼，然后把用过的煎锅丢到海里。在我的车子里，我也准备了类似的东西。我打开一罐咸牛肉土豆罐头，倒到一个一次性盘子上。然后，我将盘子放在石棉垫上，用小火慢慢加热。就在咖啡马上要准备好的时候，查理发出他那狮子般的吼叫声。此时此刻，我能够被告知，在黑暗之中有人正在向我走近，这真让我说不出有多安心。假使那个走近的人碰巧心怀邪恶之念，而且并不知道查理压根就是一条温顺和善的、只擅长礼节性地动动嘴皮子的狗，那么，这一声威武的吼叫定能令他裹足不前了。

那位农场主敲了敲我的车门，我把他请了进来。

"你这里不错呀。"他说，"的确，先生，你弄得很温馨。"

他把身子顺进桌子旁坐下。这张桌子在晚上可以放低，垫子可以摊开，弄成一张双人床。"不错。"他又说了一遍。

我给他倒了一杯咖啡。在我看来，在霜冻时节开始的时候，咖啡的味道闻起来更香醇。"要不要配点什么？"我问，"是不是会显得更正式些？"

"不用，这就很好了。这样很不错。"

"不来点儿苹果烈酒？我开车累了，倒是很想给自己来点儿。"

他带着含蓄的愉悦看着我，在我这个非北方佬看来，这就是一种有代表性的寡言少语者的表情。"如果我不要的话，你自己也会来点吗？"

"不，我想不会的。"

"那就恭敬不如从命了，只来一勺吧。"

于是，我给我们每个人倒了一勺二十一年酒龄的苹果烈酒。之后，我又坐回到我这边的桌子旁。查理挪动了一下，给我腾出点儿空间，还把他的下巴放在我的脚上。

初次见面，人们总会显得彬彬有礼，彼此都尽量避免直白的提问或谈些涉及私人的话题。在世界上的任何地方，这都是最起码的礼貌。他没有询问他该如何称呼我，我也没有问他的名字；然而我注意到，他那双敏捷的眼睛盯着挂在橡胶吊环上的枪械，还有固定在车房壁上的鱼竿。

当时，赫鲁晓夫正在联合国，这倒是我更情愿在这一期间留在纽约的少有几个原因之一。我问："你听了今天的广播吗？"

"听了五点钟的报道。"

"联合国那边有什么事情吗？我忘了听。"

"你绝对不会相信的。"他说，"赫鲁晓夫先生脱下他的鞋子，使劲敲打桌子。"

"为什么？"

"不喜欢别人说他的那些话。"

"这好像是一种奇怪的抗议方式。"

"不过，这倒是引起了大家的关注。所有的新闻都在谈论这件事。"

"他们应该给他一个木槌，这样他就不必脱下鞋子了。"

"这个主意不错。也许，还可以把木槌做成鞋子的形状，这样他就不会感到尴尬了。"他呷了一口苹果烈酒，带着很欣赏的口吻说："真不错。"

"这里的人怎么看待我们对俄国人的反驳？"

"我不知道其他人是怎么想的。但我认为，要是我们反驳他们的话，这就有点像是在后卫做出的动作。我倒希望看到我们做些什么，让他们觉得非反驳我们不可。"

"你说的有道理。"

"在我看来，我们总是在搞自我防御。"

我给我俩的杯子分别续上了咖啡，还都加了点苹果烈酒。"你认为我们应该出击吗？"

"我认为，我们至少偶尔也要出出手，获得发球权。"

"我不是在做民意调查；只是，我想知道，这里的选举情况怎么样？"

"这方面我还真的不清楚。"他说，"大家都不谈论这事儿。我想，这可能是我们有史以来最隐秘的一次选举。大家就是不肯公开自己的意见。"

"莫非大家真的没有什么意见？"

"也许吧，或许他们根本就不想说。我记得其他那几次选举的时候，总会有相当激烈的争论。而这一回的选举，我甚至连一次都没听到过。"

这跟我在全国各地发现的情况一样——没有争论，没有辩论。

"都是这样吗——我是说，其他地方也是这样吗？"他一定是看到了我的车牌，只是他不愿提及。

"就我所知，是这样的。你认为，这是大家对发表意见有顾虑吗？"

"也许有些人是因为有各种各样的顾虑。但是，我认识一些人，他们才不是因为有什么顾虑呢。只不过，他们也一样，什么都不想说。"

"我也一直都有这种印象。"我说，"但是，我的确不知道，真的。"

"我也不知道。也许，这都是同一回事，只是站在不同的角度。不多管闲事，不多说了。我闻到味道了，你的晚饭快准备好了。我该告辞了。"

"你说的'都是同一回事'，那是什么事？"

"好吧，就拿我祖父和曾祖父来说吧——我十二岁的时候我的曾祖父才过世。他们知道一些他们自己很确信的事情。只要给他们一点线索，他们就非常确信随后会发生什么。可是现在——谁知道会发生什么？"

"我不知道。"

"没有人知道。要是你都不知道会发生什么事情的话，你的意见又能有什么作用呢？我祖父知道万能的上帝有多少根胡须；而我甚至连昨天发生了什么事情都不知道，更不用说明天了。我祖父知道用什么办法做一把摇椅、做一张桌子。我甚至都看不懂那都有什么样的规则，那是除了他没有人看得懂的规则。我们没有什么可以继续下去的事情——思考的路子也没有了。我该告辞了。明天早上我还会见到你吗？"

"不知道。我明天打算早点出发。我要一直开到缅因州，去鹿岛（Deer Isle）。"

"听说，那个地方很漂亮，是吧？"

"我还不知道。我没去过那里。"

"嗯，真是个愉快的夜晚。祝你旅途愉快。谢谢你的——咖啡。晚安。"

查理目送他离开，然后大大地喘了一口气，就去睡觉了。我把准备好的咸牛肉土豆吃掉，然后把床放下来，翻出夏伊勒的《第三帝国的兴亡》[1]。

1　威廉·夏伊勒（William Shirer, 1904—1993），美国记者、作家，第二次世界大战期间为哥伦比亚广播公司的战地记者，主要作品有《柏林日记：1934—1941》（*Berlin Dairy: 1934-1941*, 1941）、《第三帝国的兴亡》（*Rise and Fall of the Third Reich*, 1959）等。

可是，我发现自己根本看不下去。于是，我把灯熄灭，却又无法入睡。溪水拍打着岩石，发出"哗啦""哗啦"的声音，传递着一种怡人的静谧。与那位农场主的一番对话一直萦绕在我的耳边。他是一位善于思考的、表述清晰的人。你很难指望，能够找到许多像他那样的人。或许，他点出了问题的关键。人类也许用了一百万年的时间才习惯将火视作一种东西、一种观念。从一个人被闪电击中的树木燃起的火烧伤了手指，到另一个人把一些燃烧着的树枝带进一个山洞里，并发现火能让他保持温暖，这期间可能经历了十万年。而从那个时代到底特律鼓风炉的出现，又经历了多长时间呢？

而现在，我们掌握着一股力量，一股比火要强大得多的力量；然而，我们却还没有腾出时间去发展思考方式。因为，人类必须首先有感觉，然后产生语言，具备了这些，人类才能够接近思想。至少从过去的历史来看，这一过程经历了很长时间。

我还没有入睡，公鸡就已经开始啼鸣了。而此时，我终于感觉到，我的旅行开始了。在此之前，我一直不相信自己的旅行已经开始了。

查理喜欢早起，他也喜欢让我早起。他怎么可能不喜欢早起呢？他要吃早饭，吃完后马上再睡上一觉。这些年来，他开发出了一些看似无辜的办法，叫我起床。他可以摇摆自己的身子，把他的颈圈搞得叮当作响，声音很大，足以把死人唤醒。如果这个办法行不通，他就会做出打喷嚏的动作，而且还打个不停。不过，也许他使出的最令人恼火的一招，就是安静地坐在我的床边，脸上带着甜蜜而宽容的表情，双眼凝视着我的脸；我带着被死死地盯着的感觉从沉睡中醒来。不过，我也学会了一招予以反制。我会紧闭双眼，一动不动。即使我只是眨眨眼睛，他也会打打喷嚏，伸伸懒腰。只要他这么做，对于我来说，那一夜的睡眠就宣告结束了。通常，这种意志之战会持续很长一段时间。只要是我闭上双眼，眯住不动，他就会原谅我。然而，最后的赢家总是他。查理非常喜欢旅行，所以想早点出发。而对于查理来说，只要他起来了，黎明就会来临。

旅行开始后没多久，我就发现，在旅途中，如果你到了一个陌生的环境，想着随意听听当地居民都聊些什么，那么当地的酒吧和教堂就是最好的地方，你可以溜进去又不会引起注意。然而，一些新英格兰[1]的城镇没有酒吧，而教堂只在星期天才开放。另有一个不错的选择，那就是路边的餐馆，男人们会在工作前或者打猎前聚在那里吃早餐。要想赶上吃早餐的地方聚集很多人的时候，你就必须起得很早。其实，即便你赶上了，也还是有一个不足之处。那些早起的人不仅不怎么跟陌生人说话，就连他们之间也很少交谈。早餐桌上的谈话仅限于日复一日的、掐头去尾的打招呼。在早餐时段，新英格兰人与生俱来的沉默寡言的性格真是达到了无以复加的完美境界。

我把查理喂饱，让他在附近溜达一圈，然后我们就上路了。一层结了冰晶的雾覆盖了群山，我的挡风玻璃也上了霜。平日里，我一般不吃早餐。但在这里，我必须吃早餐。不然的话，除非我停下来加油，否则我是不会看到任何人的。在第一家有灯光的路边餐馆处，我把车子停了下来。我在柜台前找了个位置，坐下来。顾客们都像蕨类植物一样蜷缩在各自的咖啡杯上。在这样的环境下，典型的对话是这样的。

服务员："一样的？"

顾客："嗯。"

1　新英格兰指美国本土毗邻加拿大的东北部地区六个州：缅因州、佛蒙特州、新罕布什尔州、马萨诸塞州、罗得岛州和康涅狄格州。一般认为，波士顿为该地区的最大城市和经济文化中心。

服务员:"够冷吧？"

顾客:"嗯。"

（十分钟之后）

服务员:"续杯吗？"

顾客:"嗯。"

这位只用"嗯"作答的顾客的确已经是一个爱说话的人了。有些人的回应都简短到了靠着打嗝发出"嗝儿"的一声；而另有一些人则根本不作答。在新英格兰，一大清早出来当班的女服务员的生活好孤独。但是，我很快就注意到，即使我尝试着说一句轻松愉快的话，给女服务员的工作注入些许活力和乐趣，她也只是垂下眼睛，回答"是"或者只是发出"嗯"的一声。虽然表面上看起来如此，但我确实感觉到，他们本地人之间有着某种沟通；只是，我说不清楚他们沟通的都是什么。

获取消息的最好方式，是收听早晨的广播，我逐渐学会了喜欢这种方式。每个拥有几千人口的城镇都有自己的电台，取代了传统的地方报纸。电台还播报特价商品和买卖交易，还有社交活动、商品价格、通信留言，各种信息一应俱全。全国各地电台播放的唱片都一样。如果说《少年天使》（"Teen-Age Angel"）的播放量在缅因州高居榜首，那么它在蒙大拿州也是如此。在一天之内，你可能会听到三四十遍《少年天使》。但是，除了本地新闻和各类事件之外，一些外来的广告也悄然而至。我向北行驶得越来越远，天气也变得越来越冷；同时我也注意到，佛罗里达州的房地产广告也越来越多。随着漫长而寒冷的冬天渐渐临近，我逐渐悟出个中的道理，知道为什么"佛罗里达"这个词是一个金字招牌。我继续前行，发现越来越多的人渴望去佛罗里达州；已经有数千人搬迁到了那里，还有更多的人想去、也愿意去佛罗里达州。由于有联邦通讯[1]的监督，房地产广告除了说明所出售的地产是在佛罗里达州这一事实之外，几乎没有做任何其他声明。但是，还是有一些广告铤而走险，保证其出售的地产高于潮水的位置。其实，这并不重要，仅仅"佛罗里达"这个名字本身就传递着温暖、安逸和舒适的信息。这是无法抗拒的诱惑。

我一直都生活在气候宜人的地方，这让我感到无聊至极。我喜欢有变化的天气而不是有规律的气候。我曾经在墨西哥的库埃纳瓦卡（Cuernavaca）居住过，那里的气候近乎完美。然而我发现，当人们离开那里的时候，他们通常会去阿拉斯加州。我倒想看看，一个来自阿鲁斯图克县[2]的人能在佛罗里达州忍受多久。问题是，一旦他把自己的积蓄转移到佛罗里达州并在那里投资的话，他就不容易回到原来的地方了。他的骰子已经掷了出去，无法再捡回来。尽管是这样，我依然很好奇。试想一下，佛罗里达州 10 月的一个傍晚，在一成不变的绿草坪上，一位新英格兰人坐在一把缠着尼龙网的铝制椅子里，时不时地驱赶着蚊子——我的确怀疑，记忆的刺痛是否会击中他的胃部上方、肋骨下面那个会隐隐作痛的位置。在那始终处于潮湿的夏日里，我敢说，他脑海中的画面不再是对色彩的欢呼雀跃，而是翻转到清新洁净、发出刮擦声的寒冷空气之中，回到有着松木燃烧气味的地方，回到给人带来温馨的、暖烘烘的厨房之中。一个人始终

1　联邦通讯（Federal Communications），全称"联邦通讯委员会"（Federal Communications Commission, F.C.C.），成立于 1934 年，主要对无线电、通讯等进行监控与管理。

2　阿鲁斯图克县（Aroostook County），县名源于印第安语，意思是"美丽的河流"，为美国缅因州最北部的一个县，被誉为"缅因州的王冠"。其西面和北面与加拿大魁北克省接壤，东部与新不伦瑞克省接壤。1838—1839 年，这里曾发生过"阿鲁斯图克战争"，是美国缅因州与英属加拿大新不伦瑞克省之间的边界冲突。另外，阿鲁斯图克县还是美国三大马铃薯种植基地。

处于一种恒定不变的绿色中，怎么才能辨知色彩呢？一个人始终处于没有寒冷的环境里，何以知道温暖带来的甜美呢？

我依照规定以及让人感到不耐烦的法律所允许的最低限速，尽量放慢速度行驶。如果你想饱览周围的景致，这是唯一的方法。各州政府都会每隔几公里就提供一处路边休息的地方；有时，还在有遮阴的河流附近提供挡风避雨的场所。这些地方都是用涂上色彩的油桶来装垃圾，有野餐桌，有时还有火炉或烧烤坑。每隔一段时间，我就会把驽骍难得驶离道路，到休息的地方停一会儿。我会把查理放出去，让他到处去溜达，嗅一嗅之前来过的客人留下的味迹。然后，我会给自己煮一杯咖啡，舒服地坐在我的车房后阶梯上，凝视着森林和溪流，还有远处的山峦。松柏和冷杉的树冠高高耸起，上面覆盖着积雪，感觉山体一下子升高了。在老早以前的一次复活节，我得到一枚看看彩蛋。我从看看彩蛋上的一个小圆孔处往彩蛋里窥视，看到里面有一个可爱的小农场，一个梦幻般的农场，在农舍的烟囱上有一个鸟巢，鸟巢里有一只鹳。我一直把彩蛋里看到的农场视作童话农场，就像一个坐在毒蘑菇下守护宝藏的侏儒怪一样，相信它肯定是想象出来的。后来在丹麦，我看到了彩蛋里的那个农场，或者说那个农场的复制品。那是个真实存在的农场，就跟我在彩蛋里看到的童话农场一模一样。我在加利福尼亚州的萨利纳斯（Salinas）长大。那里虽然偶尔会有霜冻，但气候凉爽且多雾。记得我们看到佛蒙特州秋天森林的彩色照片时，我们把它视作另一个童话般的境界。坦率地说，我们从来没有把它当成真实的存在。在学校里，我们都能背诵《大雪封门》[1]，还有其他一些跟老杰克·弗罗

---

1 《大雪封门》（"Snowbound", 1866），美国诗人约翰·格林利夫·惠蒂尔（John Greenleaf Whittier, 1807—1893）的著名长诗，描写了新英格兰冬天的景物，被誉为"一部优美的新英格兰田园诗"。

斯特[1]和他的画笔有关的小诗。但是，老杰克·弗罗斯特为我们做的唯一一件事就是在饮水槽上涂一层薄薄的冰，就连这样的事情他也很少做。此时，我置身于犹如梦幻般的自然环境之中，不仅发现这种喧嚣的色彩是真实存在的，而且还发现当年的那些图片所表现出来的不过是苍白的和不准确的，这太让我惊讶不已了。在我还没有看到这些森林的时候，我甚至都无法想象这些森林的真实色彩。我很想知道，一个人始终处于这样的环境之中，会不会对这些都习以为常，不再有新奇感了。于是，就这一问题，我询问了一位新罕布什尔州本地妇女。她告诉我说，秋天总是带给她惊喜，令她兴高采烈。"这是一个值得称誉的壮丽景观，"她说，"而且很难把它印记下来；所以，它总是给人带来惊喜。"

在休息站旁边的河里，我看见一条鳟鱼从一处黑黝黝的深水中冒出来，水面泛出圆圈，像一只只由小到大向外展开的银手镯一样。查理也看到了这一幕，便跳到水里，把身子都弄湿了。他真是个傻瓜，从不考虑后果。我回到驽骍难得里，拿出来少得可怜的垃圾，丢入垃圾桶。我的垃圾只是两个空罐子，一个罐子里的东西是我吃的，另一个是查理吃的。在我

---

1 老杰克·弗罗斯特（Old Jack Frost）是西方民间传说里的冬日精灵。他带来了冬天天寒地冻的天气，把人的鼻头和手指冻伤。不仅如此，他还利用严寒，给窗玻璃涂上像蕨叶状的花纹，或者让待在黑屋子里的人看到窗玻璃上好像有一张冻得满面冰霜的人脸。另外，美国在1934年拍摄了一部九分钟的动画短片《杰克·弗罗斯特》（Jack Frost），描写一头不想冬眠的小灰熊，偷偷离开家，在冰天雪地里遇到了冰雪老人——杰克·弗罗斯特。其实，冰雪老人把树叶涂成橙色和棕色，就是想提醒森林里的动物，寒冷的冬天即将来临。而这只骄傲的小灰熊不仅不听冰雪老人的劝告，还唱歌嘲笑冰雪老人，并说自己是一头勇敢的小灰熊，有一身漂亮、暖和的外套，不惧风雪和严寒。然而，冬天真的来了，可怜的小灰熊被困在寒冷的暴风雪中。冰雪老人救出了小灰熊，并把它送回到小灰熊的床上，让它学会了尊重自然。

带来的那堆书中，我看到了一个会让人记忆深刻的封面，于是，我把这本书拿到太阳底下。封面上是一只金色的手，同时握着一条蛇和一面长着翅膀的镜子，封面的下方用类似书写体的字母写着：《旁观者》[1]，亨利·莫利[2] 编辑。

可以说，作为一名作家，我有一个很幸运的童年。我的外祖父塞缪尔·汉密尔顿（Sam'l Hamilton）非常喜欢优秀的作品，并且他也知道哪些作品才是优秀的。他有几位很有才气的女儿，其中就包括我的母亲。在萨利纳斯，就有这样的文学氛围。我们有一个带玻璃门的深胡桃木大书柜，柜子里摆放着能让我产生奇思妙想、内容精彩绝伦的书籍。我的父母亲从来没有主动把这些书拿出来给我看过，玻璃门显然是用来保护它们的，因此，我总是偷偷地从书柜里拿书看。我这么做既没有被禁止，也没有受到鼓励。我想，如果我们现在也是既不说禁止也不说不禁止自己还没有接受到正规教育的孩子们接触我们文学作品中的美妙事物，他们或许也会偷着

1　《旁观者》(*The Spectator*)，1711 年由理查德·斯蒂尔爵士（Sir Richard Steele）和约瑟夫·艾迪生（Joseph Addison）创办，前身为《闲谈者》(*The Tatler*)，为英国历史最悠久的杂志。《旁观者》题材广泛，涉及文化、艺术、政治、宗教等，采用虚构社会各阶层成员的方式，讨论最新时尚，品评文学作品，同时也将严肃的宗教、政治等社会现实问题以有理有据但消遣悠闲的方式，进行论述和阐释。另外，《旁观者》还被认为是十八世纪英国小说兴起的前奏。

2　亨利·莫利（Henry Morley，1822—1894），英国学者，1841 年在国王学院学医期间，就曾创办《国王学院杂志》(*King's College Magazine*)，后为《公共卫生杂志》(*Journal of Public Health*) 撰写了许多社会问题的文章。他同时还为《旁观者》、《弗雷泽杂志》(*Fraser's Magazine*)、《雅典娜》(*The Athenaeum*)、《季度评论》(*The Quarterly Review*)、《爱丁堡评论》(*The Edinburgh Review*) 等撰稿，其中包括书评、戏剧评论等。1854 年，他出版了《磨坊里的苦役》(*Ground in the Mill*)，并编纂了十卷英国作家的作品，编辑约三百个英国和外国经典作品。此外，他还在国王学院等教授英国文学。

接触这些东西，从中找到秘密的快乐。我很小的时候就对约瑟夫·艾迪生[1]怀有一种热爱，这种热爱从未消散过。他把玩语言文字的技巧就跟卡萨尔斯[2]演奏大提琴一样娴熟。我不清楚艾迪生是否影响了我的散文风格，但是我倒诚心诚意希望如此。1960年，在怀特山脉，我坐在阳光下，翻开了这部出版于1883年让我记忆深刻的《旁观者》第一卷。我把书翻到《旁观者》的第一篇——1711年3月1日，星期四。开头是这样写的：

Non fumum ex fulgore, sed ex fumo dare lucem Cogitt, et speciosa dehinc miracula promat.[3] ——贺拉斯[4]

我清楚地记得，我非常喜欢艾迪生把每一个名词的首字母都大写。他在这

1　约瑟夫·艾迪生（1672—1719），英国散文家、诗人、政治家，曾任教于牛津大学。1706年当选国会议员，1717年任国务秘书。1710年，艾迪生与理查德·斯蒂尔爵士合作，创办《闲谈者》，1711年创办《旁观者》。此外，艾迪生的作品还有《远征》（The Campaign, 1705）、《加图》（Cato, 1713）等。

2　帕布洛·卡萨尔斯（Pablo Casals, 1876—1973），西班牙著名大提琴家、指挥家、作曲家，被誉为十九世纪以来最伟大的大提琴家。他演奏的六首巴赫大提琴独奏组曲《巴赫：无伴奏大提琴组曲》（Bach: Suites for Solo Cello）被公认为无法超越的成就。卡萨尔斯主要创作宗教音乐及管弦乐，代表作为《马槽圣婴》（El Pessebre, 1960）。1958年，他曾被提名诺贝尔和平奖。1963年，美国总统肯尼迪授予他"总统自由勋章"。1971年，联合国授予他和平勋章，在授勋仪式上，他演奏了自己的作品《联合国颂歌》（Hymn of the United Nations）。

3　拉丁语：（荷马的）作法不是先露火光，然后大冒浓烟；相反，他是先出烟，后发光，这样才能创出光芒万丈的奇迹。引文摘自贺拉斯的《诗艺》，为贺拉斯评价荷马及其史诗的一段话。译文选自杨周翰《诗艺》译本（人民文学出版社，1962）。

4　贺拉斯（Horace，拉丁语全名 Quintus Horatius Flaccus，公元前65—前8），罗马帝国奥古斯都统治时期的著名诗人、批评家、翻译家，代表作是《诗艺》（Ars Poetica），被誉为欧洲古典文艺理论名篇，对后世欧洲文艺理论很有影响。

一天写道：

> 我注意到，一位读者很少会怀着愉悦的心情细读一本书，除非他知道此书的作者是黑人还是白人，性情温和或是脾气暴躁，已婚还是未婚，以及其他诸如此类的细节。这些对于正确理解一位作者的确大有裨益。为了满足这种对于读者而言相当自然的好奇心，我设计了这一篇以及另一篇文章，作为我随后著述的序言；在此文中，我将对参与这项工作的相关几位人士做一些交代。鉴于汇编整理、消化理解以及修改校正这些主要工作都落在我的头上，我必须公正地对待自己，以我自己的简历开启这部作品。

1961年1月29日，星期日。是的，约瑟夫·艾迪生，我听到了，而且我会在理性的范畴内遵从你的提议。因为看起来，现如今你所说的好奇心似乎丝毫没有消减。我发现，许多读者对于我的穿着比对于我有什么想法更感兴趣，更渴望知道我是怎么做的，而不是我在做什么。至于说到我的作品，有些读者对于我所描述的内容比对于作品有什么影响更有感觉。既然来自大师的建议是一道指令，与圣旨无异，我理应奉为圭臬，那我就先偏离主题，追随大师的风格，说说我自己。

就一般男性而言，我属于个子高的——身高一米八三——尽管在我的家族男性中，我被认为是矮个子。他们的身高都在一米八九到一米九八之间。并且我知道，等我的两个儿子发育成熟之后，他们的身高必定会超过我。我的肩膀非常宽，这让我觉得自己的臀部很窄。以我的身体比例来看，我的腿较长，所以，大家都说我的身材很匀称。我的头发是灰白的，我的眼睛是蓝色的，我的面颊是红润的，这种特征是从我那爱尔兰裔的母亲那里遗传下来的。我的脸并没有漠视岁月的流逝，而是用疤痕、线条、皱纹和时间的磨损记录下来。我蓄着胡子和唇须，但是，我的脸颊刮得很干净。说到胡子，就像一只黑色臭鼬的脊背中间与白色的边缘剥离开来。据说，蓄胡子是为了纪念某些亲戚。而我呢，蓄胡子并不是出于大家通常给出的理由，为了皮肤问题或是剃须时的疼痛，也不是为了遮住长得不好看的下巴，以及诸如此类不便为人知晓的目的。毫不掩饰地说，我蓄胡子纯粹是为了装饰，更像是一只孔雀从其尾巴上寻找乐趣一样。最后我想说的是，在我们这个时代，蓄胡子是女人不能比男人做得更好的一件事；或者说，如果女人能把这件事做得更好的话，也只有在马戏团里才能确保她的成功。

我的旅行装束虽然显得有些古怪，但却非常具有实用主义的风格。半长筒的威灵顿橡胶雨靴，靴子的软木内底使我的双脚保持温暖，同时还能够避免皲裂。我穿着一条卡其棉布的裤子，是在一家军需品商店买的，正好裹住了我的小腿。我的上身是一件狩猎外套，袖口和领子都是灯芯绒的，既舒适又保暖，后背还有一个猎物口袋，大得超乎寻常，足以把一位印度公主偷运到基督教青年会[1]。我有一顶蓝色哔叽呢英国海军帽，已经戴了好多年，帽檐很短，顶端有象征着一如既往地为英国皇冠而战的皇家狮子和独角兽图案。这顶帽子已经相当破旧，还有盐渍，但是，它可是战争期间一位舰长送给我的礼物。当时，我乘坐他的鱼雷艇驶出多佛（Dover）；这位舰长是一位温和的绅士，也是一名刽子手。我离开他的鱼雷艇之后，他袭

1　基督教青年会（Young Men's Christian Association，Y. M. C. A.），全球性基督教青年社团，1844 年由英国商人乔治·威廉（George Williams）创立于英国伦敦，旨在督励青年坚定信仰，积极参与社会活动，改善其精神生活，优化社会文化环境。

击了一艘德国鱼雷快艇。考虑到还没有虏获过战利品，他叫停了火力，试图把这艘鱼雷快艇完好无损地接收下来。然而，在这个过程中，他把自己的快艇给弄沉了。打那以后，我一直戴着他送给我的这顶帽子，以示对他的敬重和对他的这段历史的记忆。另外一个原因是，我喜欢这顶帽子，它很适合我。在东部的时候，没有人会对这顶帽子看上第二眼。但是后来在威斯康星州、北达科他州、蒙大拿州，当我把大海远远地抛在身后的时候，我意识到，这顶帽子引起了人们的注意。因此，我买了一顶斯特森宽边帽[1]，我们习惯把它称作牧人帽或者牛仔帽。斯特森宽边帽的帽檐不是特别宽，属于富有但却保守的西部牛仔喜欢戴的那类帽子，就像过去我那些牛见愁的叔叔们常戴的那种。直到我抵达西雅图这另一片海域的时候，我才重新戴上我的那顶海军帽。

至此，为遵循艾迪生圣旨般的训诫所做的自我交代也该结束了，而我的读者已经让我重新回到了新罕布什尔州的野餐区。我坐在那里，一边用手指翻着《旁观者》第一卷，一边在想，人的大脑通常是如何做到同时思考两件能够意识到的事情，可能还在思考着几件完全没有意识到的事情。这时，一辆豪华轿车驶进了野餐区，一位相当臃肿肥硕的、衣着华丽俗气的女人打开车门，放出来一条同样臃肿肥硕、被装扮得华丽俗气的博美犬。可以很有说服力地说，这是一条母狗。本来嘛，我对这后一点是不会知道的，但是，查理对这一点再清楚不过了。他从垃圾桶后面冒出头来，发现她很美，于是，他那法国血统突然使他热血沸腾。紧接着，他开始向她大

---

1 斯特森宽边帽（Stetson），为美国经典的帽子品牌。1865 年，约翰·巴特森·斯特森（John Batterson Stetson）创立了约翰·B.斯特森公司，现为美国最大的制帽商。该公司最初主要生产牛仔帽，后来还生产工人帽、报童帽、圆顶礼帽、鸭舌帽、棒球帽等。

献殷勤。这也太直白了，甚至连这个小情人的女主人那双慵懒的眼睛都看出来了。这个肥女人像一只受了伤害的野兔一般，发出一声尖叫。紧接着，她像一团炸开的软泥，从车子里冒了出来。若不是她弯不下腰，她早就会把她的心肝宝贝抱在怀里了。她所能做到的，就是照着高个子查理的头打上一巴掌。查理很自然、很随意地在她的手上咬了一口，然后就继续他的浪漫行为了。与此同时，一声巨响把我给镇住了。我记得有个成语叫"响遏行云"，这个成语的含义我一直不是很懂。而此时的这声巨响，让我彻底明白了。瞧，冷不丁的，我还真的没搞清楚，这漫天的白云怎么就突然静止不动了。而这声巨响让我猛然意识到，白云肯定是被那个狗娘养的女人如惊雷般的一声吼给唬住了。我抓起她的手，发现她的皮肤上连个咬痕都看不到。于是，我抓住她的狗。可还没等我掐住这个小妖怪的喉咙，要把它轻轻地扼死，却猝不及防地被它狠狠地咬了一口，把我的手都咬出了血。

在查理看来，整个场面都太过荒谬。他继续往垃圾桶上淋尿，淋完第二十次就收工了。

这位女士颇费了一些时间，才让自己平静下来。我拿出一瓶白兰地，帮助她平息一下，这瓶烈性酒可能会要了她的命；不过，她还是喝了一小杯本该要了她的命的烈性酒。

别以为查理会过来帮我的忙，毕竟我是为他收拾烂摊子。但是他并没有，他不喜欢神经病，也厌恶酒鬼。他爬进写字台，钻到桌子下面，睡觉去了。法国佬永远都是这德行[1]。

最后，那位尊贵的夫人连手刹都没有松开，硬是踩着油门把车子开走

1　这句话的原文是 Sic semper cum Frogs。其中，Sic semper cum 是拉丁语，意思是"总是这样"；而首字母大写的英语 Frog 蔑指"法国佬"。

了；而我这一天所构建的模式，也就这么残败不堪了。艾迪生已经坠毁于火焰之中，水中的鳟鱼像个令人生厌的老女人，再也扭动不出银戒指环般的圆圈了，一片云彩遮住了太阳，让空气平添了一丝寒意。我们上路了。我发现，我把车子开得比我预先想好的速度要快。天开始下雨了，一场冰冷的雨，落下的雨点像钢丝一般。经过的村落都很可爱，而我没有兴趣给予它们应有的关注。没过多久，我就已经跨进了缅因州，然后我们继续向东行驶。

我真希望，任何两个州都能够在限速上达成一致。就在你刚刚习惯了一个州时速80公里的时候，你越过了州际线，而另一个州的时速变成了100公里。我不明白，他们为什么不能够共同商榷，解决这个问题，达成一致？但是不管怎么说，在一件事上，所有的州都一样。那就是，每一个州都认为本州是所有州中最优秀的。并且，当你跨越州界的时候，可以看到每个州都会用斗大的字宣告这一事实。在我走过的将近四十个州中，我还没有看到哪怕是一个州没有用美妙的词语为自己的州说好听话的。这种做法似乎有些不得体。让游客们自己去发现这些优秀之处，不是会更好嘛。不过，如果不是像这样自己往自己脸上涂脂抹粉以引起我们的注意，也许我们就不会发现各个州究竟有多么好。

在新英格兰过冬，要做的准备工作绝对是非同寻常的。夏天的时候，这里一定人很多，普通道路和高速公路上挤满了人，他们都是从潮湿闷热的波士顿和纽约那种湿热黏人的热气中逃离出来的。而在眼下这个季节，热狗摊、冰淇淋店、古董店、鹿皮靴和鹿皮手套店统统关门歇业了，许多店铺还挂着"明年夏天开业"的牌子。我永远都无法习惯沿路一个挨着一个、足足有数千家的古董店，所有的店铺里都塞满了过时无用的东西，都是些前人留下来的真货，或者说是经过证明为前人留下来的东西。我倒觉得，如果那些都是真迹的话，那么，当年十三个殖民地的人口还不足四百万，他们每个人一定都在疯狂地制造桌子、椅子、瓷器、玻璃、烛台，以及奇形怪状的铁、铜和黄铜做成的小零碎东西，以便将来卖给二十世纪的游客。仅在新英格兰道路沿线贩售的古董，就足够这个拥有五千万人口的城市来装饰他们的房子了。如果我是一个精明的商人，对我那还没有出生的曾孙稍微关心一下的话，我就应该收集所有废弃无用的破烂和损毁报废的机动车，我还应该翻遍城市的垃圾场；然后，把这些收集起来的东西堆成山，再在所有这些东西上喷上海军用来封存船只的保护层。到了一百年的时候，我的后代将获准打开这个宝藏，他们一定会成为世界上的古董大王。如果我们祖先想要丢弃的那些破旧不堪的、零碎断裂的以及损毁残缺的物品现在都能带来这么多利润的话，那么想想看，一辆1954年的奥兹莫比尔 [1] 轿车，或者一个1960年生产的土司马斯 [2] 牌烤面包机，这些东西会带给我们什么——还有，一台老式华林牌葡萄酒搅拌器 [3]——上帝呀，真是有着无限的可能性！我们必须付钱才能够被拖走的东西可能会带来财富。

如果说我对废弃的破烂物品似乎过于感兴趣的话，那是因为我的确对此感兴趣。不仅如此，我也有许多这类垃圾货——在我的车库里，有一半的地方堆满了零碎的、破旧的东西。我用这些东西来修理其他东西。最近，我把车子停在萨格港附近的一家废旧物品经销商的展示场前面。当我认真细致地查看那些展示的物品时，我突然意识到，我有的种类比这家老板有的还要多。由此可以看出，我对没有什么价值的东西确实有着一种发自内心的、近乎贪婪的兴趣。我对此的借口是，在这个计划性报废的时代，当一件东西坏了的时候，我通常可以在我的收藏物品中找到什么东西，来修理这件坏了的东西，比如说，一个马桶、一台马达或者一台割草机。但是我认为，真正的原因是，我就是喜欢废旧物品。

在我开始这次旅行之前，我就知道，隔不了几天，我必须在汽车旅馆里歇脚；与其说是为了住宿，倒不如说是为了洗个奢侈的热水澡。在驽骖

---

1 奥兹莫比尔（Oldsmobile），美国最古老的汽车品牌，也是仅次于戴姆勒和标致的世界第三古老的汽车品牌，由兰索姆·E. 奥兹（Ransom E. Olds）于1897年创建于密歇根州兰辛，为美国第一家大量生产和销售汽车的企业，以生产中高档汽车为主，1908年并入通用公司，2004年生产最后一辆奥兹莫比尔轿车，结束了一百零六年的汽车制造历史。

2 土司马斯（Toastmaster）牌烤面包机，美国驰名家电品牌。值得注意的是，英文Toastmaster现在多指"国际演讲协会"（Toastmasters International），1924年成立于加利福尼亚州。

3 华林牌搅拌器（Waring Mixer），"华林"为美国驰名家电品牌，公司创立于1937年，是美国主要的食品搅拌生产商和家电制造商，曾推出世界首台搅拌机，产品包括食品加工机、搅拌机、烤架、烤面包机、榨汁机、切片机、华夫饼干机、烤箱等。

难得里，我用茶壶烧热水，靠搓澡海绵擦洗身子。遗憾的是，在浴桶里洗澡儿半没有洗得干干净净的感觉，也没有任何乐趣可言。把浴缸装满热得烫人的水，泡在里面，那才算得上是一种纯粹的享乐。但是不管怎么说，在刚刚开始旅行的时候，我就发明了一种洗衣服的办法，是个再好不过的办法，要想找到比这更好的办法可是要颇费一番心思和时间了。这个办法是这样想出来的。我有一个带盖子和提把的塑料大垃圾桶。由于卡车在正常行驶时的晃动总是搞得它翻倒，我便用一条结实的棉纱绝缘橡胶绳，把它拴在我的小衣柜里的挂衣杆上。在那里，它可以随心所欲地晃动，而垃圾桶里面的东西根本不会掉出来。过了一天，我把桶盖打开，把里面的东西倒到路边的垃圾桶里。我发现，桶里的垃圾是我见过的搅拌得最彻底的垃圾。我相信，一切伟大的发明都源于某种类似的经验。第二天早上，我把塑料桶清洗干净，往桶里放了两件衬衫，还有内衣和袜子，加入热水和洗涤剂；然后，我用橡胶绳把垃圾桶吊在挂衣杆上。在这里，它一整天都可以疯狂地摇摆和舞动。那天晚上，我把这些衣服拿到河边，用水冲洗干净，我敢肯定，你绝对没有见过洗得这么干净的衣服。我在驽骍难得靠窗的地方拉了一条尼龙绳，把衣服挂在上面晾干。从那时起，我的衣服就是这么洗的，第一天开车的同时用垃圾桶洗上衣服，第二天在车房的窗前把衣服晾干。还有更让你想不到的，我还用这种方法洗床单和枕套。只不过，采用这种方法洗衣物虽然很讲究，但却解决不了我洗热水澡的问题。

在班戈（Bangor）城外不远的地方，我在一家汽车旅馆停了下来，租了一个房间。房价并不贵。招牌上写着"冬季特惠价"。房间干净整洁；所有用具都是塑料制品——地板、窗帘、毫无污渍的绝燃塑料桌面、塑料灯罩。只有床上用品和毛巾是天然材料的。我到那家联营的小餐馆吃饭，餐馆里也全部使用塑料制品——桌布、牛油碟都是塑料的。糖和饼干都用玻璃纸包着，果酱放在一个长方形小塑料盒里，也用玻璃纸封着。刚刚到傍晚时分，我是唯一的顾客。就连女服务员的围裙也是可以用海绵擦拭油污的那种材料。她看起来不高兴，但也没有不高兴，反正你看不出来她有什么感觉。然而我相信，没有人对什么事情都没有什么感觉的。在她的内心深处，一定有什么解不开的心结，只是为了不失态而已。这茫然呆滞的眼神，这懒散倦怠的手，这像涂抹了塑料粉末似的甜甜圈一样粉红色的面颊，在它们的背后，必定有一段记忆或是一个梦想。

我抓住一次机会，问她："你什么时候去佛罗里达？"

"下个礼拜。"她无精打采地说。随后，有什么东西在那痛苦的空虚中搅动了一下。"咦，你怎么知道我要去那儿？"

"我想，我看出了你的心事。"

她盯着我的胡子。"你是演戏的吧？"

"不是。"

"那你说'看出了我的心事'是什么意思？"

"也许我是猜到的。喜欢那里吗？"

"嗯，当然！我每年都会去。到了冬天，那里有很多服务员能做的工作。"

"你到那里做什么，我是说，寻开心吗？"

"哦，什么都不做。只是打发时间。"

"你钓鱼或是游泳吗？"

"几乎没有过。我只是打发时间。我不喜欢那儿的沙子，会让我发痒。"

"赚的钱多吗？"

"去到那里度假的人是一群小气鬼。"

"小气？"

"他们宁愿把钱花在喝酒上。"

"也不愿怎样？"

"也不愿付小费。就跟夏天到这里来度假的人一样。小气鬼。"

有些事的确很奇怪。一个人的情绪往往能够感染一屋子的人，让整个房间里充满活力、充满兴奋。但是话又说回来，还有另一类人正相反，而这位女士就是其中之一。她可以耗尽人们的活力和喜悦，可以吸干人们的快乐，而她自己却从中得不到任何满足。这样的人使得周遭的空气中弥漫着一种灰暗的气氛。我开了很长时间的车，也许我已经精力不足，应对这种消极的抵抗力下降了。她战胜了我。我感觉如此忧郁和痛苦，真想爬进一个塑料罩里死去。看她那模样，应该是一个多么好的约会对象，一个多么可爱的情人啊！我试着想象她当情人的情景，但我却想象不出来。我曾一度考虑给她五美元的小费；但是，我知道这么做会有什么样的后果。她不会感到高兴的，她只会觉得我疯了。

我回到自己那干干净净的小房间。我从来都没有一个人喝酒的习惯。独饮于我没什么乐趣。并且我认为，除非我变成了一个酒鬼，否则我是不会独饮的。但是这天晚上，我从车里拿出一瓶我储备的伏特加，把它带到我的小房间。在浴室里，有两只密封在玻璃纸袋里的杯子，上面写着："为了保障您的使用安全，杯子已消毒。"在马桶盖上，横放着一张纸条，写着这样的信息："为了保障您的使用安全，马桶座圈已经用紫外线消毒。"每个人都在保护我，这太可怕了。我把玻璃杯外面的包装玻璃纸撕下来。我用脚粗暴地践踏了马桶座圈上的封条。我倒了半杯伏特加，一口喝掉了，又倒了半杯，喝掉了。然后，我躺在浴缸的热水里，把身子沉在浴缸的底部。我感到极度痛苦，看什么都不顺眼。

查理也被我的痛苦所感染；不过，他是一条能够勇敢面对困境的狗。他走进浴室。这个老傻瓜像条小狗一样玩着塑料浴垫。多么坚强的性格啊，多么好的朋友啊！然后，他冲到门边，狂吠起来，就好像我要被侵犯了似的。要不是因为那些塑料，他可能已经成功了。

我记得，在北非，我遇到过一位阿拉伯老人，看着他的手，你会觉得，他从来没有舍得用水泡泡手。他递给我一杯薄荷茶。看得出，杯子应该用了很久，很有些年头了，已经变得不透明了。但是，他递给了我一份友谊，这杯茶也因此变得非常可口。而在这种没有任何保护措施的情况下，我的牙齿并没有脱落，后续也没有出现溃疡疼痛的情况。我开始构想一种新的规则，来界定保护与沮丧的关系。一个悲伤的灵魂杀死你的速度，远比一个细菌要快得多。

要不是查理摇晃着身子，上下跳动着，嘴里还发出"夫特"的声音，我可能真就忘了，他每天晚上都会吃上两块狗饼干，还要有一次散步，来清醒一下头脑。我穿上干净的衣服，跟他一起走出房间，徜徉在星光璀璨的夜空下。北极光出来了。我这一生只见过几次北极光。它层层叠叠，以雄伟壮观的姿态在天空中悬移着，就像在苍穹这个无穷尽的大舞台上的一位无极限的旅行者。北极光呈现出玫瑰色、薰衣草色、紫色，在夜空中游弋着、脉动着，被霜冻磨砺的星星在它中间刺射闪耀。在我如此迫切需要北极光的时候，我看到了它，这是一件多么美好的事情啊！我想了一会儿，要不要抓住那个女服务员，从背后把她踢出来，让她看看这美妙的北极光；但是，我没有这个胆量。她可以让永恒和无限融化，从你的手指缝中流逝。

空气中有一种霜花触灼的甜蜜寒意。查理走在前面，仔仔细细地向一长排修剪得整整齐齐的女贞树篱送出他的致礼，一边走一边淋上带着热气的液体。回到小房间后，他心满意足了，也为我感到高兴。我给了他三块狗饼干。他把无菌的床铺弄乱，然后就回到驽骀难得睡觉去了。

我的目标是向美国西海岸进发，而我会先向东部行驶，如果不这么做，那就不是我的行事风格了。我一直都是这个样子。我打算去鹿岛，是有着非去不可的理由。我的老朋友和同行伊丽莎白·奥蒂斯[1]每年都要到鹿岛去。每一次她说到鹿岛的时候，她的眼睛里总会显露出一种超脱尘世的目光，说出来的话也让人觉得不知所云。我还在计划我的旅行时，她就跟我说："没得说的，你得在鹿岛停一下。"

"这不在我的行程路线上。"

"胡说！"她用一种我非常熟悉的语气说。我从她的声音和态度中领悟到，如果我不去鹿岛，那我这辈子就别想在纽约再露面了。随后，她给埃莉诺·布雷斯（Eleanor Brace）女士打了电话，她去鹿岛总是跟她住在一起。事情就这么定了，我别无选择，只能应了下来。我所知道的就是，对于去不去鹿岛这件事，你没有什么条件可谈；但是，假设我不去，那我真就是疯了。更何况，还有布雷斯女士在等着我。

1　伊丽莎白·奥蒂斯·威廉姆斯（Elizabeth Otis Williams），美国女作家，主要作品有《在巴黎逗留、购物和学习——女性专用手册》（*Sojourning, Shopping & Studying in Paris, A Handbook Particularly for Women*, 1907）。

在班戈，我完全迷路了。这里交通拥挤不堪，道路上塞满了汽车和卡车，鸣笛声不断，交通灯频繁变换。我模模糊糊地记得，我应该开到国家一号高速公路上，我找到了，但我却朝着错误的方向——返回纽约的方向——开出了16公里。其实，关于如何到达那里，我事先已经得到了十分详细的书面路线指示，行驶方向也非常详细。但是，你有没有注意到，从一个非常熟悉这个地区的人那里得到的路线指示，即使是精准详尽的，往往也会让你比自己找路迷失得更彻底。我在埃尔斯沃思（Ellsworth）也迷路了，而这里被公认为是不可能迷路的地方。道路狭窄，运木材的卡车从我身边呼啸着驶过。那一整天，我几乎始终处于迷路状态，好在我最后还是找到了布卢希尔（Blue Hill）和塞奇威克（Sedgwick）。在那个令我绝望的午后就要结束的时候，我把车子停了下来，靠近一位威严的缅因州警察。这是一位多么魁梧的男人啊，像一块在波特兰（Portland）采石场开采出来的花岗岩似的坚实刚硬，简直就是一个将来某个时候用来做骑马雕像的完美模型。我倒想知道，未来被雕刻在大理石上的英雄是驾驶着吉普车，还是开着巡逻车？

"警官先生，我好像迷路了。请问，你能为我指路吗？"

"要去哪里？"

"我要去鹿岛。"

他仔细地打量着我，当他确信我不是在开玩笑的时候，他扭动了一下屁股，侧身指向一小片开阔的水面，他甚至都懒得开口说话。

"是那儿吗？"

他的头自上而下点了一下，然后就保持在朝下的位置不动了。

"那么，我怎么才能到达那儿呢？"

我经常听人家说，缅因州的人都相当不苟言笑；但是，对于这样一位拉什莫尔山[1]的候选人来说，一个下午要指两次路，简直是太费口舌了，必定令他忍无可忍。他将下巴朝我一直在走的方向画了一个小弧线。如果不是考虑到下午剩下的时间不多了，即使注定要失败，我也会试着从他嘴里再掏出一句话来。我说："谢谢你。"这话听起来跟我在自言自语没什么两样，好像是我在一直唠叨个没完没了似的。

我先是开过一座铁桥，铁桥非常高，像一道彩虹一样高高地拱起。过了一会儿，我又驶过一座S形曲线状的矮石桥。随后，我就在鹿岛上了。我的书面路线指示上说，我必须在每个遇到的岔路口向右转，"每个"这两个字的下面还被画了重点线。我爬上一座小山，向右转，进入松林里一条比较窄的路。遇到岔路口时，我向右转，驶入一条非常窄的路；又遇到岔路口时，我再一次向右转，这条路上有车辙痕迹，被松针覆盖着。一旦你战胜了你原以为难以克服的困难，你就会觉得，这其实是轻而易举之事。我简直不敢相信，我居然会找到这个地方。而且，在90多米远的地方，就是埃莉诺·布雷斯女士的那幢老式大房子。瞧，她正在那里，等着迎接我呢。我停下车子，把查理放了出来。突然，一道愤怒的灰色条纹燃烧起来，"嗖"地窜出松树丛中的空地，冲进大房子里。那是乔治。他不欢迎我，尤其不欢迎查理。我从来没有认认真真地端详过乔治，但他面带愠色的样子无处不在。乔治是一只灰色的老猫，经久的阅历使他对人和事积怨甚深；

---

1 拉什莫尔山（Mount Rushmore），1885年，美国著名律师查尔斯·E.拉什莫尔（Charles E. Rushmore）将其在南达科他州布拉克山（Black Hills，亦译"黑山"）附近的一座花岗岩山命名为"拉什莫尔山"，由此得名。这里指的是拉什莫尔山国家纪念公园（Mount Rushmore National Memorial），始建于1925年，俗称"总统山"，公园内有四座18米高的美国总统头像，自左至右分别为华盛顿、杰斐逊、罗斯福和林肯。

即使他躲藏在楼上，你也能够感觉到他在祈祷，指望着你早点儿离开。要是能有个炸弹落下来，把除了布雷斯女士之外的所有生物都给消灭掉，乔治一定会开心得不得了。假如世界可以由他自己来设计的话，那他必定用这样的方式来设计一个这样的世界。他永远也不会知道，查理对他的兴趣纯粹是出于礼貌。要是他知道这一点，鉴于他那愤世嫉俗的性格，毫无疑问，他会受到莫大的伤害。不管怎样，查理对所有的猫都没有任何兴趣，甚至都懒得去追。

其实，我们并没有给乔治添任何麻烦，因为我们连着两天晚上都是睡在驾驭难得里。但是我听说，每当有客人在这幢房子里留宿的时候，乔治就会钻进松林里，远远地监视着，嘴里还咕哝着他的不满，发泄着他的厌恶。布雷斯女士承认，就猫的用途而言——不管所谓的用途指的都是什么，乔治都是一文不值的。他不是一个好伙伴，他没有同情心，他也没有什么审美价值。

"也许，他能捉老鼠。"我善意地替他说点好话。

"从来没有过。"布雷斯女士说，"连想都没想过。再说，你知道吗？乔治是个女孩子。"

我不得不约束查理了，我很清楚，即使你看不到乔治，但乔治的确无处不在。如果不是在这样一个更加开明的时代，人们对女巫和那个与她为伍的、以猫身示人的妖精有了更文明的理解和对待，乔治早就会在篝火中找到他自己——或者更确切地说是她自己——的归宿了。因为，如果真有一个以猫身出现的女巫至交、一个魔鬼的使者、一个邪恶灵魂的配偶，那就非乔治莫属了。

鹿岛的奇异无处不有，你在不经意间，也会感受得到。到那里生活了很多年的人都无法描述这个地方，那么只停留了两天的我，又能说出些什么呢？缅因州在这一地带呈乳房形，而这个岛就像是一个依偎在母亲怀里吮吸乳汁的婴儿。而这样的岛，缅因州还有许多。阴影下暗黑的水似乎在攫噬着光，但这样的景象我以前见识过。松林沙沙作响，风呼啸着吹过一片犹如达特穆尔[1]一样的旷野。斯托宁顿（Stonington）是鹿岛的主要港镇，无论从城市结构上还是建筑风格上看，它都不像是一座美国的城镇。这里的房子层层叠叠，自高处缓缓向下，一直延伸到海湾平静的水面。这个城镇非常像英格兰西南部多塞特（Dorset）海岸的莱姆里杰斯（Lyme Regis）；我倒是情愿打赌说，这里的最初定居者来自多塞特郡，或者萨默塞特郡（Somerset），或者康沃尔郡（Cornwall）[2]。整个缅因州人的口音跟英格兰西南部诸郡[3]的人的口音都非常相似，双元音的发音跟盎格鲁–撒克逊古英语相同；而在鹿岛这里，其相似性就更加明显了。还有，布里斯托尔海峡[4]以南

---

1 即英国的达特穆尔国家公园，位于英格兰德文郡，为地质历史悠久的花岗岩高地，有许多暴露于地面的花岗岩丘陵，是野生动物的理想栖息地，被誉为西南英格兰自然景观之首。阿瑟·柯南·道尔（Arthur Conan Doyle）的中篇侦探小说《巴斯克维尔的猎犬》（*The Hound of the Baskervilles*, 1901—1902）就是以这里为背景。

2 多塞特郡、萨默塞特郡和康沃尔郡均位于英国英格兰西南部。莱姆里杰斯为多塞特郡的一个海滨城市，坐落在世界遗产侏罗纪海岸（Jurassic Coast）上，沿岸峭壁的岩缝中封存着大量侏罗纪海洋动物的遗骸，很多化石随石灰岩层的剥蚀坍塌而裸露出来，因而这里被称作"化石小镇"。化石采集家、古生物学家玛丽·安宁（Mary Anning, 1799—1847）就出生在这里。1812 年她与弟弟一道首次发现了一块鱼龙化石，1823 年她发现了第一条完整的蛇颈龙。莱姆里杰斯每年都会举行"玛丽·安宁日"，以纪念这位了不起的"超级玛丽"。英国女作家简·奥斯汀曾在莱姆里杰斯居住过，她的长篇小说《劝导》（*Persuasion*, 1818）等都描写过莱姆里杰斯历史悠久的科布海港。奥斯汀在写给家人的一封信中，曾提到过当地有一位姓安宁的木匠，即玛丽·安宁的父亲理查·安宁。

3 英格兰西南部诸郡是对英格兰西南部地区的一个通俗称谓，通常指康沃尔郡、德文郡、多塞特郡、萨默塞特郡等。

4 布里斯托尔海峡（Bristol Channel），位于英国英格兰西南部和威尔士南部之间的大西洋海湾。

沿海岸线居住的居民是神秘的人，也许还是懂魔法的人。他们的眼睛后面隐藏着什么，隐藏得如此之深，或许甚至连他们自己都不知道他们都隐藏了什么。可以说，这也是鹿岛人的写照。说得更直白一些，鹿岛就像阿瓦隆[1]一样，当你不在这里的时候，它必定会消失。或者，拿神秘的缅因猫[2]为例。这是一种体型巨大的猫，灰色的皮毛上夹杂着黑色的条纹，这就是为什么它们又被称为浣熊猫的原因。它们是野生的，出没于森林之中，性格非常凶悍。偶尔会有本地人将一只浣熊猫幼崽带回家来饲养。这对他来说是一种乐趣，甚至可以说是一种荣耀；然而，浣熊猫很少会被驯服，甚至完全不可能被驯服。饲养者随时随地要冒着被抓伤或者被咬伤的风险。很显然，这些猫属于曼克斯猫[3]品种。即使将它们与温顺的家猫杂交，其后代也依然保留着这类无尾猫的特征。据说，浣熊猫的远祖是由某一艘船的船长带到美洲的。在这里，它们很快就大量繁殖开来。但是，让我感到好奇的是，它们的大块头是从哪里遗传来的。它们的体型是我见过的任何一只马恩岛猫的两倍大。会不会是它们和美洲短尾野猫[4]或猞猁猫[5]杂交的后代？我

---

1 阿瓦隆（Avalon），亚瑟王传说中的一个神秘岛屿，为凯尔特神话的圣地、古老的德鲁伊宗教的中心信仰，亦被称作"赐福岛"或"天佑之岛"（Isle of the Blessed）。

2 缅因猫（coon cat），亦称浣熊猫、缅因库恩猫。原产于缅因州，因而得名，为长毛猫品种，体型大，尾大且毛厚，如羽毛状散开。

3 曼克斯猫（Manx cat），由于马恩岛亦称"男人岛"（Isle of Man），所以，曼克斯猫还被叫作"男人岛的曼克斯猫"。曼克斯猫即马恩岛猫，原产于英国的马恩岛，其最大特点是无尾。据传说，在大洪水时代，由于马恩岛猫为最后一个搭上诺亚方舟的动物，其尾巴被门夹掉，由此成为无尾猫。还有一种说法，二十世纪三十年代，马恩岛发生了一场猫瘟，过半的猫死去，而幸存下来的猫则没有了尾巴。

4 美洲短尾野猫（bobcat），一般指北美野猫，也称北美红猫，体型巨大，凶猛，食肉。

5 猞猁猫（lynx），也称山猫、山狸子、狼猫，体型巨大，耐寒，凶猛，食肉。

不知道。相信没有人知道。

在斯托宁顿港那边，人们正在将夏季避暑用的船只从水中拖上岸，保管起来。不仅在这里，在附近的其他海湾里，都有非常大的海鲜大排档，那里有现捞现烹饪的龙虾——龙虾池塘，来自暗黑色海水里的黑壳缅因大龙虾在池水里爬来爬去，这是世界上的顶级大龙虾。布雷斯女士下了订单。三只大龙虾，每只重量不超过一斤半。的确，当晚，它们的美味毋庸置疑。清蒸大龙虾——没有比这样烹饪大龙虾更好的方法了，没有花哨的调料，只佐以融化的奶油和柠檬。在任何地方吃过的大龙虾都无法与之媲美。即使是把这里还活着的大龙虾船运或者空运出去，离开它们黑暗的家园，它们的美味也会失去一些。

在斯托宁顿有一家很棒的商店，店里的商品一半是五金制品，一半是船用杂货。我在这家店为驽骍难得买了一盏装有锡反射镜的煤油灯。在此之前，我一直担心，说不定走到什么地方，丁烷气可能会用完，到时候我怎么在床上看书呢？我把买来的煤油灯固定在床边的车壁上，并把灯芯修剪了一下，让它照出来的火焰呈金色蝴蝶形的光。在旅行途中，我不仅用它来照明，还经常用它来取暖，让车房里洋溢着暖光。这盏煤油灯跟我小时候在农场时所有房间里的灯一模一样。尽管老辈人说，鲸鱼油烧出来的火焰更漂亮，但我还是认为，从来没有哪款灯的设计比这款煤油灯释放出来的光更令人愉悦的了。

我已经坦然承认，我无法描述鹿岛。这里的某些事物，真是无法用语言来描述。但是在以后的日子里，这些事物会一直伴随着我；不止如此，在我离开这里之后，那些我当时没有意识到我已经看到过的事物也都会跟在我的身边。有一件事我记得很清楚。可能是由于这个季节的光线效果造成的，或许是由于秋天的清晰度的缘故。鹿岛上的每一样东西都与众不同、清晰醒目，一块岩石，海滩上的一截被海水打磨过的圆形浮木，一条屋顶线。每一棵松树都是独立于其他松树的，即使它属于森林的一部分。把这个话题扯得更远些，我是否可以这么说，人类也有着同样的性格特质呢？当然，我还从来没有遇见过个性如此鲜明的人。要是我遇见这样的人，我才不会强迫他们去做任何他们不想做的事情。我听到过许多关于这个岛的故事——在我的记忆中，这是一个充满诗情画意的小岛，而不是一个靠着块头大小让人记住的普通岛屿。同时，我也得到过更令我默然无以应对的劝告。我只想复述其中的一则，是来自缅因州本地人的劝告。不过，我不会透露那个人的名字，以免遭到报复。

"千万不要向缅因州本地人问路。"有人告诉我。

"为什么不呢？"

"不晓得出于什么原因，我们觉得，给别人指错路，是件很好玩的事儿。而且，这么做的时候，我们绝不会露出笑意的。但是，我们会在心里大笑。这是我们的天性。"

我很好奇，不知道那人说的是否属实，我永远也无法去测试这个说法。因为，光靠着我个人的努力，即使没有人提供帮助，我大部分时间也都会是处于迷路的状态。

我带着戏谑的甚至充满敌意的口吻谈论过驽骍难得，但是，我却没怎么谈到这个有宿营车房的轻型卡车的功能。这是一款新车型，配备了强劲的六缸发动机。它有自动变速器和一个超大的发电机；如果我需要的话，发电机还可以在车房里为我照明。冷却系统里装满了防冻剂，足以抵御极地气候。我总觉得，美国制造的家用轿车就是为了磨损而生产的，因此人们必须定期更换。而卡车则不是这样。卡车司机比轿车车主需要多出好几千公里的良好服务。他不会被各种小饰物、脚蹼装饰或者涂鸦等搞得眼花缭乱，也不会因为身份地位的要求每年购买一款新车型，来维持自己的社会形象。我的这辆卡车装配的所有部件都是出于耐用的目的。车架很重，优质金属，发动机功能强大、性能良好。当然，我在给车子更换机油和润滑油方面，也是尽职尽责的。我不会把车子开到极限，也不会强迫它做各种只有赛车表演才要求的杂技动作。驾驶室是双层车壁的，还安装了一个优质的加热器。等我结束了这次旅行回到家乡的时候，我开着它已经跑了近两万公里，只是感觉发动机磨合得非常灵活了。而在整个旅途中，它甚至一次都没有过发动不起来，或者开起来很吃力的情况。

我沿着缅因州的海岸向北行驶，穿过米尔布里奇（Millbridge）、艾迪生（Addison）、马柴厄斯（Machias）、佩里（Perry）和南罗宾斯顿（South Robbinston），直到再也看不到海岸线为止。我从来不知道，或者是已经忘记，缅因州犹如竖起的大拇指，向加拿大东部的新不伦瑞克省伸入这么多。我们对自己国家的地理知识知之甚少。缅因州一直向北延伸，几乎到了圣劳伦斯河[1]的河口，而缅因州的北部边界也许在魁北克市以北160公里处。另一件我很容易忘记的事就是，美国的地域是多么辽阔啊，真是不可思议。我驱车北上，穿过一个又一个城镇，看到越来越茂密的森林向着地平线绵绵延展，季节在快速变化，完全失去了控制。或许，这是因为我离开了靠着海洋操控而有规律的气候环境，抑或因为我往北走得太远了。这里的房子看上去都像是被雪打败了的样子，许多房子都已经被冬天压塌了，

---

1 圣劳伦斯河（St. Lawrence）为加拿大的第二大河流，被誉为加拿大母亲河，水源来自安大略湖，流经加拿大康沃尔、蒙特利尔、魁北克等地，注入大西洋的圣劳伦斯湾。

荒废了。除了在城镇里还有居民生活外，这里只留下来曾经有人群居住过的痕迹。人们曾经在这里生活、耕种、繁衍生息，后来，他们被迫离开了这里。森林正在后退，在这个农用车辆曾经来来往往的地方，现在只有呼啸而过的大型伐木卡车。猎物们也回来了，时而有几头鹿走在道路上，还有熊的痕迹。

有些习俗、行为习惯、神话、动向以及改变似乎是美国结构的一部分。而我打算对它们进行讨论，是因为它们最先引起了我的注意。在进行这些讨论的时候，你会想象得到，我要么是在某一条小路上像保龄球一样向前滚动，要么是把车子停在一座桥后，再不然就是正在煮一大锅利马豆和腌肉。而第一件需要讨论的事与打猎有关。如果我有意愿的话，我是不会逃避打猎的，因为，秋天正是开放打猎的黄金时节。从我们最近的祖先那里，我们承袭了许多行为习惯。他们竭尽全力与这块大陆博弈，就跟与天使摔跤的雅各一样[1]，最终，我们的先驱者们赢得了胜利。从他们身上，我们获得了信念，每个美国人都是天生的猎手。每年秋季，都有大量的人开始行动，他们想要证明，即使自己没有天赋、未经训练、缺乏知识或者实践经验，他们仍然是使用来复枪或猎枪的神枪手。显而易见，其结果是可怕的。从我离开萨格港的那一刻起，打猎的枪声就没有中断过，人们在射杀迁徙中

---

1 雅各（Jacob），《圣经》中亚伯拉罕之孙，以撒的次子，以扫的弟弟，以色列的鼻祖。据《圣经·创世记》，雅各曾趁哥哥饥渴难耐之时，以一碗红豆汤换取了长子名分，后又靠着母亲的帮助骗取了父亲以撒原本应该赐予以扫的祝福，兄弟反目，雅各逃离家乡。后来，雅各返回家乡的途中，与天使角力并获胜，他执意要天使给予他祝福。于是，天使为他更名为以色列（Israel）。荷兰画家伦勃朗《与天使摔跤的雅各》（*Jacob Wrestling with the Angel*, 1659）和法国画家保罗·高更《雅各与天使搏斗》（*Jacob Wresting with the Angle*, 1888）都表现了这一主题。

的野鸭。而当我行驶在缅因州的时候，森林里传来的来复枪射击声更是持续不断，要是在当年，不管有多少红衫军[1]，只要他们并不知道真正发生了什么事，这令人心惊肉跳的枪声就足以把他们全都吓跑。既然我本人也是一名爱好打猎运动的人，这么说肯定会让我名声扫地；但是听我解释，我并不反对杀死动物。我认为，总得有什么东西要了它们的命。在我年轻的时候，我常常在寒风中匍匐前行数公里，猎杀一只即使浸在盐水里也很难吃的泥母鸡；而我这么做，纯粹是为了享受一种荣耀。我对鹿肉、熊肉、驼鹿肉并没有多大兴趣，当然除了它们的肝。食谱配方、药草、葡萄酒，这些上等野味佳肴的配制品，会让一只旧鞋子成为美食家的乐趣。假如我饿急了，我倒是很乐意猎杀任何地上跑的、爬的，或者天上飞的，甚至其他类似的动物，然后用我的牙齿把它们撕碎。然而，每年秋季，数百万美国男人全副武装，一窝蜂地拥进森林和丘陵地带，他们并非受到饥饿的驱使，狩猎者中的心脏病高发率足以证明这一点。不知出于何种原因，狩猎过程必须与男子气概挂上钩；不过，对于这一点，我不太明白是怎么回事。我知道，有很多优秀而高效的狩猎者，他们很清楚自己在做什么。然而，更多的狩猎者是那些体态臃肿的绅士，他们备足了威士忌，装备了高性能的来复枪。他们向任何移动的或者看起来可能在移动的物体射击。他们还成功地互相射杀，这倒是会极好地防止人口爆炸。如果伤亡者仅限于他们自

---

1 红衫军（redcoats），指十七至十九世纪的英国军队。1642 年，英国国会招募军队，护国公奥利弗·克伦威尔（Oliver Cromwell）组建的"新模范军"逐渐获得军权，他们身着醒目的红色军服，头戴三角帽，俗称"红衫军"，以区别于当时国王军的白色军服。后来，红衫军被整编为皇家军队，红色军服得以保留下来。1855 年，恩格斯在其《欧洲军队》（*The Armies of Europe*）中曾不无讥讽地说："英国人是唯一在军队中保存了红色制服的民族……据说这种制服——英国兵穿上就像打扮起来的猴子——能用它耀眼的色彩给敌人造成恐惧。"（《马克思恩格斯全集》第十一卷）

己这类人群，那就没有什么可说的了。问题是，这些屠杀者射杀了牛、猪、狗，甚至射杀了农民，还毁坏了高速公路的指示牌，他们把秋天变成了一个危险的旅游季节。在纽约州的北部，一位农民在其白色母牛的身体两侧，用黑色写上大大的"牛"这个字。但是尽管如此，狩猎者还是射杀了这头牛。在威斯康星州，当时我正开车经过，一个狩猎者射中了自己的向导，子弹射穿了向导的胸腔。验尸官向这位"英勇的猎户"[1] 提出质问："你以为他是一头鹿吗？"

"是的，先生，我以为他是一头鹿。"

"但是，你并不能确定他是不是一头鹿。"

"嗯，先生，不能确定。我想，我不能确定。"

行驶在缅因州的路上，我们伴随着持续不断的射击声。这自然让我为自己的安全感到担忧。在秋季狩猎开放的当天，就有四辆轿车被子弹击中。不过，我最担心的还是查理。我知道，在这些狩猎者当中，肯定有人觉得贵宾犬看起来很像一头雄鹿，所以，我必须想出什么办法来保护他。在驽驳难得里，有一盒红色的舒洁面巾纸[2]，是别人送给我的礼物。我用红色的舒洁面巾纸把查理的尾巴包裹起来，再用橡皮绳系牢，把查理的尾巴做成一个醒目的旗标。每天早上，我都会重新整理他的红色旗标。在我们向西行驶的路上，他始终裹着这个标志，这期间，子弹一直在我们身边呜咽着，呼啸着。我这么做绝不是要有意搞笑。电台一再警告说，手里不要拿着白

1　"英勇的猎户"（nimrod），直译为"宁录"，源自《圣经·创世记》，指诺亚之子含的孙子宁录："他为世上英雄之首，他在耶和华面前是个英勇的猎户。"另外，宁录这个名字源于希伯来语，有"反叛""罔顾"之意。因此，这里的"英勇的猎户"具有讽刺意味。

2　舒洁（Kleenex）面巾纸，著名面巾纸品牌，1924 年由美国金伯利公司创立。

色手帕。太多的狩猎者看到一道闪动的白光，就把它当作一头奔跑的鹿尾巴，一枪就能让持白色手帕者爆头。

然而，拓荒者遗留下来的这一行为习惯并不是近些年才有的什么新鲜事。当我还是个孩子的时候，我们生活在加利福尼亚州萨利纳斯附近的农场。农场里有一位姓李的中国厨师。这位李姓厨师总会在合适的时候从这一传统行为习惯中寻得一些不大不小的好处。在不远处的山脊上，有一棵倒下来的梧桐树，靠着它的两根折断的树枝支撑着。李的注意力被这根树干上斑驳的浅黄褐色子弹孔吸引住了。于是，他在树干的一端钉上一对鹿角，然后就回到自己的小屋里，等待着猎鹿季节的结束。猎鹿季节一结束，他马上从这根老树干上收获铅弹。有些时候，当狩猎季节结束之后，他会弄到四五十斤铅。这虽然谈不上是一大笔财富，但对他来说，的确是不错的进项。几年之后，这棵树干被射得千疮百孔，再也拦不住子弹壳了，于是，李便用四个装满沙子的麻布袋和同样的鹿角取而代之。靠着这种办法，他更容易收获他的"庄稼"了。如果他照着这个样子弄出五十个插着鹿角的沙袋，那才真的算得上是一笔财富，不过，李是一个谦卑的人，不喜欢大规模生产。

缅因州让我有一个感觉，似乎它向北无限延伸。我的这种感觉就跟当年皮尔里[1]接近了他认为是北极的地方时的感觉一样。我坚持向北行驶，是因为我想去看看阿鲁斯图克县，那是缅因州北部的一个大县城。美国有三大马铃薯种植区——爱达荷州、长岛的萨福克县（Suffolk County），以及缅因州的阿鲁斯图克县。很多人都谈到过阿鲁斯图克县，但是，我从未遇见过任何一个真正到过那里的人。我曾听说过，到了收获的季节，法裔加拿大人越过边境，收获这种农作物。我行驶在路上，没完没了地穿越森林地带，经过了许多还没有结冰的湖泊。我尽量选择森林小路，因为在这样的路上开车不会让人想着要提速。气温有些回升，雨下个不停，森林像是在哭泣。查理的身子一直都是湿漉漉的，浑身散发出一股霉味。天空是湿漉漉的铝灰色，半透明的苍穹里，找不到一点太阳在哪里的迹象，因此，我无从辨别方向。在一条弯弯曲曲的路上，我可能一直向东行驶，或者向南行驶，或者向西行驶，而不是朝着我想要去的向北的方向行驶。当年，在

1　罗伯特·埃德温·皮尔里（Robert Edwin Peary, 1856—1920），美国海军少将、北极探险家。1886—1891 年间，他组织探险队对北格陵兰进行探测，发现格陵兰为岛屿；这期间，他发现了迄今为止最大的陨石。1909 年，他带领探险队对北极进行探测，成为第一位到达北极点的人。

我还是个童子军的时候，我就听说过，苔藓生长在树木朝北的一边，那一句老话欺骗过我。苔藓生长在背对着太阳的一面，而那可能是东西南北的任何一面。我决定在下一个城镇买一个指南针，但是，在我所走的路上，根本没有下一个城镇。夜在黑暗中匍匐，渐行渐至，雨点敲打着驾驶室的铁皮车顶，刮雨刷涕泗交颐，呜咽着一道道弧线。道路两旁的大树黑乎乎的，挤兑着沙石路。我仿佛觉得，已经有好几个小时，没有一辆汽车从我的车旁经过、也没有看到一栋房子或者一家小店，这一带在一点点地回归为森林。一种凄凉的孤独感笼罩着我——一种几乎使我感到可怕的孤独感。查理浑身湿漉漉的，哆嗦着，蜷缩在座位的角落里，根本没有陪伴我的意思。我把车子停在一座混凝土桥的引桥后面。但是，路边是倾斜的，无法找到一块平坦的地方。

就连车房里也都是阴冷潮湿的。我把瓦斯灯拧到最亮，把煤油灯也点亮，还点燃了炉子的两个燃烧嘴，尽我所能做到的，努力驱赶阴冷潮湿带给我的寂寞感。雨水不停地敲打着铁皮车顶。我储备的食物中，没有一样看起来是可以现吃的。夜幕降临，暗黑的树木越来越向我靠拢。在雨水的敲击声中，我仿佛听到了说话的声音，就好像舞台后面有一群人在嘀嘀咕咕、嘟嘟哝哝地说些什么。查理显得焦躁不安的样子。他并没有发出警觉的狂吠，而是心神不宁地低声嘶叫着、呜咽着，这跟他平日里的表现很不一样。而且，他没有吃我给他弄的晚饭，也没有碰过水盘里的水——要知道，对于狗来说，每天都要喝大量的水以保持体重，因为他需要将消耗掉的水分补充上。我完全屈服于自己的凄凉与孤寂。我给自己做了两份花生奶油三明治，都吃掉了，然后我就上了床。我在床上给家人写了一封长长的信，把我的孤寂传递出去。到后来，雨停了，但树上的雨水还在滴落着。

我自己吓唬自己，在心中催生了一大堆神秘莫测的危险。瞧，即使是我们这些自诩见多识广、自信满满、相信这个世界上没有什么事情我们无法判定或衡量的人，也能够将黑暗布满恐怖。我心里很清楚，毫无疑问，包围着我的黑暗事物要么不存在，要么对我没有危险，可是，我仍然感到害怕。我曾经认为，当人们知道某个已知的地方有致命的东西时，夜晚一定是多么阴森可怖啊。其实，那种想法是错误的。如果我知道某些东西在某个已知的地方，我就会使用符咒、祈祷这些对付任何危险的武器，它们是某种与之有着同样强大力量但却站在我这边的同盟。而如果我并不知道危险在哪里，这会让我对危险毫无防备，或许因此就更会感到害怕了。

很久以前，我曾经在加利福尼亚州的圣克鲁兹山脉[1]有一座小农场。那里有一片巨大的浆果鹃树森林，树冠交错在一起，遮掩着下面的一潭泉水湖，树冠将湖遮得严严实实的，使之全然消失了一般，这是一潭幽暗的、泉水喷涌形成的湖泊。如果说这个世界上真的有什么鬼魂出没的地方，那么，这潭小湖必定就是鬼魂出没的地方。昏暗的光线穿过树叶的缝隙，渗透进来，散落在湖面上，靠着足以使人产生错觉的透视效果，形成了光怪陆离的斑点，造成鬼魂出没的氛围。那个时候，我雇了一位菲律宾人为我干活儿。他是山地人，个头矮小，肤色很深，平日里不怎么爱说话。或许，他是一位毛利人。我想，一定是部落制的体系使得他形成了某种意识，认为看不见的东西也是真实世界的一部分。有一次我问这个人，他是不是不怕鬼魂出没的地方，尤其是在夜间，他也不害怕。他告诉我说，他并不害怕，因为多年前，一位巫师送给他一种护身符，可以对抗恶灵。

---

1 圣克鲁兹山脉（Santa Cruz mountains）横跨圣马特奥、圣克拉拉以及圣克鲁兹，是美国著名的葡萄种植地区，这里也是重要的葡萄酒产地。

"让我看看你那个护身符。"我央求他。

"是一段文字，"他说，"是个咒语。"

"那你可以说给我听听吗？"

"当然可以。"他说。然后，他像念经一样咕哝着："In nomine Patris et Fillii et Spiritus Sancti." [1]

"这段话是什么意思？"我问。

他耸了耸肩。"我不知道。"他说，"我只知道，这是一个对抗恶灵的咒语，有了这个护身符，我就不怕它们了。"

我从这段话中搜寻出来一点听起来很奇怪的西班牙语。但是，毫无疑问，这是他的护身符，而且对他来说很管用。

在这样一个雨水呜呜咽咽地一直落个不停的夜晚，我躺在床上，尽最大努力让自己专心阅读，以此使我的思绪从畏惧的痛苦中摆脱出来。然而，尽管我的眼睛在一行行字词上移动，我的耳朵却在倾听着夜晚的动静。就在我马上要睡着的时候，一种之前没有过的声音一下子把我的睡意全都驱赶走了。我觉得，那是脚步声，正鬼鬼祟祟地在沙石路上向我所在的方向移动。在我旅行的路途中，我一直在床边放着一把 60 厘米长的手电筒，是给猎浣熊的人做的那种。它射出的光非常强，至少能照亮 1.6 公里。我从床上爬起来，从车壁上取下我那支 30-30 的卡宾枪。我把耳朵贴近驽骍难得车门上，再次仔细听听——的确，我听到脚步声渐行渐近。就在这时，查理大吼了一声，以示警告。我打开车门，把手电筒的灯光射到道路上。灯光下，站着一个穿着靴子、披着黄色防水帆布雨衣的人。手电筒的强光照

---

1 西班牙语：以圣父、圣子及圣灵之名。

得他像被钉在那儿似的一动不动。

"你想干什么？"我喊道。

他一定是被我吓了一跳。过了一会儿，他才回答说："我想回家。我就住在路的那头。"

而这个时候，我才意识到，这完全是一件愚蠢的事，是一件用臆想一层层堆积起来的荒唐可笑的典型案例。"你要不要喝杯咖啡，或者来杯酒？"

"不用了，已经很晚了。要是你能把手电筒的光从我的脸上移开，我就会继续往前走。"

我啪的一声关上手电筒，他即刻消失了。不过，我还能听到他的声音："你倒是应该想一想，你在这里干什么？"

"露营，"我说，"只是在这儿过一夜。"我关上车门，倒头睡下了。

等我醒来的时候，太阳已经高挂在天空中，世界被重新塑造，闪耀着光芒。有多少个不同的日子就有多少个不同的世界，就如同猫眼石变换它的颜色和它的光泽以适应一天中的自然变化，我也不过如此。夜晚的恐惧和孤寂已经离我远去，我几乎都记不起它们曾经在夜晚跟我周旋过了。

就连车身脏兮兮的、到处都粘着松针的驽骍难得，看起来也是欢蹦乱跳地跑在路上。此时，在湖泊和森林中出现了一片开阔的田野，那片田野有着适合马铃薯这种农作物生长的松软土壤。平板卡车拉着装马铃薯用的空桶在路上行驶，马铃薯自动起获机挖出了一长排一长排黄白色马铃薯块茎。

西班牙语里有一个词，我在英语中找不到合适的对应词。这个词就是动词 vacilar（不确定），其现在分词是 vacilando。这个西班牙语单词并不是英语"迟疑不决"（vacillating）的意思。如果形容一个人 vacilando，意思是，他正要去某个地方，但是，尽管他有着明确的方向，他并不十分在意是否能够到达那里。我的朋友杰克·瓦格纳[1]在墨西哥时就常常认为自己处于这样一种存在状态。这么来解释，我们正走在墨西哥城的街道上，但并不是漫无目的的。我们会选择某个几乎肯定不会在那里存在的物体，然后努力去寻找它。

我想这样开始我的旅行，先到缅因州的最北端去看看，然后再往西行驶。这似乎是为了凸显这次旅行的一个设计意图。世上的每一件事都必须有设计意图，否则就会遭到人类大脑的拒绝。而除此之外，每一件事还必须有目的，否则人类良知就会因种种原因而回避它。缅因州是我的设计意图，而马铃薯则是我的目的。如果我连一个马铃薯也没有看到，那我执意北上的行为更加确定我这个人不过也是 vacilador 的形象，我还能有什么可说的。而实际上呢，我看到的马铃薯远比我需要看到的多得不能再多了。我看到了堆积如山的马铃薯——真像一片马铃薯的海洋——比你想象的全世界的人在一百年内能够消耗掉的马铃薯还要多。

在我们国家的许多地方，我见过许多收获季节的流动工人：印度人、菲律宾人、墨西哥人，以及其他州来的流动雇工。在缅因州这儿，有人数

---

1 杰克·瓦格纳（Jack Wagner, 1891—1963），美国无声电影脚本作家，精通西班牙语，他通过塑造"启斯东警察"（Keystone Kops）形象，开创了喜剧艺术的先河。第二次世界大战期间，瓦格纳请求斯坦贝克执笔，撰写一部电影脚本，《颁给本尼的奖章》（A Medal for Benny），讲述被乡人嫌弃的本尼·马丁参军是为了躲避公众的嘲笑。但当市民得知他将获得国会荣誉勋章时，他们的态度立刻一百八十度大转弯，假惺惺地称本尼和他的家人是受人尊敬的杰出市民。借助斯坦贝克的名气，派拉蒙影业公司将其拍成电影，于1945年上映，获得成功。斯坦贝克和瓦格纳获得奥斯卡最佳写作/原创故事奖提名。之后，瓦格纳离开好莱坞，在墨西哥制作了几部电影，如《奥特拉》（La Otra, 1946）等。

众多的法裔加拿大人，他们是在收获季节越过边境来到这里的。这让我想到，就像迦太基人[1]招募雇佣兵为他们打仗一样，我们美国人雇外来的劳动力来为我们完成艰苦而卑微的工作。我希望，那些还不太高傲、不太懒散、不太软弱，并且情愿弯下腰来为我们收获我们所需食物的人，有朝一日不会将我们全部淹没。

这些法裔加拿大人是吃苦耐劳的一群人。他们以一个家庭，好几个家庭，甚至可能是家族的形式流动和露营：男人、女人、男孩、女孩，还有很小的孩子也包括其中。只有吃奶的婴幼儿不用干活，其他人都到田里，把马铃薯捡起来放进大桶里。美国人负责开卡车，使用起吊用的绞盘和吊柱之类的机器，把装满马铃薯的大桶吊到卡车上。然后，他们把卡车开走，将收获物存放在马铃薯仓储库里。他们把仓储库的四周用泥土高高地堆砌起来，以防马铃薯冻坏。

我对这些法裔加拿大人的了解来自电影，主要是由尼尔森·艾迪和珍妮特·麦克唐纳主演的电影[2]，这些电影中常常会听到"By gar"[3]。奇怪的是，我却从未听到过任何一位收获马铃薯的季节工人说"By gar"。相信他们一定也看过这些影片，知道这么说是不准确的。通常，妇女和姑娘们穿灯芯

---

1 迦太基人据称是腓尼基人的后裔，大约在公元前九世纪横渡地中海，于公元前814年，在今非洲北海岸的突尼斯北部建立城邦国迦太基。后来，迦太基在三次"布匿战争"中被罗马打败，于公元前146年灭国。1979年，迦太基遗址被列为世界遗产。

2 尼尔森·艾迪（Nelson Eddy，1901—1967）和珍妮特·麦克唐纳（Jeanette MacDonald，1903—1965）被誉为"银幕情侣"。二人联袂主演了一系列歌舞片，其名气在二十世纪三四十年代如日中天。主要影片有：《淘气的玛丽埃塔》（*Naughty Marietta*，1935）、《一代佳人》（*Rose-Marie*，1936）、《西部女孩》（*The Girl of the Golden West*，1938）、《甜心》（*Sweethearts*，1938）、《新月》（*New Moon*，1940）、《血流相思》（*Bitter Sweet*，1940）等。

3 即英语 By God（上帝保佑，上帝作证）的非标准发音。

绒宽松裤和厚毛衣，她们的头上裹着色彩鲜艳的头巾，保护头发不被泥土弄脏，因为很小的风都能使种植马铃薯的土壤飞扬起来。这些人使用的交通工具是大卡车，大多是用深色防水帆布搭上车篷，也有一些是带拖车的，还有几辆像驽骈难得这样的带篷露营车。晚上，有一些人睡在卡车或拖车里，但也有一些人在合适的地方搭起了帐篷。从升起炊烟的地方散发出来的香味可以知道，他们并没有失去法国人烧制汤羹的天赋。

幸好他们的帐篷、卡车和两辆拖车都在一处清澈可爱的湖边。我也把自己的驽骈难得停在湖边，离他们大概有80多米。然后，我烧上咖啡，让它慢慢煮着。我把在垃圾桶里搅拌了两天的衣服拿到湖边，在水里将衣服上的洗涤剂冲洗干净。人们对待陌生人的态度总是会神秘地出现在脑海中。我在这些人露营的下风处，所以，他们烧汤散发出来的香味飘到了我这里。而我所了解的法裔加拿大季节工人，都是关于这些人可能曾经是杀人犯、虐待狂、残暴的人，是丑陋而毫无人性的劣等人类。尽管如此，我发觉自己当时却是这样想的："多么令人着迷的一群人啊！他们多么有天赋啊！他们都长得多么美丽帅气啊！我多么希望自己能够认识他们啊。"而所有这一切的想法，全都基于汤的诱人香味。

在与陌生人建立联系这方面，查理是我的大使。我把查理放开，他就自然而然地朝着目标走过去，或者更确切地说，他才不管是什么目标，只要可能是正在准备晚餐的地方。过一会儿，我会过去，把查理拉回来，以免他对我的邻居造成麻烦——et voilà[1]！一个孩子也能做同样的事，但我相信，一条狗会做得更好。

1　法语：就是这么回事。

按照我的预期，事情进展得十分顺利，这就好像对一部经过了精心排练和试演的剧本，人们相信演出结果必定令人满意。我派出找的大使，然后我喝了一杯咖啡。这样，我给查理足够的时间去运作。时机差不多的时候，我溜溜达达地走到他们的露营地，好把我的邻居们从我那条不谙人事的无赖可能做出不合适的行为中解脱出来。这些人都长得很好看、很帅气，总共有十几个人，还不包括小孩子们。其中的三个女孩子很漂亮，喜欢咯咯地笑；两位已婚妇女体型丰满，第三位怀着孩子的妇女身材比那两位显得更加丰满。一位大家长，两位连襟，还有几位正在努力成为连襟的年轻人。有一位管理日常事务的负责人，他非常尊重大家长。这位负责人是一位英俊健硕的男子，年龄在三十五岁左右，宽阔的肩膀，匀称的体型，优雅的体态，有着少女般奶油和浆果色的皮肤，一头乌黑清爽的卷发。

这位负责人跟我说，那条狗一点也没有给他们带来麻烦。当时的真实情况是，他们给了查理很好的评价，说他是一条帅气的狗。当然，身为这条狗的主人，即便他有不足之处，我也会对他有偏爱的。不管怎么说，这条狗有一个胜过大多数狗的优势：他生在法国，长在法国。

这个群体围了过来。三个漂亮的女孩子还是咯咯地笑着，她们的笑声不断被负责人那双海军蓝色的眼睛给抑制住，大家长发出的嘘声也表明了他支持负责人的做法。

这真是一条法国狗吗？在法国哪里？

在巴黎郊区的贝尔西，这地方他们知道吗？

不知道，很遗憾，他们从未去过自己的祖国。

我希望他们能有机会弥补这一缺憾。

从查理的举止，他们应该看得出来，这是一条纯正的法国狗。他们还带着羡慕的神情望着我的 roulotte[1]。

从外表看，它就是一个结实的、浑然一体的家伙，没有什么修饰，但车房里却让人感到很舒服。如果他们方便的话，我很乐意带他们到车房里看一看。

我的言谈举止高雅而友善。这会让他们觉得轻松舒坦。

如果你以为，这种高雅而友善的气氛是靠着法语表现出来的，那你就错了。他们的负责人讲英语，非常纯正，也非常小心用心。他只用了一个法语单词，那就是 roulotte。这些人互相之间说着加拿大法语。无论如何，靠着我那很蹩脚的法语是达不到这种效果的。要想建立融洽的关系，这种表现出高雅而友善仪式感的场面是不可或缺的一部分。我把查理叫回到我的身边。从飘出来的炊烟中，我闻到了晚饭的味道。我可以期待他们晚饭后到我那里小坐吗？

他们感到很荣幸，届时会过去打扰的。

我回到自己的车房，把里面的东西归拢了一番。我给自己加热了一罐墨西哥辣椒牛肉酱。我把啤酒准备好，确保它们处于适合的凉度，我甚至还采摘了一束秋叶，插在桌上的奶瓶里。我有一长卷纸杯，是专为这种场合准备的，在我出发的第一天，这些纸杯就被一本飞落下来的词典给压得没形没样了；不过，我用纸巾为它们折叠了杯垫。为了准备一场派对，还真不知道会遇到什么令人意想不到的麻烦事。在我准备得差不多的时候，查理叫起来，把客人们迎进车房。就这样，我在自己的车房里做起东道主来。我的桌子边上可以挤六个人，完全没问题，还有两个人站在我旁边。后面车门那儿，围了一圈孩子，我能够看到他们的脸。他们都非常友善，

1　法语：大篷车。

78

但也显得很拘谨。我给大人们启开啤酒瓶盖，给外围的女人和孩子们打开了准备好的饮料。

过了一会儿，他们渐渐适应了。他们给我讲了许多跟他们自己有关的事情。他们每年都要越过边境，来这边收获马铃薯。靠着大家的集体劳动，他们就能积攒下来一小笔钱，用来过冬。他们在边境跟移民局的人有过什么麻烦吗？嗯，没有。在收获季节，那些相关的规定似乎都放宽松了；另外，他们将收入的一小部分付给承包商，由承包商出面疏通出入境这条路。只是，这笔钱不是由他们付给承包商的，而是由农场主将这笔钱从他们的收入中直接扣除，支付给承包商。这些年来，我认识了不少移民——流动雇工，墨西哥偷渡者，还有移居新泽西州和长岛的黑人。无论我在哪里看到他们，总是有一个承包商在幕后为他们打通关节，以此牟利。几年前，农场主们试图招收超出他们实际需求的劳动力，以便降低工人的工资。这种情况似乎不再发生了，因为政府机构只提供所需数量的劳动力，并且保证劳动者的最低薪酬标准。当然并不排除还有一些其他情况，有一些流动工人由于贫穷和迫切的需要，不得不四处迁徙，寻求季节性工作。

很显然，那天晚上到我的车房里做客的那些人既没有受到不公正的待遇，也不是迫于生活出来做季节工的。这个家族在加拿大魁北克省有一座小农场，他们将过冬的事情安顿好之后，就越过国境线，到这里来挣一小笔备用的钱。他们甚至带着一占度假的感觉，几乎就跟从伦敦以及英格兰中部一些城市去采摘啤酒花和草莓的人一样。我的这些客人是一群吃苦耐劳、自给自足的人，他们完全有能力照顾好自己。

我又打开了一些啤酒。在经历了前一个凄凉孤寂的夜晚之后，置身于这些热情的、友好的但又谨慎的人们之中，让我感觉舒坦多了。我用手轻轻敲击，好似叩开了一口自流井，流露出我的好心情。接着，我靠着自己洋泾浜式的法语做了一个简短的演讲。开头是这样的："Messy dam. Je vous porte un cher souvenir de la belle France——en particulier du Departement de Charente." [1]

他们显露出惊讶的表情，但也看得出他们很感兴趣。接着，负责人约翰把我说的话慢条斯理地翻译成高中水准的英语，然后再把它译回到加拿大法语。"夏朗德？"他问我，"为什么是夏朗德？"我俯下身子，打开水槽下面的一个隔层，拿出一瓶年头很久的、很名贵的白兰地。我把这瓶白兰地带在路上，以备碰上要参加的婚礼好用，或者用来治疗冻伤和心脏病发作。约翰专注地研究酒瓶上的标签，犹如一位虔诚的基督教教徒对待圣礼一般。他用很恭敬的口吻说："上帝啊，我忘了。夏朗德——那就是干邑白兰地的产地。"随后，他读了这瓶白兰地标注的出产年份，然后又轻轻地重复了他之前说过的话。

他把这瓶酒递给坐在角落里的大家长，老人家笑得很甜，这让我第一次注意到，他没有门牙。这位连襟的喉咙里发出低沉的咕噜声，像一只快乐的公猫。挺着肚子的女人们叽叽喳喳，像对着太阳唱歌的 alouettes[2]。我把启瓶器递给约翰，同时将酒杯摆好——三只塑料咖啡杯、一只果酱杯、一只剃须用的杯子，还有几只广口药瓶。我事先已经将药瓶里的胶囊倒进平底锅里，然后，打开水龙头，用水冲洗掉药瓶里的麦胚芽味。干邑白兰地

---

1 法语：先生们，女士们，我为你们带来了一份珍贵的礼物，它来自美丽的法国——确切地说，来自夏朗德大区。夏朗德大区，即普瓦图-夏朗德大区（Poitou-Charentes），位于法国西部，西邻大西洋。这里主要指夏朗德省，其历史名城干邑市位于夏朗德河畔，出产世界上最好的干邑白兰地，四大干邑品牌轩尼诗、马爹利、人头马和拿破仑全都出产与此。

2 法语：云雀。

非常、非常好，从说出第一声"Santé"[1]以及第一次"咕嘟"一声啜饮一小口，你就能够感觉到人类的兄弟情谊在不断增长——还有姐妹情谊，直到这份情谊弥漫了整个弩骈难得车房。

他们婉拒了第二杯，但是，我坚持请他们喝。等到我提出请他们喝第三杯的时候，给出的理由很简单：酒瓶里的酒没剩下多少，没有必要存放。大家手中的酒杯里都分到了几滴酒，随着大家都举起了这第三轮的杯子，弩骈难得笼罩在一种人类特有的欢欣鼓舞的神奇魔力之中，这种神奇魔力足以祝福一间屋子里的所有人，或者说一辆卡车里的所有人——九个人的心凝聚在一起，默默感受着，此时无声胜有声。而这九个部分构成了一个整体，就如同我的胳膊和腿是我身体的一部分，虽然各自分开，却不可分割。弩骈难得焕发出一种光芒，而这种光芒从未完全消散。

这样的氛围无法持久，也不应该持久。大家长发出了某种信号。我的客人们从桌子后面挤得紧紧的座位上挪动出来。他们的道别仪式就跟他们原本应有的姿态一样，简短而正式。然后，他们走进黑夜之中，负责人约翰提着一盏锡制煤油灯，照亮了他们回去的路。他们默默地走着，中间夹杂着昏昏欲睡、跌跌撞撞的孩子们，而我再也没有见到过他们。但是，我喜欢他们。

我并没有把床铺放下来，因为我想第二天一大早就出发。我蜷缩在桌子后面，睡了一会儿。直到朦胧的黎明时分，我醒来，发现查理直盯盯地看着我的脸，发出"卡特"的声音。在热咖啡的时候，我在纸板上做了标记，插在白兰地空酒瓶的瓶颈上。当经过沉睡着的露营地时，我停了下来，将酒瓶立在他们能够看得到的地方。纸板上写着："Enfant de France, Mort

---

1　法语：为健康干杯。

pour la Patrie."[1] 之后，我尽量让自己安下心来开车，因为这一天，我打算向西开出去一小段，然后向南沿着缅因州漫长的道路走上很长一段。有些时光会让一个人终生都十分珍视，而在遇到足以勾起完整回忆的事物时，这样的时光便会清晰而强烈地重新燃起。那天早上，我感到非常幸运。

按照我所设计的这趟旅行，一路上有太多的东西值得看，值得思考。那些所见所闻以及由此形成的想法被记录在我的大脑之中，就像一锅文火烹制的意大利浓汤，在脑海里翻腾着、搅动着。有些旅行者喜欢研究地图，他们的乐趣就是把更多的注意力慷慨地放在彩色纸面上，而不是放在行走过的彩色大地上。我曾经听过这类旅行者的讲述；他们记得住每一条走过的公路的标号，想得起每一段里程的距离和燃油量，找得到每一个经过的小村庄。另有一类旅行者，他们则需要根据地图，确切地知道自己每时每刻都被钉在哪个位置，就好像那些黑色的和红色的线、星罗棋布的地点标识和湖泊的蓝色曲线，以及代表山脉的暗色底纹，所有这些都为他们提供了某种安全感。对于我来说，可不是这个样子。我天生就是个容易迷路的人，被别人找到也不觉得有什么值得高兴的。对于那些象征着大陆和国家的形状，我也没有很强的识别能力。再说，在我们国家，道路的改变、增加、拓宽或者废弃极其频繁，大家买地图必须像买日报一样才行。不过，既然我了解地图爱好者对地图的热情，那么，我也可以照本宣科，昭示一下我的路线。我在缅因州一路向北行驶，大致是沿着国家一号高速公路的方向，穿过霍尔顿（Houlton）、马斯希尔（Mars Hill）、普雷斯克艾尔（Presque Isle）、卡里布（Caribou）、范比伦（Van Buren）；之后，我向西转，但仍然留在国家一号高速公路上，经过马达沃斯卡（Madawaska）、上法兰西维尔（Upper

---

1 法语：法兰西之子，为祖国而牺牲。

Frenchville）以及肯特堡（Fort Kent）。在那之后，我会在十一号州际公路上向正南方向行驶，经过伊格尔莱克（Eagle Lake）、温特维尔（Winterville）、波蒂奇（Portage）、斯夸潘（Squa Pan）、马萨迪斯（Masardis）、诺尔斯科纳（Knowles Corner）、帕藤（Patten）、谢尔曼（Sherman）、格林德斯道那（Grindstone）等地，到达米利诺基特（Milinocket）。

我之所以能够如此清楚地昭示我的路线，是因为我面前有一张地图。但是，这一路上，我能够记得的事情与这些数字、彩色线和弯弯曲曲的线条无关。我把这个路线图加进来，只是当作对那些地图爱好者的一种安慰，而我则不会养成这样的习惯。我能够记得的是寒冷的天气中长长的林荫大道、做好了过冬准备的农场和房屋。还有，当我在十字路口停下来，到商店里买些我需要的东西时，我听到了缅因州人平淡的、简洁的言谈。我还记得，时常会有鹿穿越马路，它们蹄步灵活，就像弹跳的橡皮球一样，一跳一跳地从正在行驶中的驽骍难得身边闪过。我也记得，拉木材的卡车发出"轰隆隆""轰隆隆"的声音。我一直都记得，在这片广袤的土地上，曾经有过很多定居者，而现在，这里已经被遗弃，取而代之的是缓慢推进的森林、动物、伐木营，还有随之而来的寒冷。大的城市越来越大，而村镇则变得越来越小。乡村里的商店，无论是食品店、杂货店、五金店，还是服装店，都无法与超级市场和连锁机构竞争。在这些有着淳朴民风的村镇商店里，曾经聚集着见多识广的自耕农们。他们在这里畅谈自己的见解，塑造了民族性格的一部分。这些我们所珍视的、引起我们怀旧情结的画面正在迅速消失。那些曾经坚守着家族堡垒、抵御风寒以及各种恶劣气候、与干旱和虫害相抗争的人，现如今却簇拥于繁忙大城市的怀抱之中。

新型的美国人在交通拥堵的街道中找寻自己的挑战与爱，天空中烟雾弥漫，工业酸雾气味呛得人喘不过气来，橡胶制品发出刺耳的声音，相互挤兑的房舍像被串连在一起，而与此同时，那些小城镇却随着时间在枯萎、在消亡。我发现，无论是在得克萨斯州还是在缅因州，情况都是如此。毫无疑问，克拉伦登（Clarendon）屈服于阿马里洛（Amarillo），亦如缅因州斯塔西维尔（Staceyville）的原材料流入米利诺基特，在那里，原木被碾碎，空气中弥漫着化学物质的气味，河流被阻塞，河水受到有害物质的污染，而街道上到处都是活跃的、忙碌的人。这不是批评，而只是观察。并且我确信，当所有的钟摆都在逆向摆动时，膨胀的城市最终会像子宫破裂一样，将它们的孩子们分散回农村。这个预言已经在富人们那里得到证实，富人们已经出现了这样的趋势。富人们朝哪里领路，穷人们就会跟到哪里，或者努力地去追随。

几年前，我在阿贝克隆比和费奇[1]买了一只牛叫声仿真喇叭，这是一种由杠杆操纵的汽车喇叭，几乎可以模仿牛在任何情绪状态下的叫声，从浪漫的小母牛那甜美的低吟，到一头处于壮年期、充满雄性欲望的公牛那狂躁的咆哮。我把这一奇特的装置安在驽骍难得身上，真是太有效果了。当酷似牛叫的声音响起来的时候，在听得见的范围内，每一头正在吃草的牛都会抬起头来，朝着发出声音的方向走来。

在缅因州一个银白色的、寒意袭人的午后，我在一条坑坑洼洼的森林小路上缓慢而吃力地行驶着。这时，我看见四头年轻的母驼鹿，正迈着庄严而稳健的步子在我的车头前移动。当我靠近它们的时候，它们突然开

---

1 阿贝克隆比和费奇（Abercrombie and Fitch，A & F），标识为一只长着巨角的麋鹿，所以也被昵称为"小麋鹿"，创立于 1892 年的纽约，为美国第一大休闲品牌，是典型的精英品牌，主要为冒险家和社会精英提供户外运动装备。现在，这一品牌主要受年轻人特别是大学生的青睐。

始向前碎步疾跑。我一时心血来潮，按下了牛叫声仿真喇叭的操纵杆，喇叭发出一声吼叫，就像一头缪拉斗牛[1]摆好了姿势，在准备同第一位如蝴蝶展翅般舞动斗篷的斗牛士猛扑之前，发出进攻的吼叫。那四头驼鹿女士正要消失在森林里，它们听到叫声，便停下脚步，转过身来。随后，它们加快脚步，快速朝我冲过来，眼睛里都带着在我看来是浪漫的神情——可是，这四个浪漫的情种啊，每一个都有一千多斤重！尽管我对所有形式的爱情都很喜欢，但我还是踩足油门，加速离开了那里。我想起了伟大的弗雷德·艾伦[2]讲过的一个故事。故事的主角是一位缅因州男人，这位男人讲述他在一次狩猎驼鹿时的经历。"我坐在一根圆木上，吹响了我的驼鹿叫声仿真喇叭，然后就耐心地等待着。突然间，我感觉脖子和头上有什么东西，像是一块热乎乎的浴垫。嚯，先生，那是一头母驼鹿，正在舔我，她的眼睛里闪烁着充满激情的光芒。"

"你朝她开枪了吗？"有人问他。

"没有，先生。我迅速逃离了那里，但是，我经常在想，缅因州的某个地方，有一头凄然心碎的驼鹿。"

从缅因州往南走跟往北走的距离一样长，甚至可能更长。我原本可以

---

1 缪拉斗牛（Miura bull），主要产于西班牙的塞维利亚省，最著名的缪拉斗牛出产于一个缪拉养牛场，这里的缪拉斗牛号称是世界上最为凶猛的、最为剽悍的斗牛。因此有人说，缪拉代表着悲剧、丧服和家人的眼泪。

2 弗雷德·艾伦（Fred Allen, 1894—1956），美国广播演员、电影演员、幽默表演家。他主持的播音节目语言幽默犀利，内容涉猎广泛，非常受欢迎。他的表演和电影主要有《1922年过客秀》（The Passing Show of 1922）、《格林威治村的蠢事》（The Greenwich Village Follies）、《今晚市政厅》（Town Hall Tonight）、《弗雷德·艾伦秀》（The Fred Allen Show）、《自行判断》（Judge for Yourself）、《万分感谢》（Thanks A Million）、《爱你的邻居》（Love Thy Neighbor）、《一切尽在囊中》（It's in the Bag）等。

到巴克斯特州立公园[1]，并且应该已经到达了那里，但是，我并没有进去。我耽搁的时间太久了，天气变得越来越冷，我的脑海里浮现出拿破仑在莫斯科、德国人在斯大林格勒的情景。于是，我识时务地退却了，继续向南行驶——布朗维尔汇合点（Brownville Junction）、迈洛（Milo）、多佛-福克斯克罗夫（Dover-Foxcroft）、吉尔福德（Guilford）、宾厄姆（Bingham）、斯考希根（Skowhegan）、墨西哥镇（Mexico）、拉姆福德（Rumford）。在那里，我接上了一条我之前向北走穿过怀特山脉时已经走过的路。或许，这对我并不是个好的选择，但我还是想继续走下去。河流里漂浮的全都是原木，从一岸到另一岸，绵延数公里，等待着轮到它们在"屠宰场"献出它们的木心，这样，诸如《时代周刊》[2]和《每日新闻》[3]这类我们文明的捍卫者就都能够存活下来，以保护我们免受愚昧无知之苦。无论从哪个方面来看，处理原材料的工业城镇不过都是蠕虫的节瘤。你从宁静的乡村走出来，突然间，你被抛入飓风般呼啸过往的车流之中，颠簸着、冲击着。有一段时

1　巴克斯特州立公园（Baxter State Park），位于缅因州的中部偏北，以帕西瓦尔·P. 巴克斯特（Percival P. Baxter, 1876－1969）的名字命名。在巴克斯特任缅因州州长期间，他斥资购买了这片山林湖泊，并将其置于州政府名下，声明作为公园，施惠于民。1931 年正式建园，公园管理非常严格，尽最大可能保留自然野生状态，不得进行营利开发，为家乡人民保留了一片原生态环境。卡塔丁山的巴克斯特峰为缅因州的最高峰。巴克斯特州立公园保留了巴克斯特说过的一段话："人生中必死，其世间之功是短暂的。建筑物会坍塌，纪念碑会湮没，财富会消散。但是，卡塔丁之荣耀永存，将永远是缅因州人民之山。"

2　《时代周刊》，又译作《时代》，由亨利·R. 卢斯（Henry R. Luce）和布里顿·哈登（Breton Hadden）创刊于 1923 年，为美国三大时事周刊之一，涉猎广泛，以时事新闻跟踪报道为主，在美国以及世界各国具有很大的影响力。美国另外两大新闻周刊分别为《美国新闻与世界报道周刊》（*U.S. News & World Report*）和《新闻周刊》（*Newsweek*）。

3　《每日新闻》（*Daily News*），即《纽约每日新闻报》（*The New York Daily News*），创刊于 1919 年，发行量居美国日报前列，为大众化图文报纸，主要报道地方新闻、社会新闻、重大国际新闻等。

间，你在疯狂飞驰的金属物体中盲目地奋力前行，不知不觉中，这一切又都消失了，你又回到了安详、宁静的乡村。两者之间没有边界，也没有重叠。这的确是一种令人感到神秘但也不乏快乐的经历。

从我最初经过这里到此时又返回来的这段短短的时间里，怀特山上的树木已经有了改变，变得破败不堪。树叶飘落，在尘雾中翻滚着，山坡上的针叶树被一层硬硬的雪壳覆盖着。我行驶了很长一段路，也开得很猛，这让查理非常厌恶。有好多次，他冲着我发出"夫特"声，我都懒得理睬他，继续疾速行驶着，穿行于犹如跷起的大拇指的新罕布什尔州。我想泡上一次热水澡，在一张整理一新的床铺上睡上一觉，还想喝上一杯酒，再来点人类的商业行为。我认为，我的这些想法在康涅狄格河 [1] 那儿都能够做得到。非常奇怪的是，当你为自己设定一个目标的时候，即使实现这个目标有诸多不便，甚至都没什么指望，你依然会坚持下去。这段路比我之前预想的要长，我感到非常累。到了我这把年纪，岁月使我不得不意识到肩膀的疼痛，但是，我给自己定的目标是康涅狄格河，我不去理睬疲惫，而这绝对是愚蠢的行为。等我在新罕布什尔州离兰开斯特（Lancaster）不远处找到我中意的地方时，天色几乎已经暗了下来。康涅狄格河河面宽阔、景色宜人，两岸长满了树木，河边还有一片令人心旷神怡的草地。在靠近河岸边上，出现了我渴望看到的东西——绿色的草地上有一排整洁的白色小房子临水而立，还有一个很小但很紧凑的住宿办公室和餐厅，旁边有一块牌子，上面写的正是我想看到的："营业中"和"有空房间"。我把驾驭难得

1　康涅狄格河（Connecticut River），美国东北部河流，河水源于新罕布什尔州北部的康涅狄格湖，从新罕布什尔州北部沿佛蒙特州和新罕布什尔州边界向南，流经马萨诸塞州、康涅狄格州，注入长岛海湾，为新英格兰地区最长的河流。

驶离道路，打开驾驶室的车门，把查理放出去。

午后将尽的阳光照在住宿办公室和餐厅的窗户上，把窗玻璃变成了一面面镜子。我推开住宿办公室的门，走了进去。这个时候，由于一路的颠簸，我的整个身子都让我感觉疼痛难耐。办公室里一个人也没有。登记簿放在办公桌上，餐厅柜台边上有凳子，塑料餐罩下有水果派和蛋糕；冰箱嗡嗡作响；在不锈钢洗碗槽里，几只用过的盘子浸在放了洗洁精的水中，一个水龙头在"嘀嗒""嘀嗒"渗水，一滴一滴地落入洗碗槽里。

我按了按办公桌上的小铃，然后喊道："这儿有人吗？"没有人回答，什么反应都没有。于是，我坐在一个凳子上，等待着管理人员回来。一块木板上，挂着一排钥匙，都标记着号码，那是白色小房子的钥匙。白天的光线渐渐退去，屋子里变得暗了下来。我走出办公室，到外面去接查理，同时，我也想再核实一下，看看自己看到的那块牌子上是否写着"营业中"和"有空房间"。这时，天已经黑了。我拿出一支手电筒，回到办公室里，看了一遍，希望找到一张写着"十分钟后回来"的便条，但是，我什么都没有发现。我感到好奇怪，觉得自己像个偷窥狂：我并不属于那里。之后，我又走出办公室，把驽骍难得从办公室前的车道上移开。我给查理准备晚饭，又给自己煮了咖啡，继续等待。

拿起一把钥匙，在办公桌上留下一张便条，写上我已经自己这么做了，然后，走出去，找到跟钥匙匹配的那间小白房子，把它打开，住进去，这很简单。但是我认为，这么做是不合适的。我不可能这么做。高速公路上有几辆车子经过，开上桥，过了河，但是，没有一辆车子转下公路，停到这里来。迎面而来的车子前照灯的灯光照在住宿办公室的窗户和烤肉架上，发出的光特别刺激眼睛，随后就是又一次的漆黑一片。我原本打算吃一顿简单的晚餐，然后就疲惫不堪地倒在床上睡觉。我回到我的车房，整理好床铺，发现自己根本不饿，于是，我直接躺下了。然而，睡意根本没有造访我的意思。我听着外面的动静，想知道管理员是否回来了。后来，我点亮我的瓦斯罩灯，试着看看书，但是，我惦记着听外面的声音，无法用心阅读纸上的内容。不知什么时候，我打了个盹儿。黑暗中，我醒来，向外张望——什么也看不到，也没有人。刚刚打的这个盹儿更让我感到烦躁不安。

黎明时分，我从床上爬起来，用了很长时间，不紧不慢地为自己做了一顿早餐，纯粹是在消磨时间。太阳升起来了，窗外阳光明媚。我走到河边，陪着查理散步。然后，我回到车子里，甚至刮了胡子，还在桶里用搓澡海绵洗了个澡。这时，太阳已经高高地挂在天空中。我向住宿办公室走去，进到屋子里。冰箱依旧嗡嗡作响，水龙头依旧"嘀嗒""嘀嗒"渗水，一滴一滴地落入洗碗槽那冰冷的、放了洗洁精的水中。一只新生的、长着厚重翅膀的肥苍蝇烦躁地在盖住水果派和蛋糕的塑料餐罩上爬。九点半，我开车上路。在那个我自以为挑选得很中意的地方，自始至终，我没有看到人，我也什么都没有动过。牌子上仍然写着"营业中"和"有空房间"。我把车子开上铁桥，钢踏板发出"咔哒""咔哒"的响声。那个空无一人的地方深深地困扰着我，直到现在，每当我想起来，在那里的经历仍然令我困惑不安。

在这次长途旅行中，疑惑常常伴随着我。我一直很钦佩那些记者，他们能够不疾而速，不行而至，突然出现在一个地区，访谈关键人物，询问关键问题，收集意见样本，然后撰写出一份报道，条理清晰得犹如一张路线图。我羡慕这种技能，但同时，我也不相信这是对事实的真实呈现。我认为，事实绝非单一的，事实是有许多种的。直到有人再以这种方式走过这里，并以他自己的风格重新安排这个世界之前，我在这里所写的都是真实的。在文学批评中，评论家从来都只会把他所关注的牺牲品规矩成他自以为的大小和形状。

在我这部游历纪行中，我并不想自欺欺人地认为，我的所见所闻都是恒定不变的。很久以前，我到过布拉格这座古老的城市。而在同一时间，约瑟夫·阿尔索普[1]也在那里，他是著名的地方问题与事件评论家。他与消息灵通人士、官员、大使交谈；他阅读报道，甚至连一些小字号印刷的附加条款、文件与数据都不放过。而我呢，则以一种漫不经心的闲散方式，与演员、吉卜赛人、流浪汉闲聊，跟他们闲逛。后来回国的时候，我跟约瑟夫乘坐同一个航班。途中，他给我讲了布拉格的情况。而他所认识的布拉格与我在这座城市的所见所闻没有任何关联，完全不是同一座城市，然而，我们两个人都是诚实的，没有谁是骗子。无论以什么标准来判断，我们都是相当敏锐的观察者，可是，我们却带回了两座不同的城市，两种不同的事实。出于这个原因，我不能向你推荐，说你将会发现，我撰写的这部游历纪行所反映的一定就是一个真正的美国。世界上有足够多的东西可以从不同的角度去观察。因而，我们在早晨用眼睛描绘的世界与我们在午后用眼睛描绘的世界是不同的，当然，我们在黄昏时分用疲惫的眼睛只能报道出一个疲惫的暮色世界。

星期天的早上，在佛蒙特州的一个小镇，这是我在新英格兰地区的最后一天。我刮了胡子，穿上西装，擦亮皮鞋，搞得跟个道貌岸然的伪君子

1　约瑟夫·阿尔索普（Joseph Alsop，1910—1989），二十世纪美国最著名的政治记者之一，《纽约先驱论坛报》的专栏作家。阿尔索普曾为"飞虎队"成员，被日本人俘虏，囚禁在香港，后来，他声称自己并非军事记者并因而获得自由。之后，他为《论坛报》（Tribune）的《事实》栏目撰写专栏文章。他还为《华盛顿邮报》和《洛杉矶时报》撰稿。

似的。收拾停当，我便出发去寻找教堂，准备做礼拜。我经过了几个教堂，但都没有停下来。现在想想，我已经记不得当时是出于什么原因，让我把它们放弃了。然而，当我看到以约翰·诺克斯[1]名字命名的教堂时，我把驽骍难得开到一条小巷子里，停在一处不易被人看到的地方。我吩咐查理看好车子，然后便迈着庄重的步伐向教堂走去。这座教堂是用令人目眩的白色鱼鳞板接合起来的。这是一个一尘不染的、到处都擦得铮亮的礼拜场所，我在后排给自己找了个位子。祈祷的内容句句切中要害，将全能上帝的注意力都引向某些弱点和世俗的痼疾上。我认定自己也有这些弱点和痼疾，而我只能假定，这也是聚集在那里的其他人所共有的弱点和痼疾。

　　这次礼拜真是做到了我的心坎里了，我希望自己的灵魂得到一定的升华。我已经很久没有聆听过这样的礼拜了。至少在大城市，我们现在的做法是，从善于精神分析的神职人员那里，找出我们自己的罪恶。然而，这些罪恶根本不是真正的罪，而是由超出我们所能控制的力量引发的不测事件。而在这座教堂，没有这类无稽之谈。这里的牧师是一位意志如钢铁般坚强的人，长着一双工具钢一样的眼睛。他宣讲祷文，传递出来的信息犹如风钻般精准犀利。他以祷告开场，向我们保证，我们只不过是一群相当可怜的家伙。他是对的。人类从一开始就并没有什么大不了的本事，而且，靠着我们自己廉价而粗俗的努力，人类的发展一直都在走下坡路。在对我

1　约翰·诺克斯（John Knox, 1514—1572），苏格兰宗教改革领袖，创办了苏格兰长老会，诺克斯提倡新教，具有超强的布道能力，被视为"清教主义的创始人"。曾为爱德华六世的宫廷牧师，也曾逼迫玛丽女王退位。诺克斯著述颇丰，曾参与"日内瓦英文版"《圣经》的翻译工作，在爱丁堡圣吉尔斯大教堂外墙雕刻的布道人物中，靠近正门左侧下方为诺克斯，手中拿着由他主持翻译的英文版《圣经》。移民美洲的早期清教徒承继了他的许多见解，因此，也有人称他为"美国清教主义的创始人"。

们做了一番安抚之后，他开始了一场值得称道的布道，一场火药味十足的布道。他先证明了我们——也许只有我一个人——并不是什么好东西；随后，他以十分肯定的口吻，冷静地告诫我们，如果我们不从根本上进行某种他并不抱多大希望的改造的话，我们可能会有怎样的下场。接下来，他以一个专家的口吻描述地狱，那里可不是我们这些过着安逸日子的人所想象的随便什么样的地狱，而是一个由一流技工操持的燃料充足的、炙热无比的地狱。这位牧师把这事说得活灵活现，让我们有如身临其境的感觉：上好的无烟煤，众多的通风口，一群平炉魔鬼，正心无旁骛地工作着，而他们的工作就是针对我的。我开始感觉到全身心的舒坦。在此之前的好多年，上帝一直是我们的好伙伴，相互之间始终践行着和睦相处的原则。这就好像父亲跟儿子一起打垒球一样，让人有一种徒有其名的和睦。但是，这位佛蒙特州的上帝非常关心我，为了把地狱从我的内心深处踢出去而大费周折。他使我以新的角度审视自己的罪恶。尽管一直以来，这些罪恶都是微小的、卑鄙的、令人厌恶的，甚至是很容易被人遗忘的，但是这位牧师却设定了它们的某种形状，让它们绽放出来，赋予它们尊严。已经有好几年了，我一直都没有认真地进行过自省。但是，如果我的罪已经达到了这样一个程度的话，那表明我还残留了某种骄傲。我并不是个顽皮的孩子，而是个一流的罪人，而我打算接受这样的说法。

我感觉自己的精神得以恢复，因此我在募捐盘里放了五美元。随后，在教堂前，我与牧师热烈握手，还尽可能与更多的会众热烈握手。这场礼拜活动让我对恶有了一种愉悦的感觉，而这种感觉一直清晰地持续到星期二。我甚至考虑过，要不要把查理揍一顿，让他也得到一种满足感，因为，查理的罪只不过比我的少那么一丁点儿。在我穿越这个国家的旅行途中，每到星期天，我都到教堂去做礼拜，每个星期去的教堂，其所属教派都不同。然而，我在任何地方都没有再发现，哪位牧师具有佛蒙特州那位牧师的素养。他历练出一种虔诚，其目的就是为了使宗教经久不衰，而不是出于易于接受的目的去简化陈腐过时的宗教。

我在劳西斯波因特（Rouses Point）进入纽约州，我选择的线路尽可能靠近安大略湖[1]，因为我打算去看看尼亚加拉大瀑布[2]，我从来都没有去过那里。然后，我想从尼亚加拉大瀑布自然而然地进入加拿大境内，从哈密尔顿（Hamilton）到温莎（Windsor），让伊利湖[3]一直处于我的南边。最后，我会从底特律再次出现在美国——这是一个迂回的线路，是一种战胜地理控制的小小胜利。当然，我们都知道，美国的每个州都是一个独立的个体，而且都为自己感到骄傲。它们并不满足于自己州的行政名称，还冠以一些描述性的头衔——帝国之州[4]、花园之州[5]、花岗岩之州[6]——这些头衔都承载着骄傲，从不会只是轻描淡写地提一提。但是在旅行途中，我第一次意识到，每个州也都有自己独特的行文风格，这一差异在各州高速公路指示牌上表

---

1 安大略湖（Lake Ontario），美国与加拿大交界处的五大湖之一，北邻加拿大安大略省，南邻尼亚加拉半岛和美国纽约州，为五大湖中面积最小的湖。其湖名"安大略"的意思为"闪光之湖"。

2 尼亚加拉大瀑布（Niagara Falls），位于加拿大安大略省和美国纽约州的交界处，由马蹄瀑布、美利坚瀑布和新娘面纱瀑布三部分组成。源头为尼亚加拉河，注入安大略湖。其瀑布名"尼亚加拉"在叩弟安语中意为"雷神之水"。英国作家狄更斯在《美国札记》（*American Notes*, 1842）中、法国作家夏多布里昂在《阿塔拉》（*Adalar*, 1801）中都曾盛赞尼亚加拉大瀑布。

3 伊利湖（Lake Erie），美国与加拿大交界处的五大湖之一，北面是加拿大安大略省，东、西、南面为美国，为五大湖中面积第四大的湖。

4 帝国之州，指纽约州。

5 花园之州，指新泽西州。

6 花岗岩之州，指新罕布什尔州。

93

现得尤为明显。跨越州界线的时候，人们就会注意到这种措词风格的变化。

新英格兰各州的指示牌采用的是一种简洁的文体，一种惜字如金、简明扼要的格式化形式，绝无赘言，言简意赅。纽约州则是一直在对你大喊大叫。这样做，那样做。向左靠，向右靠。每隔几米就会出现一个专横的指令。在俄亥俄州，指示牌上的文字要温和得多。他们提供友善的忠告，倒更像是给你建议。有些州喜欢使用浮夸的文体风格，不费吹灰之力就把你搞得非迷路不可。有些州则会告诉你，在前方你将会遇到什么样的路况；而另有一些州，它们总是让你自己去发现。几乎所有的州都放弃使用副词，取而代之的是形容词，如"慢行"用 Drive Slow 而不是 Drive Slowly，"安全驾驶"用 Drive Safe 而不是 Drive Safely。

我热衷于阅读各种指示牌，并且我发现，在历史名胜标示牌中，表现各州地位及特色方面的行文风格都是最值得称道的，也达到了最抒情的境界。我还可以进一步证实，至少我个人对这一推断感到非常满意。那些历史最短、发生震惊世界事件最少的州拥有最多的历史名胜标示牌。西部的一些州甚至从几乎被遗忘了的谋杀案和银行抢劫案中找到了荣耀。那些不甘被遗忘的城镇自豪地昭示自己有名望的子孙，这样，旅行者就可以通过标示牌和横幅获取信息——猫王埃维斯·普里斯利[1]出生地、科

1　埃维斯·普里斯利（Elvis Presley, 1935—1977），美国摇滚歌手、演员，被称为"猫王"，为流行音乐史上唱片销量最高的艺人之一，主要单曲有《好极啦》（That's All Right）、《温柔地爱我》（Love Me Tender）、《你真伟大》（How Great Thou Art）等，主要电影有《蓝色夏威夷》（Blue Hawaii, 1951）、《手足英雄》（Flaming Star, 1960）、《流浪歌手》（Roustabout, 1961）、《天堂夏威夷》（Paradise, Hawaiian Style, 1966），1957 年上映的电影《脂粉猫王》（Jailhouse Rock）被认为是其代表作之一，其中的插曲《对我好一点》（Treat Me Nice）、《宝贝，我不在乎》（Baby, I Don't Care）、《不要现在离开我》（Don't Leave Me Now）等成为流行歌曲，广受欢迎，经久不衰。

尔·波特[1]出生地、艾伦·P.哈金斯出生地，等等。当然，这绝对不是什么新鲜事。我依稀记得，古希腊的几些小城都声称是荷马的真正出生地[2]，为争夺这一名分而争吵不休。在我的记忆中，在"大红人刘易斯"写了《大街》[3]一书之后，义愤难平的家乡市民们要求他回到家乡，好让乡亲们给他涂上沥青、插上羽毛，以示对其惩罚。而现在，索克中心却为自己能够养育出这样一位伟人而庆贺。作为一个民族，我们对于历史的渴望使事实无节制地膨胀，就跟英国"蒙茅斯的杰弗里"炮制了他的《不列颠诸王史》[4]一样，书中的许多国王是他为了满足人民日益增长的民族自豪感的需求而虚构出

---

1 科尔·波特（Cole Porter，1891—1964），美国音乐家、歌舞喜剧词曲作家，曾就读于耶鲁大学，在校期间创作了著名的《耶鲁斗牛犬之歌》（Yale Bulldog Song）等歌曲，经典之作主要有《跳起比津舞》（Begin the Beguine）、《让我们做起来》（Let's Do It）、《黑夜与白天》（Night and Day），百老汇音乐剧有《纽约客》（The New Yorker，1930）、《快乐的离婚男人》（The Gay Divorce，1932）、《万事成空》（Anything Goes，1934），还有根据莎士比亚《驯悍记》改编创作的《吻我，凯特》（Kiss Me, Kate，1948）等。

2 荷马（Homer，约公元前9—前8世纪），古希腊诗人，相传《伊利亚特》和《奥德赛》为其所著。关于荷马的出生地，一直存有争议，多数人认为是在希俄斯岛，也有人认为在雅典，或在希腊北部，或在希腊东部靠近小亚细亚一带。

3 "大红人刘易斯"（Red Lewis），即辛克莱·刘易斯（Sinclair Lewis，1885—1951），美国作家，出生于明尼苏达州索克中心（Sauk Centre）。主要作品有《大街》（Main Street: the Story of Carol Kennicott，1920）、《巴比特》（Babbitt，1922）、《阿罗史密斯》（Arrowsmith，1925）等。1930年，刘易斯荣获诺贝尔文学奖，为美国第一位获此殊荣的作家。刘易斯以自己的家乡索克中心为《大街》的原型，通过描述在城市长大的卡萝儿与小镇青年婚后生活在小镇的经历，揭示了中西部小镇庸庸碌碌的生活，以及小镇人的自命不凡、鄙俗愚昧、保守偏执。为此，作者曾引起了家乡父老的愤怒。

4 蒙茅斯的杰弗里（Geoffrey of Monmouth，约1100—1154），英国编年史家、传教士，据说出生于蒙茅斯，人称"蒙茅斯的杰弗里"。《不列颠诸王史》（Historia Regum Britanniae，1135—1139）是其代表作。正是这部著作，将亚瑟王传奇带入欧洲文学史，同时也为几部莎士比亚戏剧提供了原始材料。

来的。就跟在各个州与社区一样，每一位美国人也同样渴望与过去保持着体面的关联。系谱学家们为了能从祖先留下来的瓦砾残骸中辨识出少许几位伟大人物而鞠躬尽瘁。不久前，说是发现了证据，表明德怀特·D.艾森豪威尔[1]是英国王室的后裔，如果需要的话，这类证据可以证明任何一个人是某一个前人的后裔。当年我出生的那个小镇，在我祖父的记忆里，是一片沼泽地里的一家铁匠铺。在那里，每年都会举行华丽的庆典仪式，纪念那些西班牙先生们和专门祸害玫瑰花的西班牙小姐们的光辉往事。在大家共同的记忆中，他们消灭了一个人数很少的、位置荒凉的、以蛴螬和蚱蜢为食的印第安人部落，但要知道，这些印第安人才是我们这片土地上真正的第一批定居者。

我发觉，这类事情足以引起人们的兴趣，但它同时也的确让人对历史是对现实的真实记录这一说法产生怀疑。一路上，每当我阅读这些遍布全国各地的历史名胜标示牌的时候，我就会想着这些事情，想着神话是如何抹去事实的。接下来，我要从一个很微小的侧面，讲述一则神话的炮制过程。有一次，我回到我出生的城镇，与一位的确有了一把年纪的老人聊天。这位老人在我很小的时候就认识我。他跟我说，他清楚地记得，在一个寒意侵肌的早晨，他看到了我——一个身体羸弱的、冻得瑟瑟发抖的孩子——正从他家房门前走过。我穿着一件不合体的外套，还掉了一个扣子，缺少扣子的地方是用马毯别针固定的，正好别在我的小胸脯前。这的确是一件很不起眼的小事，但却是再好不过的神话素材——一个楚楚可怜的、贫困交加的孩子，是如何攀升到了光宗耀祖的地位，当然，这个地位已经

1　德怀特·D.艾森豪威尔（Dwight D. Eisenhower，1890—1969），第三十四任美国总统，政治家、军事家。

是尽其所能的最高程度了。尽管我不记得有那么一回事，但我很清楚，那不可能是真的。我的母亲是一位对纽扣情有独钟的人。掉了一颗纽扣不仅是邋遢的事，更是一种罪恶。如果我的外套掉了扣子，我用别针别住，我的母亲就会把我狠狠地揍一顿。这个故事不可能是真实的，但这位老先生对这个故事津津乐道，我根本无法说服他，让他相信没有那么一回事。正因为如此，我都没有试着去说服他。如果我家乡的父老乡亲们想要我穿着用马毯别针别住的外套，那么无论我做什么都不可能改变这种说法，尤其是还原事实真相。

纽约州——或者说帝国之州——下起了雨，套用高速公路指示牌的措词，应该是如此表述：下着寒冷而无情的雨。的确，这场凄冷的倾盆大雨让我打算去尼亚加拉大瀑布的旅行都要泡汤了。当时，我绝望地迷失在一个很小的但却怎么也走不出来的小镇街道上，我想应该是在麦地那附近。我把车子靠路边停了下来，拿出我的地图册。可是，要想找到你要去的地方，你必须知道你在哪里，而我却不知道我在哪里。驾驶室的窗户关得很严实，被溪流般的雨水弄得都不透明了。车上的收音机轻声播放着。突然，有人敲我的车窗玻璃，车门一下子被打开，一个男人闪了进来，坐到我旁边的座位上。这个人满脸通红，满嘴浓重的威士忌酒味。他的裤子用红色背带吊在灰色长袖内衣的外面，提得很高，都遮住了胸部。

"把那个没用的东西关掉。"他说，话音未落，他就自己动手关掉了我的收音机。"我女儿从窗户里向外张望，看到了你。"他继续说，"想着你保不准是遇到了麻烦。"他看了看我的地图，"把那些东西都扔到一边去。现在，跟我说，你想去哪里？"

我不知道为什么一个人不能够老老实实地回答别人问的这类问题。当时的实际情况是这样的，我从宽阔的一零四号高速公路上转下来，驶入一条相对窄些的道路。我这么做是因为高速公路上的车流量太大，过往的车辆溅起成片的雨水喷洒在我的挡风玻璃上。我想去的是尼亚加拉大瀑布。可是，我为什么不能跟他实话实说呢？我低头看了看地图，对他说："我想去宾夕法尼亚州的伊利（Erie）市。"

"那好，"他说，"现在，你把那些地图都丢掉。你在这儿掉个头，向前开过两个红绿灯，就到了艾格街。从那儿向左转，在艾格街上开个大概两百米的距离，就会有一个向右弯的弧度。那是一条弯弯曲曲的街道。之后，你会遇到一座立交桥，但不要开上去。你在那儿向左转，是个这样的弯道，看到了吗？就像这样。"他用手做了一个弯曲的动作。"接着向前开，等弯道变直了的时候，你就到了一个三岔路口。在左手边的那条岔路边上有栋大红房子，所以你不要走这条路。你要走的是右手边上的那条岔路。瞧，我说了这么多，你都听明白了吗？"

"当然，"我说，"很简单。"

"好吧，那你重复一遍，这样我才能确定，你会不会走对路。"

我只听他讲到那条弯弯曲曲的街道，后面的话我都没有听进去。于是我说："也许，你最好再跟我说一遍。"

"我想到了会是这个样子。掉个头，过两个红绿灯，到艾格街，向左转，走出两百米，然后向右弯到一条弯弯曲曲的街道上，一直开到立交桥那儿，但不要上桥。"

"这下我就明白了。"我立刻说，"真的很感谢你帮了我的忙。"

"谢什么谢，"他说，"我都还没把你带出镇子呢。"

好吧，他让我靠着这样一条路线走出镇子。这真是一段迷宫般的路，会让通往克诺索斯迷宫 [1] 的小路看起来都像是一条笔直的通衢大道。我连他跟我说的话都不可能记住，更不用说照着他指的路走。直到最后，他感到满意了，我也一再感谢他，他下了车，砰的一声关上车门。但是，我知道，他一定会在车窗外面看着我。于是，我真的把车子掉个头。这就是我在社交方面表现出来的懦弱。我大概开了两条街，然后就误打误撞地开回到了一零四号高速公路。这回，我不再介意这条路上车流量大、雨水四溅的糟糕路况了。

---

1 克诺索斯迷宫即克诺索斯王宫，位于希腊克里特岛，是米诺斯文明最重要的王宫遗址，始建于公元前 2000 年左右。由于建筑结构复杂，在希腊神话中被称作克诺索斯迷宫。1900 年，英国考古学家阿瑟·埃文斯（Arthur Evans）对其进行发掘，并对部分遗址进行了复原。

尼亚加拉大瀑布非常宏伟壮观。它就像纽约时代广场上那个老债券交易看板的放大版。我亲眼看到了尼亚加拉大瀑布，感到非常庆幸。因为从那时起，如果有人问我是否见到过尼亚加拉大瀑布，我可以说，见到过了，而且，这一次说的是实话。

我曾经告诉过之前遇到的那位指路达人，说我要去宾夕法尼亚州的伊利市。其实在那个时候，我根本就没有打算过要去伊利市，而实际的情况是，我真的去了那里。我最初的计划是在安大略湖那段狭长的地带不紧不慢地穿行。这样的话，我不仅会绕过伊利市，而且也会绕过克利夫兰（Cleveland）和托莱多（Toledo）。

从自己长期积累的经验中，我发觉，我赞赏所有的民族，但却憎恨所有的政府。并且，除了在国境线上，真的找不到任何一个地方，更能把我那天生的无政府主义倾向激发出来。在国境线上，耐心而高效的公务员们在履行他们的职责，处理移民和海关事务。我这辈子从来没有走私过任何东西，即便如此，在我接近海关关卡的时候，为什么我还是会有一种惴惴不安的负罪感呢？我驶过一座很高的收费站桥，通过一片无人区，来到了星条旗与英国国旗肩并肩站立的地方。加拿大人很友善。他们问我要去哪里，要待多久。然后，他们粗略地检查了一下驽骍难得。接着，他们开始询问查理的情况。

"您有这条狗的狂犬病疫苗接种证明吗？"

"没有，我没有。您瞧，他是一条老狗。他很早以前就接种过狂犬疫苗了。"

另一位官员走出来。"那么，我们建议您不要带他一起过境。"

"但是，我只是想穿越属于加拿大领土的一小部分，然后就重新进入美国境内了。"

"我们理解。"他们和蔼地说，"您可以把他带到加拿大境内，但是，美国不会让他回到美国。"

"但从严格的意义上来说，我现在仍然是在美国境内，没有人跟我说过有什么需要申报的。"

"如果您带他越过了国界线，想要再回到美国，就会有人跟您说您的狗需要申报了。"

"好吧，我到哪儿能给他打疫苗呢？"

他们不知道。我必须顺着原路返回，至少开出 30 公里，找到一位兽医，给查理接种疫苗，然后再返回来。我穿越国境，目的就是为了节省一点时间，而我折回去，打完疫苗再返回来过境，这不仅会抹去我省下的时间，而且还会浪费掉更多的时间。

"请谅解，这是你们政府的规定，不是我们政府的。我们只是建议您。这是规定。"

我想，这就是为什么我憎恨政府，所有的政府都一样。总是规定，总是细则，由一丝不苟的人来执行。没有什么可以讨价还价的，恼怒的拳头都找不到可以捶打的墙。我非常赞成接种疫苗，认为接种疫苗是一种义务，狂犬病是一件可怕的事情。然而，我发现自己憎恨规定以及制定这些规定的政府。对于政府来说，重要的不是接种疫苗，而是证明。政府通常就是这样——不注重事实，而是注重一纸证明。这些工作人员都是很友善的人，态度和蔼且乐于助人。在边境，时间过得很慢。他们给了我一杯茶，还给了查理半打饼干。并且，他们似乎真的觉得很抱歉，就因为缺少一纸证明，我不得不去宾夕法尼亚州伊利市。于是，我转过头来，朝着星条旗和另一个政府的方向驶去。在我出关的时候，我并没有被要求停下来，而现在，国界屏障已经放了下来。

"您是美国公民吗？"

"是的，先生，这是我的护照。"

"您有需要申报的吗？"

"我并没有离境。"

"您的狗有狂犬病疫苗接种证明吗？"

"他也没有离境。"

"但是，您是从加拿大过来的。"

"我并没有去加拿大。"

我看着他的眼睛流露出钢铁般冷漠的神情。他的眉毛低垂，带着一副怀疑的面孔。这样看来，我不但远远不能节省时间，而且好像我失去的时间可能比去一趟宾夕法尼亚州伊利市还要多。

"请您到办公室里来一下好吗？"

这一要求对我产生的影响，就如同盖世太保来敲门一样。不管我有没有做错什么事，他的话都会引起我的恐慌、气愤以及负罪感。我的声音带着强烈的愤慨，这自然会引起怀疑。

"请到办公室来。"

"我告诉过你，我没有去加拿大。只要你刚刚在看，就会注意到，我是掉头往回走了。"

"先生，请到这边来。"

接着，他对着电话说："纽约车牌，多少多少号。是的。带露营篷的轻便卡车。是的，有一条狗。"然后，他问我："是什么品种的狗？"

"贵宾犬。"

"贵宾犬——我说，是贵宾犬。浅棕色的。"

"蓝色的。"我说。

"浅棕色。可以了。谢谢。"

我真希望，我没有因为自己的清白无辜而滋生出某种悲哀。

"他们说，您并没有越过国界。"

"我就是这么告诉你的。"

"我可以看看您的护照吗？"

"为什么？我还没有离开这个国家。我还没打算离开这个国家。"但是，说归说，我还是在说话的同一时间交出了我的护照。他一页一页地翻阅，眼睛停在其他几次出入境的盖章上。他检查了我的照片，打开了钉在护照封底的接种天花疫苗的黄色证明。在最后一页的底部，他看到了一组用铅笔写下的已经模糊不清的字母和数字。"这是什么？"

"我不知道。让我看一下。哦，那个！天哪，这是一组电话号码。"

"它为什么会出现在您的护照上？"

"我猜，我当时手头没有纸条。我甚至都不记得这是谁的电话号码了。"

到了这个时候，他已经彻底把我挫败了，而且，他清楚地知道这一点。

"难道您不知道污损护照是违法行为吗？"

"我会把它擦掉。"

"您不应该在护照上涂写任何东西。这就是规定。"

"我再也不会这么做了。我保证。"不仅如此，我还想向他保证，我这个人不会撒谎，不会偷窃，不会与道德品行不端的人交往，不会觊觎邻居的妻子，不会做任何不该做的事情。他一下子合上我的护照，并把它交还给我。我相信，找到那个电话号码让他感觉好多了。假设他费了那么大的劲，却没有发现任何能够证明我犯了什么罪的迹象，那会是什么情况？更何况又是在这样一个漫长的一天里。

"谢谢，先生。"我说，"我现在可以走了吗？"

他和蔼地挥了挥手，说："走吧。"

这就是为什么我会往宾夕法尼亚州伊利市的方向行驶的原因，而这都是查理的错。我驶上那座很高的铁桥，停下来付过路费。收费员把头探出窗外。"走吧，"他说，"这次是免费的。"

"你这是什么意思？"

"我看到你刚才从对面通过。我看到了那条狗。我就知道你会回来的。"

"你为什么不告诉我？"

"没有人会相信的。走吧。你得到了一份免费的单程。"

你瞧，这个人就不是政府官员的派头。要是政府官员，则会让你觉得你自己很渺小、很卑微，你需要做些什么来重塑你的自尊意识。那天晚上，我和查理住在一家我们能够找到的最豪华的汽车旅馆。那家汽车旅馆是一个只有富人才能够负担得起的地方，里面有穹顶型天花板，上面装饰着象牙、猴子和孔雀的图案，给人带来愉悦的感觉。更关键的是，还有一个餐厅和客房服务。我点了冰块和苏打水，调制了一杯兑苏打的苏格兰威士忌，喝完后又要了一杯。之后，我叫来一位服务员，点了一份汤、一块牛排，还为查理点了一斤生汉堡，我毫不吝惜地付了足够多的小费。临睡前，我又回想了一遍我对那个移民官员说的话，真希望这些话我都说了，其中有些话非常精巧，而且很刻薄。

从旅行的一开始，我就一直尽量避开被称为"快捷高速公路"或"超级高速公路"之类由混凝土和柏油铺设的通衢大道。不同的州给它们起的名称各不相同。直到此时，我都是在新英格兰各州慢悠悠地移动着。冬天加快了它的脚步，我仿佛看见了自己在北达科他州被大雪掩埋掉的情景。我找到了九十号州际公路，那是一条宽阔的、多匝道超级高速公路，是全国货物运输的主要通道。我驾驶着驽骍难得，在这条高速公路上一路狂奔。这条高速公路的最低限速比我以前行驶过的任何一条高速公路的规定都要高。我在狂风中行驶，一股狂风从我车头的右侧猛劈过来。然而我有个感觉，把我的车子推来搡去、有时甚至把车子搞得摇摇晃晃的阵阵狂风是在我的助力之下形成的。我都能够听到狂风在我的方形露营车的车顶上发出"嗖嗖"的声音。我仿佛听到从高速公路上传出的指令，对着我尖声狂叫："不要停车！不要停车。保持速度。"大卡车跟货船一样长，一辆辆呼啸而过，带来一股股狂风，分发出一阵阵拳头般的猛击。这类宽阔平坦的高速道路很适合运输货物，但却不适合用来欣赏乡村景色。你的双手必须把握好方向盘，你的眼睛必须紧盯着前面的车，你必须通过观察后视镜注意后面的车，通过查看左右两边的侧视镜注意从你两侧驶过的轿车或者卡车。光是这么做还不够，你还必须阅读所有的指示牌，以免错过一些指示或者命令。路边没有卖鲜榨果汁的摊位，没有古董店，也没有农产品或工厂直销点。等我们在全国范围内都铺设了这样的快捷高速公路的时候，当然我们会这么做，也必须这么做，驱车从纽约州到加利福尼亚州，一路上，我们就什么风景也看不到了，这是完全有可能的。

每隔一段距离，就会有服务区，提供休息和娱乐，餐饮、燃料和汽油、明信片、各种蒸食、野餐桌，一应俱全，干净的垃圾桶都是新近粉刷过的，休息室和盥洗室一尘不染，里面充斥着浓重的除臭剂和洗涤剂气味，搞得你从里面出来后，要好一会儿才能够恢复你的嗅觉。其实，除臭剂这个名称是不够准确的。它们是用一种气味替代另一种气味，往往这种替代品必须比它所要征服的气味更强烈、更具穿透力。我有太久的时间，对自己的国家漠不关心了。在我缺席的这段时间里，文明取得了长足的进展。我只记得，当把一枚硬币放入投币口的时候，你就会得到一块口香糖或者一根棒棒糖。而现在，在这些用餐的豪华大厅里，设有自动售货机。根据你投入硬币的多少，售货机可以送出手帕、梳子和指甲锉套装、护发素和护肤用品、急救包，还有阿司匹林这类常用非处方药物、温和的物理药疗，以及让你保持清醒的药丸。我发现自己被这些小玩意儿给迷住了。假定你想要一杯软饮料，你先挑选你喜欢的——比如说，太阳葡萄汁或者酷力可乐，按下按钮，嵌入硬币，然后退开一点。这时，一个纸杯会落在设定好的位置，饮料流出，注入杯子里。当杯子里的饮料离杯口还有 6 毫米的时候，饮料停止注入——就这样，一杯凉爽的、提神的饮料完成了，但是，我相信，这杯饮料百分之百是合成的。从自动售货机购买咖啡的过程就更让人感兴趣了。当滚烫的黑色液体停止注入的时候，会有一股牛奶喷注下来，落入杯中；接着，一个糖包掉落在杯子旁边。然而，在所有的自动售货机中，热汤机才是最成功的发明。你先从十种汤品——豌豆汤、鸡肉面汤、牛肉汤、蔬菜汤等——中选出一种，随后嵌入硬币，热汤机这个庞大的家伙便发出一阵低沉的嗡嗡声。接着，一个写着"加热"的标牌亮了起来。一分钟过后，红灯忽明忽暗地闪着，直到你打开一扇小门，取出盛着滚烫汤汁的纸杯。

这就是处于某种文明鼎盛时期的生活。餐饮住宿设施、巨大的扇贝状柜台以及仿皮凳子，所有的物品都是一尘不染，干净得就跟盥洗室没什么两样。所有能够被捕获到的以及被按住的东西都用透明塑料密封起来。食物是刚出烤箱的，清爽干净，但看着让人没有食欲，所有的食物都没有被人类的手触摸过。这让我痛楚地想起了在法国和意大利的某些菜肴，它们被无数人的手触摸过。

这些用于休息、餐饮和补给的服务区的环境都十分优美，有草坪和花卉。在服务区前面离公路最近的地方，是轿车停车场，还配有一排排汽油泵。在服务区的后面，是停放卡车的地方。在那里，有专门的服务设施，为庞大的陆路运输群体服务。严格意义上讲，驾驿难得是一辆卡车，我将其停放在服务区的后面。我很快就跟卡车司机们混熟了。长途卡车司机们是与周围人的生活截然不同的一类人群。当身为卡车司机的丈夫们载着各种食物、产品和机器穿行于这个国家的时候，他们的妻子和孩子正生活在某个乡镇或城市的某个地方。卡车司机之间都有一定的族亲关系，在一起互相帮持着。他们之间形成了一种独特的行话。尽管我的车子是这些庞大运输工具中的一个小个体，但他们对我这个卡车司机很友好，很乐于提供帮助。

我从他们那儿了解到，在卡车停车场，有淋浴设施，还配有肥皂和毛巾。要是我愿意的话，我晚上可以在这里停车过夜。这些人与当地人几乎没有贸易往来。但是，他们是热心的广播电台听众，可以讲出全国各地的新闻和政治。公园高速路[1] 或快捷直通高速公路上的食品和燃料中心都是由各州租赁的，但在其他高速公路上，则有私营企业设立的卡车司机休息站，为卡车司机们提供有折扣的服务，包括燃料、床铺、浴室，以及可以坐下来休息和扯皮聊天的地方。然而，这样一个过着与众不同的生活、只与自己的同类交往的特殊群体，他们完全有可能让我做到，无需与任何一位当地城镇居民交谈就能够穿越这个国家。对于卡车司机们来说，他们在这个国家的大地上长途跋涉，却不属于它的一部分。当然，在他们的家人居住的城镇里，他们也可能拥有某种属于自己的根——酒吧、跳舞、风流韵事，甚至凶杀谋害。

我非常喜欢这些卡车司机，就像我总是喜欢有专长的人一样。通过跟他们的交谈，我积累了关于道路、轮胎和弹簧、超载等等的词汇。卡车司机们长途行驶，沿途都有休息站。在那里，他们会有认识的修理工和柜台后面的女服务员们。在那里，他们偶尔也会遇到其他卡车上跟他们运输同样货物的同行。让人能够聚到一起的最好的东西就是一杯咖啡。我发现，我经常停下来喝杯咖啡，并不仅仅是因为我想喝咖啡，而是为了休息一下，从一眼望不到头的高速公路上换个环境。尽管气动刹车和电动助力方向盘可以使驾驶车辆这项工作变得比以前容易，但是长途驾驶卡车依然需要体

1　公园高速路（parkway），为美国绿化程度非常高的高速道路，行驶在这种路上，犹如置身于公园之中。一般来说，这类道路没有或者很少有红绿灯和铁路公路交汇的平交道，有些还禁止卡车行驶。美国著名的公园高速路有乔治·华盛顿纪念公园高速路（George Washington Memorial Parkway）、巴尔的摩-华盛顿公园高速路（Baltimore-Washington Parkway）等。

力、控制力和注意力。用现代测试方法很容易就能够搞定，一辆卡车行驶六个小时，脚要消耗多少能量，这么计算一下，也会是一件很有意思的事。有一次，我和埃德·里克茨[1]一起收集海洋动物，需要把一个地方的石头翻一遍。我们试着估算了一下，我们平均每天翻过来的石头能有多少重量。翻过来的石头都不算大，从两三斤到四五十斤不等。我们估计，尽管我们翻一整天的石头，几乎感觉不到能量的消耗，但是我们每个人实际上都搬动了四到十吨重的石头。那么想想看，方向盘的轮转幅度并不大，并不足以引人注意，也许每一次转动只消耗一斤，脚踩在加速器上所用的不同压力，也许不超过半斤，但是，在六个小时的时间里，将这些用力加在一起，就是一个巨大的总量。除此之外，还有肩部和颈部的肌肉因紧急情况而重复不断的运动，还不算数不清的无意识动作，眼睛从注视前方道路到时不时地瞬间飞视后视镜的动力，还有数千个各种各样的决定，所有这些都如此深奥，人们甚至根本不会意识到，神经和肌肉的能量输出是巨大的。因此，将诸多方面的因素综合起来，停下来喝杯咖啡是一种真正的休息。

我常常跟这些卡车司机们坐在一起，听他们聊天，还时不时地提些问题。很快，我就听出来了，不要指望从他们那儿了解他们所经过的地方。除了把卡车停到休息站，他们与这些经过的地方没有任何接触。我深刻地

---

1 埃德·里克茨（Ed Ricketts），美国海洋生物学家、生态学家和哲学家，以潮间带生态学的开创性研究闻名。他是斯坦贝克的好友，1940 年，斯坦贝克与里克茨一道，从加利福尼亚蒙特雷湾（Monterey Bay）驶入柯特兹海（Sea of Cortez），进行为期六周的海洋探险，采集海洋无脊椎动物标本，记录沿途遇到的各种情况，他们同时讨论哲学、生物学问题，探讨人类的灵性以及在自然界中的位置等。根据这次探险，他们写下了《柯特兹海》（*Sea of Cortez: A Leisurely Journal of Travel and Research*, 1941）。1951 年，斯坦贝克出版了《柯特兹海航行日志》（*The Log from the Sea of Cortez*）。

意识到，他们跟水手多么相似啊。我还记得，第一次出海的时候，我惊讶地发现，那些海员们在世界各地航行，在陌生的、充满异国情调的港口靠岸，而实际上他们与这个世界几乎没有什么关联。有些跑长途运输的卡车司机们，都是两个人开一辆卡车，一路上，他们轮流驾驶。换下来的司机要么睡觉，要么读读小说。但是在路上，他们的兴趣是发动机，天气，以及保持速度，以便在预先说好的时间内跑完这一趟。他们中的一些人定期来回跑运输，而另一些人则是在做着单程运输生意。这是一套完整的生活模式，那些在大卡车沿途定居的人们对于卡车司机们的这种生活模式知之甚少。我对这些卡车司机们的了解程度，恰恰激起了我的兴趣，想要对他们有更多的了解。

如果一个人像我这样已经开了很多年的车，那么几乎所有的反应都应该是下意识动作了。司机根本不需要刻意考虑应该怎么做。几乎所有的驾驶技术都融入在了犹如无意识的机器运转之中。这样一来，意识中的很大一部分就可以节省下来，用于自由思考。人们在开车的时候会想些什么？也许，在短途行驶中，人们想的是如何到达目的地，或是在回忆出发地的一些事情。然而，尤其在长途旅行过程中，人们还有一大片空白可以用来做白日梦，甚或——感谢上帝——用来思考。没有人能够知道，其他人在那片空白区域里都做了什么。我为自己计划了我永远也不会建造的房子，规划了一座我永远也不会种植的花园；我还构想了一种方法，从找任的地方的海湾底部泵出柔软的淤泥和腐蚀了的贝壳，把它们注入到我在萨格港的那块地里，将盐分分离出来，从而使这里变成肥沃多产的土壤。我不知道我是否会这样做，但是，在漫长的行驶过程中，我已经把计划想得非常周密细致了，甚至都想到了使用哪种泵、哪种滤盐箱、哪种确定盐度消失的测试。在开车的时候，我在脑海里发明了捕龟陷阱，写下了冗长的、详尽的信，这些我从未写在纸面上，更不用说寄出去了。当收音机是开着的时候，音乐总会激起我对时间和地点的联想记忆，人物和环境场景丰满并完善了记忆，使之如此精确，以至于对话中的每一个字词都清晰地重现出来。不仅如此，我还规划了未来的一些愿景，这些愿景同样至善至美，令我深信不疑——显然，这些都不过是永远不会真实存在的海市蜃楼。我还在脑海里构思了一些短篇小说，甚至会对自己有如此高超的幽默能力而咯咯地笑出声来，对于构思的情节或内容时而悲不自胜，时而欣喜若狂。

寂寞的男人把他的朋友们安插到他在行驶期间所做的白日梦之中，没有爱情的男人想象着美丽可爱而又对他爱意满满的女人陪伴在自己的周围，没有子女的司机让孩子们在他的梦境中恣意攀爬。当然啦，这仅仅是我的猜测。那么，遗憾的方面又是什么呢？要是我真的做了这样那样的事，或者并没有说出如此那般的话——天哪，那该死的事情就不会发生了。我在自己的头脑中发现了这种潜力，因此我顺藤摸瓜，揣测别人也不过如此，只是我永远也无法证实，因为从来没有人把这种事情说出来过。这就是为什么，在我这次为了探寻美国而设计的旅行中，我尽可能多地选择了非主要的公路。行驶在这样的路上，有很多可看的、可听的、可感知的；不仅如此，我还可以避免那些宽阔的、直通的高速公路促使我滋生白日梦。此时，我行驶在这条宽阔的、乏味的美国九十号高速公路上，从布法罗（Buffalo）和伊利市边上经过，到达俄亥俄州的麦迪逊（Madison）。随后，我又找到了同样宽阔而又快速的美国二十号高速公路，经过克利夫兰和托莱多，还经过了其他一些城市，进入了密歇根州。

在这些制造业中心城市郊外的道路上，有许多移动房屋，由专门设计的卡车牵引着。考虑到这些移动房屋属于我此次旅行要探讨研究的内容之一，我不妨现在就对这方面的情况做些了解。其实，在我开始旅行之后不久，我就已经注意到了太阳底下的这些新事物，也注意到了它们庞大的数量。既然它们在全国范围内的数量越来越多，对它们进行观察，也许还要进行一些预测，这是势在必行的。它们不是那种由自己的私家车来牵引的挂车，而是像铂尔曼卧车[1]那么长的华丽汽车。从一开始，我就注意到了它们被出售和交易的地方。但是后来，我逐渐觉察到，它们其实是被长时间地停放在那些驻车公园里，停放的时间之长，到了让人感到很不舒服的程度。在缅因州，我逐渐喜欢上了在这些驻车公园里过夜，与经营者们以及住在这种新型移动房屋里的居民们交谈。他们能够聚集在一起，是因为他们有着相同的嗜好，物以类聚，人以群分。

这些移动房屋都建造得非常漂亮，铝合金的外壳，双层墙，有隔音隔热效果，内部通常镶有硬木贴面饰板。有些移动房屋的车身长达12米，设有两个到五个房间不等，空调、盥洗室、浴室以及不可或缺的电视机等的各种配置一应俱全。有的时候，停放移动房屋的驻车公园还对环境做了绿化设计，并配备了各种设施。我跟驻车公园里的人聊了聊，他们都对自己的工作很有热情。一个移动房屋被拖到驻车公园，被安置在坡道上，下面用螺栓将一根沉重的橡胶下水管固定住，接通水电，竖起电视天线，一家人就可以住进移动房屋里了。几位驻车公园管理人员都同意这种说法，即

1 铂尔曼卧车，即铂尔曼皇宫汽车公司（Pullman Palace Car Company）生产的舒适豪华汽车以及卧铺车厢、餐车、客厅车厢等，公司创始人为乔治·M.铂尔曼（George Mortimer Pullman）。1865年林肯总统遇刺后，就是用一辆铂尔曼卧车将其遗体从华盛顿特区运到伊利诺伊州斯普林菲尔德安葬的。1894年，铂尔曼皇宫汽车公司在芝加哥发生工人大罢工，对公司产生了摧毁性的影响。1987年，高端品牌的铂尔曼国际酒店成立，属于世界级高档酒店。

在上一年，全国每四座新建住房就有一个是移动房屋。驻车公园管理方收取少量的租地费，外加水电费。几乎所有的移动房屋都有电话，只需把电话线插入插孔就可以通话。有时，驻车公园里有一家杂货店，供应日常用品，不过，即使驻车公园里没有杂货店，移动房屋的居民们也能够在乡村星罗棋布的超级市场里买到自己所需的商品。城镇停车难的问题导致这些超级市场迁移到了开阔的乡间，在这里，它们不必缴纳城镇税。驻车公园选择建在乡间也是出于这种考虑。事实上，这些可以移动的房屋并不意味着它们真的就会常常移动。有时候，它们的主人会在一个地方住上几年，侍弄园圃，用煤渣砖砌成小墙，盖上遮阳篷，摆放庭院家具。在我看来，这是一种全新的生活方式。这些移动房屋的售价从来都不便宜，其设施也并不简陋；其实可以说，它们往往售价昂贵、装备奢华。我见识过某栋售价在两万美元的移动房屋，里面配置了所有我们日常生活所需的各种家电——洗碗机、全自动洗衣机和烘干机、冰箱和冷冻机，应有尽有。

房主们很愿意向我展示他们的房子，他们感到很高兴，也觉得很自豪。房间虽然都不大，但结构合理。每一样能够想到的设施都是内置的。宽大的窗户，有些甚至可以被称为景观窗，完全没有了被封闭在里面的感觉。卧室和床都很宽敞，居然还有储藏空间，真是令人难以置信。在我看来，移动房屋似乎是一场生活方式上的革命，而且发展迅速。为什么一个家庭会选择住在这样的房子里呢？显然，它很舒适，很精致，容易保持清洁，易于保暖。

在缅因州，我听到过这样的说法："我厌倦了住在大房子里，像个既漏风又寒冷的大谷仓；厌倦了为了这事和那事缴纳各种小额税款和支付各种费用，太折磨人了。这里温暖舒适。就是到了夏天，还有空调让我们保持凉爽。"

"移动房屋的屋主通常是什么样的收入档次？"

"这要根据不同的情况，但是，有相当数量的屋主是在一万到两万美元这个档次的。"

"不稳定的工作与这些移动房屋的迅速增加有什么关系吗？"

"或许吧，或许会有一些关系。谁知道明天会发生什么事？机械师、设备工程师、建筑师、会计师，甚至这里或那里，还有医生或牙医住在移动房屋里。如果一家工厂或一家制造厂倒闭了，住在移动房屋里的你就不会陷入无法出售资产的困境之中。假设丈夫有一份工作，正在为买房还贷，后来什么时候，他被解雇了，所有的价值随着他的房子消失了。但是，如果他拥有的是一座移动房屋，他只需租用一个卡车服务，换个地方就可以了，他不会有任何损失。当然，他或许永远都不会碰到这种情况，但是，他这么做了，就等于有了选择余地，这一事实对他来说就是一种安慰。"

"如何购买移动房屋？"

"分期付款，就像购买一辆汽车。跟付房租一样。"

随后，我发现了移动房屋最吸引人的卖点——一种几乎渗透到整个美国人生活之中的特性。这些移动房屋每年都有改进。如果你的经济状况还不错，你就用你现有的移动房屋换一个新型的，就好像，要是你能负担得起的话，你会换一辆新车。这是一种身份地位的象征。并且，移动房屋的周转价值比汽车的要高，因为二手移动房屋有稳定的市场。几年之后，曾经昂贵的移动房屋可能会住着经济实力相对要差一些的家庭。移动房屋很容易维护，不需要油漆，因为它们通常是用铝合金材料建成的，并且不受土地价值波动的影响。

"孩子上学怎么办？"

校车直接开到驻车公园来接孩子，放学后再把他们送回来。房主开着自家的轿车去上班，晚上带上一家人去汽车影院看电影。在乡村清新的空气环境中，一家人过着有益于健康的生活。即使需要支付的金额很高而且还附带利息，也不会比租一套公寓、跟房主为了取暖发生争执更糟糕。再说，你在哪里能够租到这么舒适的底层公寓，门口还有地方停放你的私家车？别的地方能让孩子养狗吗？查理发现，几乎住在每个移动房屋的家庭都养着一条狗，这让他很开心。有两次，我被邀请到移动房屋的家里一起吃晚饭。还有几次，我跟他们一起，坐在电视机前观看足球比赛。一位管理人员告诉我，他做这种生意的首要考虑之一就是找到并购买一处电视接收效果好的地方。而对于我来说，由于我不需要任何设施——下水道、水或者电，所以我停下来过夜的价格是一美元。

移动房屋给我的第一个印象是，这些住在移动房屋里的人既不可能实现永久性，也从来没有指望永久性。他们购买移动房屋不是为了留给后代，但是，只要等到新型移动房屋问世，其售价并没有超出他们的购买能力，他们就会换购。移动房屋群体绝不仅限于驻车公园社区。在一座农场的旁边，你会找到几百个移动房屋，我听到的解释是这样的。曾经有很长一段时间，儿子结婚的时候，考虑到农场里又添了一个媳妇以及随后会添加的孩子们，家里人习惯于在宅基地上加盖一栋厢房，或者至少加盖一个耳房。而现在，在多数情况下，移动房屋取代了附加的建筑。我从一位农民那里买了鸡蛋和自制熏肉。他给我讲了这种移动房屋带给他们的好处。每一个家庭都有了属于自己的私人生活空间，而这一点是以前从来都无法奢望的。婴儿的哭闹声不会再打扰到老人们。婆媳之间的矛盾也得到了缓解，因为，新来的儿媳妇有了一个以前不会有的私人空间，以及属于她自己的环境，她可以在那里组建一个自己想要的家庭模式。当他们迁移的时候——要知道，几乎所有的美国人都在迁移，或者都想要移动一下——他们也不会留下空置无用的房间。几代人之间的关系大大改善了。儿子到父母家做客，父母也到儿子家做客。

还有一些移动房屋的住户们喜欢独来独往，我也跟这些房主们交流过。沿着道路行驶，你会看到在一座很高的山丘上，有一个孤零零的移动房屋。那里的视野很好，可以俯瞰美丽的景色。另有一些喜欢独来独往的人会在河边或者湖边的树下"筑巢"。这些移动房屋的住户们从土地所有者那里租一小块地，他们只需要租下一块能够安置下移动房屋的地方并获得通行许可权就足够了。有的时候，这些独来独往的人会挖一口井和一个污水池，侍弄一个园圃。但是，也有一些人用一个五十加仑容量的空油桶为他们自己运水。其中一些人的独创性是显而易见的、非凡的。他们将供水源架在高于移动房屋的位置，然后接上塑料管，让地心引力确保水流的畅通。

有一次，我被邀请到一个移动房屋里，与住在这里的一家人共享晚餐。他们在一个设备齐全、干净整洁的厨房里做饭，厨房的墙壁是塑料壁砖的，厨房里配有不锈钢水槽、烤箱和炉灶，这些都固定在墙壁上。燃料是到处都可以买得到的丁烷或其他瓶装瓦斯。我们在一处凹进去的、镶有桃花心木贴面的小餐厅里吃饭。这一路上，我还从来没有吃过比这一顿更可口的或者说更令人舒心愉快的晚餐。我带来了一瓶威士忌，作为我的礼物。我们坐在椅子里，这些椅子的椅面是舒适的泡沫橡胶垫。这家人喜欢他们的生活方式，不打算再回到过去的生活模式中。男主人在大约6公里外的地方当汽车修理工，薪水还不错。两个孩子每天早上步行到高速公路边上，由一辆黄色校车接他们去上学。

晚餐过后，我呷上一杯海波酒，听着厨房里自动洗碗机的水流声。这时，我提出了一个一直让我困惑不解的问题。他们这一家人都非常善良、体贴，而且可以感觉到他们的思维都很敏捷。我说："我们最珍视的情感之一是关于根，扎根于某片土壤或者在某个社区中成长。"在没有根的环境下把孩子们拉扯大，他们的感觉如何？是好呢，还是坏呢？他们会不会怀恋有根的环境呢？

这个家庭的父亲是一位皮肤白皙、眼睛又黑又亮的英俊男人。他回答了我的问题。"现如今，还有多少人拥有你所说的那个东西？住在一幢公寓楼的十二层里，还有什么根可谈？成百上千个小公寓间，几乎个个都是一模一样的，这样的住宅开发又有什么根而言？我的父亲来自意大利。"他说，"他在托斯卡纳区的一栋房子里长大，他的家人在那里生活了大概一千年。那就是你说的根。他们住的那栋房子没有自来水，没有马桶。他们用木炭或修剪下来的葡萄藤做饭。一家人只有两个房间，一间厨房和一间卧室。全家老小都睡在那间卧室里，爷爷，爸爸，还有所有的孩子。没有读书的地方，没有单独待一会儿的地方，而且，从来就没有过。那样的生活就更好吗？我敢打赌，如果你给我老爸一次选择的机会，他一定会砍断自己的根，选择过上像我们这样的生活。"说这话的时候，他对着舒适的房间挥了挥手。"事实也是这样，他砍断了自己的根，来到了美国。打那以后，他住在纽约的一幢廉租公寓里，只有一个房间。大家上下楼都要走楼梯。楼里只有冷水，没有暖气。我就是在那儿出生的，小时候就生活在那个街区，直到我老爸在纽约州北部的葡萄种植园里找到了一份工作。你瞧，他对葡萄藤很在行，那是他懂得最多的知识。好吧，再说说我的妻子。她是爱尔兰人的后裔。她的家人也有自己的根。"

"在泥炭沼泽地区，"他的妻子说，"靠着种马铃薯过日子。"她透过开着的门，深情地凝视着她那间精致的厨房。

"难道你们不怀念某种稳定的生活吗？"

"谁会有稳定的生活呢？工厂倒闭了，你就得想法子继续过下去。大好的时光和各式各样的好东西纷至沓来，你只管从中挑选。你为了保住你的根，就只能停在一个地儿，等着挨饿。你看看历史书上讲的那些开拓者们。他们都是行动者。他们圈住一块地，卖掉它；接着走起来，再重复着之前做过的事。我在一本书中读到，林肯的家人是如何乘木筏来到伊利诺伊州的。他们把几桶威士忌作为发家的资本。在美国，如果孩子们能够走出去，有多少孩子会选择留在他们出生的地方？"

"你对这方面的思考很深刻。"

"其实，根本不需要挖空心思去琢磨。事情原本就是这个样子。我有挣钱的手艺。只要有汽车，我就可以找到工作，除非我工作的地方破产了。那我就必须搬到能够找到工作的地方去。我找的工作都是三分钟就能从家里到达的地方。你想让我开出30公里的路去挣钱，就是因为要保住我的根吗？"

稍后，他们给我看了专门为移动房屋居住者设计的杂志，这些杂志包括故事和诗歌，以及成功的移动房屋生活指南，如何阻止漏水漏电等问题，如何选择一个阳光充足的或者凉爽的地方，还有一些小的配件器具、有趣的东西、烹饪、清洁、洗衣、家具、床具和婴儿床等的广告。此外，杂志还展示新型移动房屋的整版图片，一幅比一幅更豪华、更耀眼。

"有好几千种新款式，"男主人说，"还会有几百万种。"

"乔有他自己的梦想。"妻子说,"他总是在琢磨着各种办法。乔,把你的想法告诉他。"

"也许他不感兴趣。"

"我当然感兴趣。"

"好吧,但是,这可不像她说的,只是个梦想。我的想法是可以做到的,并且,我打算很快就行动起来。我这么做需要一点资金,但会赚回来的。我经常到二手车市场上转转,一直在寻找一辆价格上我能够接受的、又是我想要的那类移动房屋。我要把里面的设施都拆掉,重新组装一下,弄成一个修理铺。工具我几乎已经准备齐全了,还会储备一些小器具,比如说,玻璃雨刷、风扇皮带、气缸环和内胎,诸如此类的东西。你就说这些个驻车场吧,它们变得越来越大了。一些移动房屋的住户有两辆私家车。我要在我们的房子边上租上一块地,有30米大小,这样,我就可以做生意了。说到汽车,有一点是谁都知道的,它们差不多总会有各种各样的毛病,需要修理的。并且,我要把自己的房子,就现在住的这个,安置在我的修理铺旁边。这样的话,我只要弄个门铃,就能提供24小时服务。"

"这个想法听起来不错。"我说。事实上也的确如此。

"我这么做,最棒的是,"乔接着说,"如果生意做不下去了,那么好吧,我只需要搬到生意好做的地方就可以了。"

他的妻子说:"乔把所有这些都在纸上画出来了,什么东西该放在什么位置,图纸上都写得清清楚楚;每一把扳手和钻头,甚至电焊器的位置都安排好了。乔是个很棒的焊工。"

我说:"乔,我收回我刚刚说过的话。看得出来,你在修理行业已经扎下了你的根。"

"这么做可能是要冒风险的。我甚至都想好了解决办法。你知道，等孩子们长大后，我们甚至可以在冬天去南方工作，夏天到北方工作。"

"乔干得不错。"他妻子说，"他在工作的地方有自己的固定客户。有些人跑80公里的路，就是为了让乔来修理他们的车子，因为他的技术好。"

"我的确是个很棒的机修工。"乔说。

当我们行驶在托莱多附近的一条宽阔的高速公路上的时候，我跟查理谈起了"根"这个话题。他听得很认真，只是并没有回应我。在思考"根"的模式中，我和大多数人都忽略了需要考虑的两件事。难道美国人是一个不安分的民族，一个流动的民族，只要有选择，他们永远都不会安于自己的现状？那些早期拓荒者们——遍布在这块大陆上的移民——曾经属于欧洲不安分的人群。而那些踏实地扎下根的人依然留在了欧洲，留在了自己的家园，至今生活在那里。但是我们每一个人，除了被胁迫到这里做奴隶的黑人，都是那些不安分的、不满足于留在家园的、任性不羁的早期拓荒者的后裔。要是我们没有从先人那里遗传了这种性格，这不是很不寻常吗？而事实证明，我们都遗传了这种性格。然而，对于"根"做这种分析，只是局限在一个就事论事的、目光短浅的程度。什么是"根"？我们人类拥有"根"的历史有多久？如果我们这个物种已经存在了几百万年的话，那么，这个物种的历史是什么？我们远古的祖先追踪着猎物的足迹，跟随着食物供应链而迁移。不仅如此，他们还必须逃离恶劣的天气、冰期，以及季节的变化。之后又过了难以想象的几千年，他们驯养了一些动物，这样，他们就能够依赖着这些食物存活下来了。他们靠着草地来喂饱他们的牲畜，于是，出于生计需求所迫，他们寻找草地，无休止地向着有草地的地方迁徙。只有当人类开始了农业实践的时候——而从整个人类历史来看，农业实践的开始并不是很久以前的事——一个定居的地方才获得了意义、价值和永恒。但是，土地是有形的，而有形资产往往会落入少数人之手。正因为如此，一个人想要拥有土地所有权，同时也就需要劳役，因为必须有人在土地上为其劳作。"根"在于土地的所有权，在于有形资产和不动资产。从这个观点来看，我们是一个不安分的物种，有着很短的"根"的历史，而那些"根"并没有广泛地扩散开来。也许，我们把"根"视作了一种精神需求，过高地估计了它的价值。或许，人们渴望"根"的冲动越强烈，去别的什么地方的需求、愿望和渴求就越深刻、越古老。

我对上述各种假定所做的论断，查理没有给予任何响应。要知道，他此时也是一副狼狈不堪的样子。我曾经许诺过，适时为查理梳理和修剪毛，让他保持整洁和漂亮，但是，我没有做到。他身上的毛都结成了一团团的球，脏兮兮的。贵宾犬跟绵羊一样，不容易掉毛。到了晚上，我本该做我已经计划好了的这一善心大发的事，给查理疏剪打扮一番，然而，每当这个时候，我总是忙于别的什么事情了。另外，我还发现，他有严重的过敏反应，而这一点我以前并不知道。有一天晚上，我把车停在一个卡车司机停车场。那里停了几辆大型运牛卡车，司机们正忙着清理卡车上的牛粪。停车场周围是堆积如山的牛粪堆，吸引着迷雾般成群结队的苍蝇。尽管驾驶难得已经安装了窗纱，屏蔽蚊蝇，但是数以百万计的苍蝇还是在我打开车门的一瞬间一拥而入，即刻在车子里寻找它们认为最适意的角落躲藏起来，根本没办法把它们轰出去。我拿出防虫弹，这是我在旅途中第一次使用这东西，往驾驶室的所有地方都喷了防虫喷雾。查理突然开始打喷嚏，打得很凶，持续了很长时间。最后，我只好把他抱在怀里，带到车外。第二天早上，驾驶室里到处都是昏昏欲睡的苍蝇。

我只得再次喷洒防虫弹，查理又一次发作了，不停地打喷嚏。打那以后，每当有不速之客入侵，我都得先把查理关在车外，然后，等蚊蝇们都中毒身亡了，我再给车房和驾驶室通风。我还从来没有见过这么严重的过敏反应。

我已经很久没有到过中西部地区了，所以，当我开车经过俄亥俄州、密歇根州和伊利诺伊州的时候，许多从前的印象一股脑地涌入了我的脑海。这里给我的第一印象是，人口在迅速增长。村庄变成了城镇，城镇发展成了城市。道路上的各种车辆川流不息，城市里的各色人群熙熙攘攘，我所有的注意力都集中在不要撞到任何人或者被人撞上。接下来的一个印象是如触电般令人振奋的能量，这是一种力量，几乎是一种能量的流动，如此强大，其冲击力令人震惊不已。无论什么方向，无论是好是坏，生机活力无处不在。我从来都不觉得，我在新英格兰见过的人和交谈过的人不友善、不礼貌；只是，他们惜言如金，通常都是要等着初来乍到的人先开口。在我差不多就要穿越俄亥俄州界处的一个地方，我有个印象，那里的人似乎要开放一些，也相对外向一些。路边摊位上的女服务员在我还没来得及跟她打招呼的时候就跟我说了声早安，还跟我讨论早餐吃什么，感觉她好像是发自内心地喜欢这么做。她还很有热情地跟我谈论天气。谈话中，她甚至不需要我询问，就会告诉我一些她自己的事情。陌生人之间一点顾忌都没有，随意敞开心去交谈。我已经都快忘记了，这里的乡间是个多么富饶、多么美丽的地方——深厚肥沃的表土，茂盛的大树，密歇根湖畔的乡间，漂亮得就像一位天生丽质的女人，衣着华丽，佩金戴银。这让我觉得，在这一片中部地带，地球是慷慨大方的，展示出了它的乐善好施；也许，居住在这一片土地上的人们从中得到了启示。

我此行的意图之一就是倾听，听沿途的人们都说些什么，听他们的地方口音，听他们讲话时的节奏，观察他们的言外之意以及了解他们所关注的重点。我知道，言语表达远不止字词和句子。正因为如此，我走到哪儿都注意倾听。在我看来，地方性的言语表达方式似乎处于消失的过程；虽然还没有完全消失，但却正在消失。四十年的收音机历史加上二十年的电视机历史，必然会产生这种后遗症。大一统的通信工具必定通过一个缓慢的、不可避免的过程来削弱地方性。我还能记得，有段时间，只凭听一个人说话，我就差不多能够判定他的出生地。现在，这种辨识变得越来越困难了，而在可预见的未来，这将变得不可能了。一栋房子或者一座建筑物，如果没有在空中安装尖刺的长波转播器，那么一定会让人觉得很罕见。收音机和电视里的语言变成了标准化语言，也许比我们迄今为止所使用过的英语都更标准。正如我们的面包，搅拌和烘烤、包装和销售，没有什么偶发的情况，也没有什么人为的疏忽可言，所有的面包一概优质，一概食之乏味。终有一天，我们的言语表达也将会变成一种单一乏味的表达方式。

　　我喜爱文字以及由文字表达所展现出来的无限可能性。正因为如此，对于语言的这种不可避免的结局，我深感悲哀。显然，随着地方口音的消失，地方性的节奏也将会随之消失。习惯用语这种使语言丰富多彩、充满地方性和时间性诗境的修辞手法也必将随之而去。取而代之的将是一种全民一统的言语表达方式，包装精美、表述标准，但却不可避免地枯燥乏味。尽管地方性特色尚未完全消失，却正在渐次弱化的消失过程之中。自从我上次聆听了生活在这片土地上的人民的声音之后，许多年过去了，这里的变化非常大。我沿着北线一路向西行驶，在抵达蒙大拿州之前，我没有听到过地道的地方话。这也就是我再次爱上蒙大拿州的原因之一。西海岸地区都在说着经过广播电视包装过的英语。西南部地区还保留着一些地方性，但却把握得并不牢固。当然，南部腹地区域竭尽全力保持着自己的区域性语言表达方式，亦如他们保留和珍视其他一些被视作不合时宜的东西一样。然而，对于高速公路、高压电线以及国家电视，没有哪一个地区能够抵御很久。也许，我所哀伤的事情不值得挽救，但是不管怎么说，我仍然为其失去而感到遗憾。

我抗议我们的食物、我们的歌曲、我们的语言都成了由流水线统一生产出来的产品，还有我们的灵魂最终也难逃这一结果；即便如此，同时我也明白，在过去的日子里，一个家庭难得烘烤出优质的面包。母亲烧的菜鲜有例外都是缺少营养的；未经高温杀菌的原生态牛奶只有苍蝇碰过并留下沾满细菌的粪便小点点。被认为是健康的昔日生活常常会造成令人迷惑费解的疼痛、不明原因的猝死，而我所哀伤的那种甜美的乡音则是出自没有受过教育和无知的孩童之口。随着一个人逐渐变老——这在时间的长河中不过是一座小桥——他抗拒改变，尤其抗拒朝向更好方向的改变，这是人的天性。而从相反的角度来说，我们在用肥胖取代饥饿，这也是不争的事实。要知道，无论是饥饿还是肥胖，都会置我们于死地。改变的阵势已经铺展开来。我们，或者至少是我，不可能对一百年或者五十年之后的人类生活和人类思想有任何概念。也许，我最大的智慧就在于，我知晓总有自己不知道的知识。可悲的是那些浪费精力试图阻止改变的人，因为，他们只能在失去中感受痛苦，却体会不到获得带来的喜悦。

当我驱车经过或者靠近这些繁忙的制造业大本营——扬斯敦（Youngstown）、克利夫兰、阿克伦（Akron）、托莱多、庞蒂亚克（Pontiac）、弗林特（Flint），以及后来的南本德（South Bend）和加里（Gary）[1]——我的眼睛和大脑都被制造工业具有的令人难以置信的巨大规模和能量所震慑，这是一种看似杂乱无章但却并非如此的复杂景象。这就好比我们俯视蚁丘，在那些来去匆匆的蚁民中，似乎看不出任何条理、方向或者目的。不可思议的是，我竟然还能再次来到一条宁静的乡间小路上，小路两边绿树成荫，还有用篱笆围起来的田园和牛栏。我把驽骓难得停在湖边，湖水清澈透明。我抬起头望着天空，在我的头顶上，野鸭和野雁呈箭状排开，向南方飞翔。查理在湖边走动，用他那敏锐而富于探索的鼻子，从灌木丛和树干上审阅属于他自己的独特文献，并把他自己的信息留在那里。也许，在无穷尽的时间里，他留在那里的东西会变得跟我在容易腐烂掉的纸张上写下的这些笔迹一样重要。这里一片宁静，风吹拂着树枝，弄皱了明镜般的湖面。我用一次性铝制平底锅做了一顿谈不上是正式晚餐的晚餐，煮了一杯浓咖啡，

---

1 扬斯敦位于俄亥俄州，为重工业城市，1802 年开始发展炼铁业，之后发展了大规模的钢铁工业，现为美国四大钢铁城市之一。克利夫兰位于俄亥俄州，为传统的重工业基地，主要为钢铁工业以及依托钢铁工业建立的包括汽车制造在内的机器制造业以及炼油工业，1870 年，著名的洛克菲勒标准石油公司就是在此成立的。阿克伦位于俄亥俄州，1898 年，著名的固特异轮胎与橡胶公司在此创立；1969 年人类第一次登陆月球乘坐的太空车装配的就是固特异轮胎。托莱多位于俄亥俄州，成立于 1818 年的新英格兰玻璃公司于 1888 年迁址至托莱多，并于 1892 年命名为利比玻璃公司，后发展成为世界第二大玻璃器皿生产制造商，因此，托莱多也被誉为美国的玻璃制造中心。庞蒂亚克位于伊利诺伊州，1893 年，庞蒂亚克轻便马车公司成立于此，1907 年生产出第一辆"庞蒂亚克"品牌的汽车，后为美国通用汽车公司旗下奢侈品牌之一，直至 2010 年宣布倒闭。弗林特位于密歇根州，是美国通用汽车公司的诞生地，1936 年，在美国汽车工人联合会（United Auto Workers, U. A. W.）的领导下，爆发了"弗林特静坐大罢工"（Flint Sit-Down Strike），由此成为美国最早发生大规模罢工的地方。南本德位于印第安纳州，1868 年创立了斯图德贝克兄弟制造公司，成为直至二十世纪六十年代美国最著名的汽车制造业中心之一。加里位于印第安纳州，1906 年创立了美国钢铁公司，曾经是美国钢铁制造业蓬勃发展的中心，被誉为"世纪之城"。

浓稠得好像都能浮住一颗钉子。然后，我坐在自家车房的后门阶梯上。此时，我终于可以开始思考一路上看到的东西，并试着整理出一种思维模式，以便妥善处理我堆积在大脑中的那些拥挤不堪的所见所闻。

一路上的所见所闻拥挤在我的大脑中，好吧，让我来告诉你，那是一种什么样的感觉。比方说，你去参观佛罗伦萨的乌菲兹美术馆[1]、巴黎的卢浮宫[2]，世界顶级艺术品——曾经的伟大力量——数量众多，搞得你透不过气来。出于无奈，你不得不带着一种便秘的扪堵感觉，痛苦地离开。之后，当你独自一人对那些艺术品慢慢回味的时候，这些画作便会自行梳理分

1　乌菲兹美术馆（Uffizi Gallery），位于意大利佛罗伦萨，始建于 1581 年，1769 年开始向公众开放，是世界著名绘画艺术博物馆，以收藏欧洲文艺复兴时期各画派代表人物的作品驰名，如菲利波·利比（Fra Filippo Lippi）《圣母子》（*Madonna and Child*, 1460）、马尔蒂尼（Simone Martini）《天使报喜》（*Annunciation*, 1333）、波提切利（Sandro Botticelli）《维纳斯的诞生》（*De Geboorte van Venus*, 1477）和《春》（*La Primavera*, 1481—1482）、达·芬奇《博士来拜》（*The Adoration of the Magi*, 1480—1481）、拉斐尔《金丝雀的圣母》（*Madonna of the Goldfinch*, 1505—1506）、米开朗琪罗《圣家族》（*Sancta Familia*, 1530）、提香（Tiziano Vecellio）《花神》（*Flora*, 1515—1517）和《乌尔比诺的维纳斯》（*Venus of Urbino*, 1538）等。

2　卢浮宫，位于法国巴黎，是世界上最大的博物馆，始建于 1204 年，最初为法国王宫，曾有五十位国王和王后在这里居住过。卢浮宫广场前有金字塔形玻璃入口，为华裔建筑师贝聿铭设计。卢浮宫收藏了四十多万件来自世界各国的艺术珍品，分为六大展馆：东方艺术馆、古希腊及古罗马艺术馆、古埃及艺术馆、珍宝馆、绘画馆、雕塑馆。镇馆之宝主要有牛身人面雕像、《汉谟拉比法典》、狮身人面像、萨姆特拉斯的胜利女神、维纳斯、基督受难头像等，其绘画馆几乎涵盖了世界著名画家的作品，如埃克（Jan van Eyck）《宰相洛兰的圣母》（*La Vierge du chancelier Rolin*, 1435）、达·芬奇《蒙娜丽莎》（*Mona Lisa*, 1503—1506）、拉斐尔《美丽的园丁》（*La Belle Jardiniere*, 1507—1508）、维梅尔（Johannes Vermeer）《织花边的少女》（*La Dentellière*, 1670）、华托（Jean-Antoine Watteau）《皮埃罗》（*Pierrot*, 1718—1719）、德拉图尔（Maurice-Quentin Delatour）《蓬帕杜耳侯爵夫人全身像》（*Portrait pied de la Marquise de Pompadour*, 1748）、德拉克洛瓦（Eugène Delacroix）《自由女神引导人们》（*La Libert guidanté le peuple*, 1830）等。

类。有些会因为你的审美品位或你的局限性而被淘汰，而另一些则会清晰地再现出来。到这个时候，你就可以返回展厅，专心致志地欣赏那类在你的大脑中清晰再现出来的艺术品，它们才是你真正想要欣赏的，而其他众多的作品则不再会影响到你。在排除了困惑之后，我可以走进马德里的普拉多国家博物馆[1]。在我经过那些竭尽全力想要引起我注意的上千幅画作时，我可以做到视而不见。我可以自顾不暇地向前走，去拜访我最喜欢的一幅画——《圣保罗与一本书》，那是一幅不算大的格列柯的油画。[2] 圣保罗刚要合上他的书，他的手指点在自己最后读到的那一页。他的脸上显露出惊诧

---

1 普拉多国家博物馆（Prado National Museum），位于西班牙马德里，1819 年开馆，最初是皇家艺术珍品博物馆，后来收归国有。该馆被誉为世界上最伟大的博物馆之一，收藏了许多世界著名绘画作品，同时该馆还是收藏西班牙绘画和雕塑作品最全面、最权威的博物馆。主要馆藏作品有委拉斯开兹（Diego Rodrinuez de Silva y Velazquez）《宫娥》（*Las Meninas*, 1656—1657）、弗朗西斯科·戈雅（Francisco José de Goya y Lucientes）《裸体的玛哈》（*Nude Maja*, 1797—1800）、博斯（Hieronymus Bosch）《人间乐园》（*The Garden of Earthly Delights Triptych*, 1515）、格列柯（El Greco）《手放在胸口的骑士》（*The Knight with His Hand on His Breast*, 1577—1584）、丢勒（Albrecht Dürer）《自画像》（*Self-Portrait*, 1500）、拉斐尔《红衣主教》（*Portrait of A Cardinal*, 1510—1511）、提香《人类的堕落》（*The Fall of Man*, 1565—1570）、鲁本斯《三美神》（*The Tree Graces*, 1639）、卡拉瓦乔（Michelangelo Merisi da Caravaggio）《基督下葬》（*The Entombment of Christ*, 1602—1603）等。

2 埃尔·格列柯（El Greco, 1541—1614），希腊裔西班牙画家，原名多米尼克斯·希奥托科普罗斯（Doménikos Theotokópoulos）。在西班牙，由于他的名字发音相当拗口，因此被西班牙人称为多米尼柯·格列柯（Doménikos Greco），意思是"希腊人多米尼克斯"，后来则被简单地称为埃尔·格列柯，意思是"希腊人"。有趣的是，"埃尔·格列柯"中的"埃尔"是西班牙语的冠词，而"格列柯"则是意大利语"希腊人"的意思。格列柯的代表作有《红衣主教》（*Portrait of a Cardinal*, 1600）、《剥去基督的外衣》（*The Disrobing of Christ*, 1577—1579）、《奥尔加斯伯爵的葬礼》（*The Burial of the Count of Orgaz*, 1586—1588）、《圣马丁与乞丐》（*Sant Martin and Beggar*, 1597—1599）等。此处提到的作品《圣保罗与一本书》（*San Pablo con un Libro*, 1586），画作中的圣保罗常常被认为是画家以自己的形象塑造的。

的表情，决意在合上书之后对书中内容仔细研磨，心悟神解。或许，只有在事情过后对事情的理解才能够真正达到深髓沦肤。多年前，我曾经在森林里工作过。那时，有人跟我说，伐木工人在妓院里伐木，在树林里做爱。此时，我独自坐在密歇根州北部的一个湖边，决意将自己在中西部犹如生产线生产出来的大量所见所闻梳理好。

周围一片安谧，我坐在那里，感觉很适宜。就在这个时候，一辆疾驰的吉普车急刹车，车轮擦着地面，发出"吱——"的一声。尽职的查理放下他正在进行的工作，咆哮起来。一个年轻人从车子里钻出来。他的脚上蹬着靴子，身上穿着灯芯绒裤子和一件红黑方格纹毛毡呢短大衣。他迈开大步，向我走来。他用一种严厉而且不友好的语气跟我说话，那口气一听就知道，只有当一个人极不情愿地做受人之托而必须做的事情时才会用这种口吻说话。

"难道你不知道这块地是要经过许可的吗？这是私人用地。"

要是在平日里，他的这种说话方式肯定会让我火冒三丈，我必然勃然大怒。这样一来，他就可以不费吹灰之力、问心无愧地把我赶走。我们甚至可能会陷入一场充满激情和暴力的争吵。如果发生了这种事情，也是很正常的。只是，美丽的风景和宁静的环境放缓了我对愤怒做出的反应。在我犹豫的过程中，我的愤怒消失了。我说："我知道这里一定是私人的地块。我止打算找人征得许可，或者付钱，在这里休息。"

"这块地的主人不喜欢露营者来占用。那些人不仅到处乱扔废纸，还会在这里生火。"

"我一点都不怪他。我知道那些露营者总是把什么事情弄得一团糟。"

"看到那棵树上的告示牌了吗？禁止擅自闯入私人用地，禁止打猎、钓鱼、露营。"

"好吧，"我说，"听起来好像是很认真的。要是你的工作就是把我赶走，那你有权让我走。我不会跟你争辩就离开这里。只是，我刚刚煮好了一壶咖啡。如果我把咖啡喝完再走，你觉得你的老板会介意吗？如果我请你喝杯咖啡，你的老板会介意吗？如果你认为他会介意的话，你就可以快点把我踢走。"

年轻人一听，咧开嘴笑了，说："管他呢！你既没乱生火，也没乱扔垃圾。"

"可我想要做的比这更糟糕。我想用一杯咖啡来贿赂你。还有比贿赂更过分的事呢。我建议，在咖啡里放一点'老爷爷'[1]。"

这番话让他开心地笑了。"管他呢！"他说，"我先去把我的吉普车从路上移开。"

看来，我给自己设计的整个格局被打破了。他盘腿坐在地面上的松针里，啜饮着咖啡。查理靠近他，用鼻子嗅了嗅，又让对方抚摸自己，这对查理来说是很少见的。他向来不允许陌生人碰他，除非碰巧一下子摸到他的某个地方。但是，这个年轻人的手指摸到了查理耳朵后面那块地方，正好是他喜欢被人摩挲的位置。查理满意地哼唧了一声，蹲了下来。

"你这是要做什么——去打猎吗？我看到了你挂在卡车里的枪。"

"只是开车经过这儿。你知道，你要是经过一个地方，而这个地方碰巧又是你喜欢的，正好你也累了，我想这个时候，你一定会不由自主地把车子停下来。"

1　即老爷爷波旁（Old Grandad Bourbon），也译为"老爷威士忌"，是威士忌的一种。

"是的，"他说，"我明白你的意思。你的装备真不错。"

"我喜欢，查理也喜欢。"

"查理？从没听说过一条狗的名字叫查理的。你好，查理。"

"我可不想在你老板那里给你惹什么麻烦。如果你觉得我该走，我现在就拍屁股走人。"

"管他呢！"他说，"他又不在这儿。我说了算。你又不会做出什么破坏性的事。"

"我这是擅自闯入私人用地。"

"知道吗？有个家伙在这一带露营，是个难缠的主。所以，我过来是要把他弄走。他说的话很滑稽。他说：'擅自闯入私人用地，这既不是犯罪，也不是行为不检点。'他说这是一种侵权行为。他说的侵权行为到底是他妈的什么意思？他的确是个难缠的主。"

"我怎么会知道，"我说，"我又不是个难缠的主。来，我把你的咖啡热一热吧。"我用两圈火给他热咖啡。

"你煮的咖啡很香。"我的主人说。

"在天完全黑下来之前，我得找个地方停车。知道这条路上有什么地方可以停车让我过夜吗？"

"如果你把车子停到那边的松树林后面，路上经过的人就看不到你了。"

"但是，我这样做会是一种侵权行为。"

"是的。上帝啊，我真希望自己知道那到底意味着什么。"

年轻人开着吉普车，在前面给我带路，帮助我在松树林里找到了一块平坦的地方。天黑之后，他走进驽骍难得里，赞赏了一番车里的设施。我们一起喝了些威士忌。这是一次愉快的相遇，我们聊得很开心，彼此之间还撒了几句不疼不痒的小谎。我给他看了一些我在阿贝克隆比和费奇购买的式样别致的跳动鱼钩和波普浮标，并送给他一个。我还送给他一些我已经读完的平装本惊悚小说，这些书里充斥着色情与暴力。另外，我还给了他一份《田野与溪流》杂志[1]。作为回报，他许诺说，我想待多久就待多久。并且他还说，他明天会再来，我们一起去钓钓鱼。我答应他至少多待一天。有朋友真是太好了。更何况，我还想花点时间，待在这里，思考一下我所看到的那些东西，那些巨大的工厂和制造厂，以及物流和大规模生产。

这位湖泊守护者是一位寂寞的人，尤其因为他是个有妻子的人，这就让他更显得寂寞了。他给我看了他放在钱包塑料夹套里他妻子的照片，一位颇有几分姿色的金发女孩。照片上的女孩尽其所能摆出最佳的姿势，模仿那些杂志图片中的女孩子——推销产品的女孩子，如居家烫发用品、洗发用品、洗涤用品、护肤用品。她讨厌待在她称之为"乡下"的偏僻地方，渴望在托莱多或南本德过上让人羡慕的、优雅的生活。她只能从《灵感》[2]和《魅力》[3]那制作精美的页面上找到陪伴她的感觉。最终，她会靠着生闷气的方式达到她的目的。她的丈夫会在某个隆隆巨响的大工厂里找到一份工作，从此，他们就会幸福地生活下去。这一切都是在他的言谈中有意无意地、

---

1 《田野与溪流》（*Field & Stream*），美国杂志，是一份专注于打猎、钓鱼及户外运动的杂志，创刊于 1895 年，至今已有很长的历史，被誉为美国户外运动出版物的三巨头之一。该杂志会根据不同的季节提供有用的信息，包括鹿、鸟、鳟鱼的知识和信息，以及猎枪的使用和捕猎建议。此外，该杂志还提供生存技巧、陷阱、配方制作等。

2 《灵感》（*Charm Magazine*），美国时尚杂志，创刊并刊行于二十世纪四十至六十年代，其阅读群体定位为职业女性，为那个时代职业女性展示知性和优雅的衣着和帽饰。

3 《魅力》（*Glamour*），美国康得纳斯特出版社（Condé Nast Publications）发行的一份女性时尚杂志，创办于 1939 年，最初为《好莱坞魅力》（*Glamour of Hollywood*），以其独特的编辑理念与视角报道时装、美容、名流以及其他跟女性生活息息相关的方方面面。

断断续续地流露出来的。她非常清楚自己想要什么，而他却并不知道自己需要什么。但是，他想要的必定会因为自己做不到而感到终生痛苦。他开着吉普车离开后，我设身处地想了一下他的生活，这让我蒙上了一层绝望。他想要他那年轻漂亮的妻子，他也想要别的什么东西，然而，他不可能两者兼得。

查理做了一个梦，应该是很暴力的梦，把我吵醒了。他的腿在奔跑的动作中抽搐着，还发出短促而尖尖的嘶嘶叫声。也许，他梦见自己追上了一只巨大的野兔，却怎么也抓不住它。或许，他在梦中被什么东西追逐着。考虑到这第二种猜测，我伸手把他推醒。不管怎么说，这个梦一定很刺激。他自顾自地咕哝着、抱怨着，然后，他喝了半碗水，才又睡下了。

太阳刚刚升起来，那位守护者就回来了。他带来了一根鱼竿，我拿出自己的鱼竿，并装上一个卷线器。除此之外，我还得找出我的眼镜，只有靠着它，我才能把涂着鲜艳色彩的波普浮标固定上。单丝线是透明的，据说鱼是看不见的。其实，哪里只是鱼看不见呀，就是我，不戴眼镜也完全看不见单丝线。

我说："你知道，我没有钓鱼许可证。"

"管他呢，"他说，"我们可能什么都钓不到。"

的确，他说得没错，我们一条鱼都没有钓到。

我们每走一小段路，都会停下来，把手中的鱼竿线抛到河水里，什么都没有钓上来；然后，我们接着往前走。我们用尽了我们知道的各种办法，来吸引鲈鱼和梭子鱼感兴趣。我的朋友不停地说："它们就在那下面，只要我们能把信息传递出去就行了。"但是，我们从来都没有把信息传递出去。要是它们在那下面的话，它们依然还在那下面。大多数情况下，钓鱼就是这个样子的。尽管如此，我还是喜欢钓鱼，一直都喜欢。其实，我的需求很简单。我可不想在捕鱼大战中钩住一个象征着命运的怪物，以此来证明自己的男子汉气概。但是有的时候，我的确喜欢弄上两条肯跟我合作的、适合煎锅大小的鱼。中午的时候，他邀请我去吃饭，见见他的妻子；我拒绝了。我越来越渴望见到自己的妻子，所以我必须抓紧时间往前赶路。

曾经，谈不上是很久以前，那个时候的人出海，两三年都回不来，甚至就此永远不复存在了。当那些大篷马车出发，要去穿越大陆的时候，留在家乡的亲朋好友们可能就再也没有了这些游子的音讯。生活在继续，问题被一次次解决，决定会一个个做出来。甚至，我还依稀记得，一封电报只意味着一件事——一个家庭成员的死亡。在人的短暂一生中，是电话改变了这一切。假如说，在这部游历纪行中，我看似割断了各种绳索——家庭的欢乐和悲伤、青少年当下的不法行为和孩童们的新牙、生意上的成功和痛苦，事实并非是这样的。每周有三次，我在某个酒吧、超级市场，或者轮胎和工具等各色杂物服务站，打电话到纽约，在时间和空间上重建我的身份。在三四分钟的时间内，我有了一个名字，以及一个人背负的责任、快乐和挫折，就像彗星拖着的尾巴一样。这就如同从一个维度到另一个维度的来回穿越、一次突破音障的无声爆炸、一次非同寻常的经历，犹如在已知的但却是异域的水里快速浸泡一下。

有一件事已经确定下来，那就是，我的妻子将飞往芝加哥，与我碰头；我将在那里做一次旅途中间的短暂休息。至少从理论上讲，她会在两个小时之内就划过地球的这一段，而我开车走这一段路，如蜗行牛步，已经花掉我几个星期的时间。此时，我被困在一条多匝道的收费高速公路上，心里好不耐烦。这条公路贯穿印第安纳州北部边界，经过埃尔克哈特

（Elkhart）、南本德和加里。你处在什么样的道路上，你就会有什么样的旅行状态。道路宽阔笔直，车辆发出嗖嗖声，行驶速度很少有改变，所有这些都搞得人昏昏欲睡。随着距离在一公里一公里地被蚕食掉，不知不觉中，我的疲惫感渐次加重。白昼与夜晚合而为一，落日既不是继续行驶的邀约，也不是停止前进的命令，只有路上行驶的所有车辆始终都在不停地滚动着。

到了深夜，我把车子开进一个休息区，停了下来。在一个巨大的二十四小时便利餐厅里，我吃了一个汉堡包。然后，我带上查理，在修剪得很整齐的草地上散步。那天晚上，我睡了一个小时，但天还没亮就醒了。车里有我事先带上的正式西装、衬衫和鞋子，但是，我却忘了带旅行箱，用来把这些东西装上，以便从卡车上运到酒店的房间里。说真格的，即使我没有忘记，我也不知道车子里还有哪个位置能够放得下一个旅行箱。在弧形灯下面的一个垃圾桶里，我找到了一个干净的瓦楞纸箱。我把西装放到瓦楞纸箱里，还用地图把干净的白衬衫包起来，再用钓鱼线把瓦楞纸箱捆好。

我还是很有自知之明的，知道自己在喧嚣和拥挤的交通中往往会惊慌失措，迷失方向。所以，第二天天还没亮，我就动身，向芝加哥方向行驶。我的目标是大使东酒店，我已经预订好了那家酒店的房间。但是，跟平常一样，我最终还是迷路了。后来，我灵机一动，雇了一辆通宵出租车来给我领路。果然我发现，我之前已经非常靠近酒店了，只是走过了头。在酒店门口，即使门卫和行李员发现我的旅行用品非同寻常，他们也没有流露出任何不合规范的表情。我把挂在衣架上的西装，放在狩猎外套口袋里的鞋子，还有整齐地包装在新英格兰地图里的衬衫都递给他们。驽骍难得被匆匆开走，送到一个车库里存放。查理不得不去一家狗旅馆，在那里寄宿、洗浴和美疗。虽然他已经这把年纪了，依然是一条爱慕虚荣的狗，喜欢被打扮得漂漂亮亮的。可是，当他发现自己被单独留下来，还是在芝加哥这个地方，他那一贯的矜持镇定的态度荡然无存了。他愤怒地、绝望地狂吠着。我充耳不听，迅速走进酒店。

我以为，在大使东酒店这样的地方，我的知名度应该很高。但是，当我抵达酒店，身着皱巴巴的狩猎服，胡子疏于修剪，带着一身旅途的风尘，加之我开了大半夜的车，两眼显得困顿无神，我自以为的知名度也就荡然无存。当然，我已经预订了房间，然而，我的房间在中午之前是不可能腾出来的。酒店方面依据他们的条款小心翼翼地向我做了解释。我理解，并且原谅了他们的管理模式。只是，我向他们表明了我的态度，我只想有一个浴缸和一张床。不过，既然那个要求也是不可能做到的，我就干脆把自己窝在大厅的沙发里，睡上一觉，一直睡到我的房间准备停当为止。

从柜台接待员的眼睛里，我还是看出了他那没有掩饰住的惴惴不安。就连我自己都知道，在这样一座品位高雅、价格昂贵的酒店里，我以这种形象滞留在这个给人带来愉悦的大厅穹顶之下，可不会是什么匹配的装饰品。他向一位助理经理发出一个暗示，也许是通过某种心灵感应。而后，我们共同努力，想出了一个解决办法。一位房客刚好退房，要去赶早班飞机。他的房间还没有清理过，也没有将房间物品摆放好。但是，在我的房间准备好之前，他们欢迎我先到那个房间稍作休息。就这样，靠着智慧和耐力，这个问题获得了解决，并且双方都得到了各自想要的结果——我有了机会洗个热水澡、睡个觉，酒店方面也避免了让我滞留在大厅里的尴尬场面。

酒店方安排我暂作休息的这个房间，在先前的那位房客离开之后，还没有其他人碰过任何东西。我坐在一张舒适的椅子里，打算先把靴子脱掉。我甚至还没有把一只靴子脱下来，就已经注意到了一些不寻常的事情。随后，我注意到了越来越多的事情。我旋即忘记了洗澡和睡觉，发现自己深深地陷入了这个寂寞的哈利[1]的生活之中。

一个动物在一个地方停留过或者经过，会把草压坏，留下足迹，也许还会留下粪便。但是，一个人在一个房间里住过一个晚上，就会印证出他的性格、他的传记、他的近期历史，有时还会印证出他的未来计划和希望。这位哈利的事，使我对此深信不疑，一个人的个性会渗透到墙壁里，然后慢慢地释放出来。这很可能是对鬼魂及其类似现象的一种解释。虽然我的结论可能是错误的，但我好像对人类留下的痕迹很敏感。此外，我并不羞于承认，我是一个不可救药的"偷窥汤姆"[2]。只要我从没有拉上窗帘的窗前经过，我从来都不会不往窗子里面瞄一瞄的；我也从来没有对与我无关的谈话充耳不闻的。我可以为自己辩解，甚或堂而皇之地提出抗议，干我这行的，必须要了解各种各样的人。但是我怀疑，我这么做仅仅是出于好奇而已。

此时，我坐在这个未经清洁整理过的房间，寂寞的哈利开始成形，并

1　哈利（Harry），作为人名，有"一家之主"的意思，还有"恶魔""胡闹""折磨""烦忧""胡闹的人"等意思。这里，斯坦贝克赋予这一人物此名为"哈利"，或有引申义。

2　偷窥汤姆（Peeping Tom），亦译"偷窥狂"，其英文源自电影《偷窥狂》（*Peeping Tom*），为英国拍摄的惊悚片，迈克尔·鲍威尔（Michael Powell）导演，卡尔海因茨·博姆（Karlheinz Boehm）主演，1960年上映。影片反映了男主角利用手中的摄像机偷窥、虐待女性，并在杀害她们的同时记录下来她们在最后时刻惊恐至极的瞬间。这是第一部采用伊士曼彩色底片拍摄的电影，场景始终处于明艳色彩与浓重阴影相互交织的氛围，细致入微地刻画了外表英俊但内心晦暗的变态杀手的心理状态。

逐渐成为实实在在的存在。从他留下的零七碎八的东西，我能够感觉到这位刚刚离开的客人。当然，如果是查理的话，靠着他那并非完美无缺但却极其敏锐的鼻子，会感知到更多。但是，查理正在一个狗旅馆里，准备接受毛发修剪。即便没有查理的帮助，对于我来说，哈利仍然真实得就跟我见过的任何人一样，而且比许多人都更为真实。他不是一个与众不同的人；事实上，他是一个相当大的群体中的一员，因此也是美国任何形式的研究都感兴趣的。为了避免一众男人因碰巧叫哈利而变得紧张兮兮的，在开始把他拼凑起来之前，我先声明一下，其实这位房客的名字并不叫哈利。他住在康涅狄格州的韦斯特波特（Westport）。这一信息来自几件衬衣的洗衣条。男人通常住的地方都离他将衬衣送出去洗熨的地方不远。我只是猜测，他应该是在纽约通勤上班。他的芝加哥之行主要是一次商务旅行，顺带着找些乐趣。我知道他的真实姓名，因为他在酒店的信笺上留下了好多次签名，每一次签名的倾斜角度都略有不同。这似乎表明，他对自己在商界的地位并不是完全有把握；而且，还有其他迹象也表明了这一点。

有一封信，刚开了个头，是他写给妻子的，最后也被扔进了废纸篓里。"亲爱的：这里一切都好。曾试着给你姑妈打电话，但没有人接。我真希望你在这里，和我在一起。这是一个寂寞无聊的城市。你忘了把衬衫袖扣给我装上了。我在马歇尔·菲尔德[1]买了一对应急的袖扣。在写这封信的同时，我也在等着首席执行官的电话。希望他能带来合……"

幸好，他那位"亲爱的"没有突然造访，不然的话，芝加哥可就不会让哈利觉得那么寂寞无聊了。他的客人并不是带着合同的首席执行官，而

1　即马歇尔·菲尔德百货公司（Marshall Field Company），简称马歇尔百货公司，是由马歇尔·菲尔德在美国内战期间创立的。

是一位深褐色头发的白人女郎。这位女郎涂着颜色非常浅的口红——烟灰缸里的烟蒂以及一只高球酒杯的边缘上都留下了口红的颜色。他们喝了杰克·丹尼威士忌[1]，喝了整整一瓶——空瓶子、六个苏打水瓶，还有一个盛冰块用的小桶。她喷了味道浓重的香水，并没有在这里过夜——第二个枕头用过，但没有枕着睡过觉的痕迹；而且，丢弃的纸巾上也没有口红的印记。我觉得她的名字应该叫露西尔[2]——我不知道自己为什么这么认为，也许是因为她原本就叫这个名字。她是一个神经质的女士——抽着哈利的嵌入式过滤嘴香烟。然而，每支香烟都是只抽了三分之一就放弃了，然后再点上另一支。这些烟头不是被掐灭的，而是被压灭的，烟头部分都是碎的。露西尔戴着一顶小帽，那种用插入的排齿梳固定住的丝米金斯小帽。其中的一把排齿梳掉落在了床边。这把梳子和一个小发夹告诉我，露西尔是一位深褐色头发的白人女郎。我不知道露西尔是否专事这一行，但是，她至少是位经验丰富的女人。她有一种很到位的、公事公办的品质。她没有像一个业余爱好者那样，遗留下太多的东西，并且，她也没有喝醉。她的酒杯

1　杰克·丹尼威士忌（Jack Daniel's），世界著名威士忌品牌，创始人为杰克·丹尼（Jack Daniel），于1866年创建于田纳西州林奇堡，是美国第一家注册蒸馏酒厂。该品牌威士忌的瓶上都有一个特殊的标识——"No. 7"。一百多年来，杰克·丹尼威士忌始终畅销全球，林奇堡也成为著名旅游景点。

2　露西尔（Lucille），为女性名字，起源于法国，意思是"光"。斯坦贝克将这一女性称作露西尔，令人想到了美国最受欢迎、最具影响力的喜剧演员露西尔·鲍尔（Lucille Ball），昵称"露西"，其形象特征是红发、碧眼，她的喜剧天才是美国文化的一个时代象征，其经典作品主要有《我爱露西》（*I Love Lucy*）、《露西黛西的喜剧时光》（*The Lucy-Desi Comedy Hour*）、《露西秀》（*The Lucy Show*）、《露西在这里》（*Here's Lucy*）、《与露西在一起的日子》（*Life with Lucy*）等，这些至今受到观众的青睐。1999年，露西尔在其身后被《时代》杂志评为二十世纪最具影响力的百人之一。

是空的，只是，那花瓶里的红玫瑰——酒店管理模式的殷勤奉送——闻起来有杰克·丹尼威士忌的味道，而威士忌对花儿们没有任何好处。

我不知道哈利和露西尔都谈了些什么，也不知道她是否会让他觉得不那么寂寞无聊了。不知为什么，我倒是对这一点持怀疑态度。我认为，他们两人做了大家都认为他们会做的事。哈利不该喝得太多。他的胃承受不了的——废纸篓里有 Tums 咀嚼片[1] 的包装袋。我猜，他的生意是比较敏感的，对胃肠很有影响。露西尔走后，寂寞的哈利一定喝光了瓶子里的酒。他宿醉了——在浴室里，有两支专治头痛的箔管溴塞耳泽[2]。

关于寂寞的哈利，有三件事让我困惑不解。第一，我认为他没有得到任何乐趣；第二，我认为他真的很寂寞，可能长期处于寂寞的状态；第三，他没有做过任何一件出乎其预料的事情——没有打碎一只玻璃杯或者一面镜子，没有做出任何暴戾的行为，没有留下任何寻欢作乐的实物证据。我一只脚上蹬着靴子，另一只脚上的靴子已经脱掉，在屋子里一踮一踮地走来走去，想找出对哈利做的事有所佐证的东西。我还看了床底下和壁橱里面。他甚至连领带都没有忘记带走。我为哈利感到难过。

1　Tums，中文也叫"碳酸钙片剂"，为美国历史悠久的抗胃酸片剂，对酒后胃酸有舒缓效果。

2　箔管溴塞耳泽（Bromo Seltzer），成药，一种治疗头痛的泡腾盐。

第三部分

我在芝加哥为自己的旅行按下了暂停键，让我的名字、身份以及幸福的婚姻状况重新得到认证。我的妻子从东部飞过来，做短暂的停留。我很高兴有这么一次改变，让我回到了自己熟悉的、可信赖的生活之中——但是，话又说回来，我遇到了一个文学写作上的窘境。

芝加哥打破了我的旅行的连续性。对于生活而言，这种逗留是允许的，但是，对于我正在从事的写作来说，则是不允许的。所以，我把自己在芝加哥的所见所闻排除在我的写作之外，因为它已经偏离了主线，超出了我的设计方案。在我的旅行过程中，这次停留是愉快的、美好的，但在我的写作中，它只会造成一种不和谐的效果。

相聚的时光结束了，我们相互道别。此时，我不得不再次经历跟之前一样的失落与寂寞，而这一次所感受到的痛苦丝毫不亚于此前的程度。看来，除了靠着独处来治愈寂寞，似乎没有其他的方法。

查理同时处于三重情绪的纠结之中。一是因为我把他单独留下而生我的气，二是看到驽骍难得而欣喜，三是为自己的外表而感到由衷的骄傲。因为，每当查理经过梳理、修剪、清洗，被打理得干干净净的时候，它对自己都非常满意。这就像一个男人穿上出色的裁缝为自己精心制作的衣服一样，或者说，就像一个女人刚刚被美容院精心包装过一样。处于这种状态下的人总是自信满满，认为他们天生就是这样清新亮丽。经过梳理之后，查理的腿像四根圆柱，显得高贵而挺拔。他那一身银蓝色的毛发潇洒放浪，再配上他那毛茸茸的就像是军乐队指挥棒似的尾巴。他的胡髭经过了精心细致的修剪，这使得他无论是形象还是姿态，看起来都像一个十九世纪的法国浪子。不仅如此，修剪过的胡髭还顺便遮掩了他那歪歪斜斜的门牙。以前，曾经有过一次偶然的机会，让我看到了他没有这身毛发是个什么样子。有一年的夏天，查理的毛发长得很长，乱糟糟地结成了一个个小团，浑身散发出霉菌的味道。于是，我把查理全身的毛发剃掉了，露出了他的皮肤。在结实得像四个塔柱般的腿腱下方，是纺锤形的细长的小腿，瘦削且不太直。胸前襞襟处的毛发被剃除后，中年狗才会有的下垂肚便显露了出来。然而，即使查理意识到了自己毛发下面的不足，也没有表现出窘迫感。如果说举止与行为造就人品，那么举止加上梳洗修剪造就了贵宾犬。在驽骥难得里，查理笔直而高贵地坐在他的位子上。他让我明白了这个道理：虽然宽恕并非不可能，但我必须为之付出努力。

查理是个骗子，这一点我很清楚。我儿子们还很小的时候，有一次参加夏令营。我们去探望他们，对于父母们来说，那真是一次揪心的探视。当我们准备离开的时候，有一位妈妈对我们说，她跟儿子告别后必须尽快离开，以免她的孩子因为她的离去而歇斯底里。在她的孩子面前，尽管她的嘴唇颤抖着，她依然表现得很勇敢。她转过身子，快速逃离，出于对孩子的考虑而掩饰着自己的感情。那个男孩看着她走了，像放下了什么负担似的，走回到他那一帮人中间，继续做他的事。他非常清楚这种场面该怎么做，想必以前也玩过这种把戏。因而，我也知道，对于查理来说，这次分开不过也是这么回事。我离开查理五分钟之后，他就会找到新朋友，并为自己做了安排，尽量使自己舒适开心。但是，有一件事查理没有作假：他很高兴我们又一次踏上了旅途。并且一连好几天，他都为我们的旅行增光添彩。

伊利诺伊州给我们带来了一个晴朗的秋日，天清气爽。我们加快速度向北行驶，朝着威斯康星州进发。一路上，我们穿过富饶的土地和肥沃的农田，穿过了瑰丽多彩的树林。这里是一个充满乡绅气息的乡间，整洁的环境，白色的篱笆。不过，我估计，这里是靠外来收入做补贴的。在我看来，这里的主人们不是靠着土地资源来支撑自己和这片土地。更确切地说，这里倒更像是一位漂亮女人，依赖着许多不露身份的人士在暗中支持和资助，以保持其风姿绰约的形象。但是话又说回来，如果你能够养得起的话，这样一个事实一点都不会影响到她的美丽可爱。

你从其他途径听说过一个地方是个什么样子，并且你接受了这些说法，认为自己了解了这个地方；而真实的情况是，你对这个地方一无所知。出现这种情况不仅是可能的，而且发生这种情况的几率也是很大的。我从未到过威斯康星州，但在我这一生中，我听到过不少这里的事情，吃过这里出产的奶酪，有些奶酪的确跟世界上最好的奶酪一样美味可口。除此之外，我一定还看到过这个地方的图片，我想，大家也一定看到过一些。那么，当我面对这个地区的美丽，面对它变化多样的田野和山丘、森林、湖泊的时候，为什么我却一脸茫然，有些措手不及呢？现在想想，大概是由于这个州的奶制品产量非常大，我之前一定是把它看作一个规模庞大的牧场。我还从来没有见过一个地方的变化如此之快，而正因为我未曾料到，找所看到的一切都给我带来了惊喜。我不知道威斯康星州在其他季节会是个什么样子。也许，它的夏天可能会热气熏天、酷暑难耐，它的冬天可能会让人在阴湿寒冷中呻吟着、煎熬着。但是，当我在金秋10月之初第一次也是唯一一次看到这个地方的时候，空气中充满了奶油色的阳光，不是那种含混不清的色彩，而是晶莹剔透的，清晰地映衬着每一棵结了霜晶的树，起伏的山丘并未纠合在一起，而是各自独立的、相互分开的。这里的光线具有一种穿透力，刺入固体物质，好像能让我深入其中，看到事物的内在，而我只在希腊见识过这种光。我现在想起来了，曾经有人告诉过我，说威斯康星州是一个能迷住人心的地方，让人流连忘返，可是我却并没有因为那番话而事先有所准备。那是神奇的一天，肥沃的土地上充溢着富饶，健壮的牛和肥硕的猪点缀着绿色的草地，在阳光下闪闪烁烁。在一块块相对较小的租种田地上，玉米就像我们见到过的那样，垛成一个个小帐篷似的玉米垛子；还有，到处都能看到南瓜。

我不知道威斯康星州是否有奶酪品尝节。但是，对于我这个爱吃奶酪的人来说，威斯康星州应该有这样一个节日。在这里，奶酪制品多种多样，奶酪中心、奶酪合作社、奶酪店和奶酪摊位比比皆是，甚至还有奶酪冰淇淋。我相信，奶酪可以做成任何产品，因为我看到了许多瑞士奶酪糖果的广告牌。遗憾的是，我没有停下来品尝瑞士奶酪糖果。因此，我也无法说服任何人，说的确有这种糖果，并不是我杜撰出来的。

在路边，我看到一家规模庞大的企业，那是世界上最大的海贝批发经销商——要知道，这可是在威斯康星州，这里自前寒武纪时代起就没有见过海洋了。但不要忘了，威斯康星州总会有各种令人意想不到的事情。我以前就听说过威斯康星德尔[1]，但却完全没有料到冰河时代竟然雕刻出了如此诡异的地区。这是一片由水域和雕刻的岩石组成的形状奇特、光怪陆离的地方，泛着黑色和绿色。如果有谁在这里一觉醒来，周围的一切会让他相信，自己正在某个星球的梦境之中，因为这里具有一种非地球的性质，或者说是一个时代刻骨铭心的记录。那个时代的世界要年轻得多，与现代的差异非常巨大。紧贴在这一如梦如幻的水道周围，便是我们这个时代乌七八糟的垃圾货：汽车旅馆，热狗摊，还有那些商贩们正在兜售的质量低劣、花哨俗气但却深受夏季游客喜爱的廉价商品。还好，到了冬天，这些像疤痕似的硬壳壳都用木板封住，关门歇业了；但是，如若它们仍在开放营业，我怀疑它们是否足以消减威斯康星德尔的魅力。

那天晚上，我在一座小山顶上停了下来，那是一个卡车司机停车的地方，但却是一个特殊的停车区。超大型的运牛卡车停在这里休息，刮掉他们运输的货物新近留下的排泄物。牛粪堆积成一座座小山，粪堆上成群的苍蝇像蘑菇云一样。查理从一处走到另一处，像一位走进法国香水店里的美国女人一样，面露微笑，兴奋地用鼻子嗅来嗅去。我不能用我自己的品位去评判他的品位。萝卜白菜，各有所爱嘛。这里的气味很浓，浓重的土腥味，但却并不让人恶心。

随着夜色渐次深沉，我跟着查理，在他欢喜的一堆堆粪丘之间穿行。我们一直走到小山顶的最高处，站在那里俯瞰下面的小山谷。此时，我的眼前出现了一个景象，令我十分困扰不解。我琢磨着，出现这种情况，应

1　威斯康星德尔（Wisconsin Dells），亦译作"威斯康星山谷"，位于威斯康星州中南部，这里的山谷是由冰川融水形成的，冰川水切割出 45 米深的河道，雕刻出形状奇特的岩层，很早便引起了人们的注意，并被赋予活灵活现的名称，如黑鹰头、烟囱石、直立岩等。威斯康星德尔的一处水上乐园是著名的游乐场所。

该是由于我开车的时间太长了，搞得我的视觉有些扭曲，或是搞得我的判断力有些混乱。我这么说，是因为我感觉山下面那片黑暗的大地似乎在缓缓移动、轻轻跳动，甚至还在呼吸。可以肯定的是，那下面不是水；但是，我却有种感觉，那里像一汪黑色液体，泛起涟漪。我快步走下山去，要看个明白，只有这样才能够消除我的扭曲失真。原来，山谷的底部挤满了火鸡，看起来足足有数百万只。拥挤的火鸡密密麻麻地覆盖在山谷的地面上。疑惑解开了，我大大地松了一口气。当然，这里是感恩节的大储备库。

在夜间，火鸡群像拉磨一样转圈，紧密地凑在一起，这是它们的天性。我还记得，在我年轻的时候，农场里的火鸡是如何成群结队地聚集在一起，栖息在柏树林中，以便躲避野猫和郊狼。要是认为火鸡还有任何智慧的话，这是我所知道的唯一迹象。了解它们并不代表赞赏它们，因为它们是爱慕虚荣的，是歇斯底里的。火鸡们总是聚集在一起，它们是一个易受伤害的群体，只要听到谣言，就会惊恐不安。所有禽类的疾病，它们都有可能染上；这些禽类疾病中，还有一些是它们发明的。火鸡似乎是一种狂躁抑郁型的动物，它们个个垂着红色的赘肉，"咯咕""咯咕"叫个不停。它们时而展开尾巴，虚张声势地刮擦着翅膀，好似自己风情万种；时而又胆小怯懦地蜷缩着身子，一个个紧挨在一起。很难看得出来，它们是如何与它们那狂野的、聪明的、多疑的、跟它们有着亲缘关系的野生禽类联系在一起的。再看看山谷这里，火鸡的数量成千上万，铺满了这片山谷。它们在等待着躺在美国的大餐盘上。

我从未去过圣保罗（St. Paul）和明尼阿波利斯（Minneapolis）这两座高贵的双子城，我知道这是一件很丢面子的事情。尽管如此，这一次我从它们那里经过，却依然没有去看看，这就是更丢面子的事情啊。当我接近

149

这两座城市的时候，车流犹如一股巨大的海浪吞噬了我，旅游车一波又一波，轰鸣的卡车如汹涌咆哮的浪潮。我真搞不明白，为什么每次我过于缜密地计划一条路线的时候，它总会被现实撞得支离破碎。反倒是，如果我在轻松快乐的、一无所知的情况下，朝着一个幻想的方向跌跌撞撞地前行，却不会遇到什么麻烦就通过了。那天一大早，我还事先研究了地图，把自己想要走的道路仔细地画线标出。我至今还记得我做的那个自以为是的计划——沿着十号高速公路进入圣保罗，然后轻轻松松地越过密西西比河[1]。密西西比河的 S 形曲线给了我三次越过这条河的机会。这会是一段让我感到愉快的路线，走过这段路途之后，我还打算经过黄金谷[2]，这个名字把我给吸引住了。我的计划看起来足够简单的了，也许并不难做到；只是，能做到的人绝对不是我。

刚一开始，车流就像涨潮的海浪一样冲击着我，带着我一同前行。在我的车子前面，一辆油罐车足足有半个街区那么长，扬起的尘土闪着星星点点的光。在我的车子后面，一辆巨大的水泥搅拌车滚动着轮子，它那巨大的榴弹炮在行进中不停地旋转着。在我的右边，根据我的判断，应该是原子大炮之类的东西。像往常一样，我变得惊慌失措，不可避免地迷路了。我就跟个越来越虚弱的游泳者，摸索着向岸边靠拢，将车子渐次向右侧挤，费了一番工夫，驶入一条让我感觉好多了的街道；结果，我被一名警察拦

1　密西西比河（Mississippi River），美国最大的河流，世界第四大河流，是北美洲流程最长、流域面积最广、水量最大的河流，拥有庞大的支流，主要有俄亥俄河、密苏里河、阿肯色河、雷德河、田纳西河等，被印第安人称为"河流之父"，或"众水之父"。

2　黄金谷（Golden Valley），位于明尼苏达州明尼阿波利斯以西，创立于 1866 年的美国通用磨坊食品公司（General Mills）的总部就设在黄金谷，为美国最大的食品制造企业，产品畅销全世界，哈根达斯、绿巨人、湾仔码头等品牌均出于此公司。

住了。他知会我，卡车以及诸如此类的对环境有害车辆是不允许驶入那条街道的。就这样，他把我重又推回到那如狼似虎般的车流之中。

我开车行驶了几个小时，一直没能把视线从我周围那些跟猛犸象似的庞然大物身上移开。我一定是已经过了河，但是，我却没有看到河，我压根儿就没有看到密西西比河。我连圣保罗的影子也没有看到，也根本没有看到明尼阿波利斯。我所能看到的，只是一条川流不息的卡车汇成的河流；我所能听到的，只有轰鸣不止的马达声。空气中弥漫着柴油的废气，它们侵入我的肺，在那里燃烧。查理咳嗽不止，可我却抽不出手来，去拍拍他的背。我看到红色警示灯，才发现我的车子正行驶在疏散路线。这可要花些时间才能够并回到原来的匝道上。我感到头晕目眩，完全失去了方向感。但是，那块"疏散路线"的指示牌仍然在继续。当然，这是为了逃离那些尚未投掷下来的炸弹而设计并修筑的逃生路线。在这种地方，在美国中西部地区的中心区域，居然修筑了一条逃生路线，纯粹是一条出于恐惧心理而设计的路线。在我的脑海里，由于我看到过人们逃亡的情景，我能够想象到这样一个场面——道路拥堵到了寸步难移的程度，逃亡的人群从我们自己设计的悬崖峭壁上蜂拥而下。猛然间，我又想到了那些铺满整个山谷里的火鸡，不知道我怎么会有胆量，认为火鸡是愚蠢的东西。事实上，它们有胜过我们的地方。不管怎么说，它们的肉很好吃。

我们用了将近四个小时的时间才穿过双子城。我听说，这两座城市里有些地方很美。至于黄金谷，我根本就没有找到。查理一点也帮不上忙。他并不属于一个有能力建构出某种东西但又必须设法逃避这种东西的物种。他可不想费尽力气跑到月球上只是为了站站脚就他妈的赶紧逃回到地球来。面对我们人类无法理喻的愚蠢行为，查理原原本本地接受了这一切——愚蠢。

在这种混乱嘈杂的环境里，我肯定是在某个时候又过了一次河，因为我又回到了美国十号公路上，并且正在密西西比河东岸向北行驶。这是一片空旷的地带，我在路边的一家餐馆前把车子停下来，我已经非常疲惫了。这是一家德国餐馆，有香肠、德国酸菜，吧台上方还悬挂着一排饰花啤酒杯[1]，闪闪发光，但没人用过。在一天的那个时间段里，我是唯一的顾客。女服务员不是冰岛女王布伦希尔特式的彪悍女人[2]，而是一个瘦削的、肤色暗黑的小东西。她要么是一个年轻多事的女孩子，要么是一个精力过于旺盛的老妇人，只是，我看不出她应该属于哪一类。我点了德式香肠和德国酸菜。我清楚地看到，厨师打开一个玻璃纸滑盖，取出一根香肠，丢进开水里。啤酒是听装的。德式香肠很难吃，而德国酸菜则是水汲汲的一团烂摊子。

"请问，你能帮我个忙吗？"我问那位或许年轻、或许年老的女服务员。

---

1 饰花啤酒杯（beer stein，或 beer stein mug），原产于德国，德语中，通常根据制作材料的不同，称为 steinkrug 或 glaskrug。饰花啤酒杯的最大特点是有一个用铰链连接的杯盖，在把手正上方安装了一个操纵杆，靠着小拇指的操纵，可以任意打开或盖上杯盖。这种设计的目的是，在拥挤的酒吧里，杯盖可以很好地防止杯子里的啤酒溢出；另外，杯盖还有防止啤酒挥发以及保持清洁的作用。据说，饰花啤酒杯的设计源自十四世纪的一项法律，该项法律规定，饮料必须覆盖以避免苍蝇等的侵扰，酒类器皿必须标明容量。现在，饰花啤酒杯主要为旅游纪念品。

2 布伦希尔特（Brunhild），指德国英雄叙事诗《尼伯龙根之歌》（Das Nibelungenlied）中的冰岛女王布伦希尔特。《尼伯龙根之歌》大约创作于 1200 年，全诗共三十九歌，讲述尼德兰王子齐格弗里德曾与恶龙搏斗并将其杀死，占有了尼伯龙根宝藏。后来，他为了娶勃艮第国王的妹妹，帮助国王打败萨克森人并娶冰岛女王布伦希尔特为妻，齐格弗里德也因此得以迎娶了国王的妹妹。十年后，布伦希尔特得知国王是靠着其妹夫的帮助才娶了她，感到受了羞辱。于是，她唆使侍从设计杀害了齐格弗里德，并骗取尼伯龙根宝藏沉入莱茵河。

"你遇到什么麻烦了吗？"

"我想我有些迷路了。"

"你说'迷路了'是什么意思？"她说。

厨师从送餐的窗口探出身子，把光着的胳膊肘抵在服务台上。

"我想去索克中心，但我好像走得不对。"

"你从哪儿来的？"

"明尼阿波利斯。"

"那你到河这边干什么？"

"嗯，我好像在明尼阿波利斯也迷路了。"

她看了看厨师，说："他在明尼阿波利斯就迷路了。"

"没有人会在明尼阿波利斯迷路的。"那位厨师说，"我生在那里，我知道的。"

女服务员说："我来自圣克劳德（St. Cloud），可我也不会在明尼阿波利斯迷路。"

"那么我只能说，在迷路这件事上我比你们都更有天赋。好吧，我想要去索克中心。"

厨师说："如果他能一直走一条路，他就不会迷路了。你开到五十二号公路上。过了圣克劳德，然后，你继续在五十二号公路上行驶。"

"索克中心就在五十二号公路上吗？"

"不在五十二号公路上又在哪条路上呢？你一定是外地人，一点都不熟悉这一带，在明尼阿波利斯都能迷路。我就是蒙上眼睛走也不会迷路。"

我有些愠恼地说："难道你在奥尔巴尼（Albany）或旧金山（San Francisco）就不会迷路吗？"

"我从没去过那里；但是，我敢打赌，就是去了那里，我也不会迷路的。"

"我去过德卢斯（Duluth）。"女服务员说，"圣诞节我还打算去苏福尔斯（Sioux Falls）。我有个姨妈住在那儿。"

"你不是在索克中心有亲戚吗？"厨师问道。

"当然啦。但是，那儿并不像他说的旧金山那么遥远。我哥哥在海军服役。他在圣地亚哥。你在索克中心有亲戚吗？"

"没有，我只是想去看看。辛克莱·刘易斯[1]就出生在那里。"

"噢！是啊。他们立了一个牌子。我想，有不少人到那儿去，就是冲着他去的。这对小镇有好处。"

"他是第一个告诉我有这么一个地方的人。"

"他是谁？"

"辛克莱·刘易斯。"

"噢！是啊。你认识他吗？"

"不认识，我只是读过他的小说。"

我敢肯定，她接下来会问："谁？"但是，我阻止了她。"你说过，我开车经过圣克劳德，然后继续留在五十二号公路上，对吗？"

厨师说："我想，你刚才说的那个叫什么名字的人已经不在了。"

"我知道。他已经去世了。"

"你瞧，我说对了吧。"

1　即前面提到的"大红人刘易斯"。

的确，在索克中心立着一块牌子，上面写着："辛克莱·刘易斯出生地。"

出于某种原因，我很快就经过了那里。然后，我向北开上七十一号公路，往沃迪纳（Wadena）的方向驶去。天渐渐黑了，我经过了沃迪纳，继续开足马力向底特律莱克斯（Detroit Lakes）进发。我的眼前浮现出一副面孔，那是一张瘦削干瘪的脸，像一只在桶里放得太久的苹果。这是一张孤寂的脸，满含着对孤寂的厌倦。

我跟刘易斯并不熟，在他被称为"大红人"、名声大噪的那个时候，我甚至都不认识他。只是，在他生命的最后日子里，他在纽约曾经给我打过几次电话，我们一起在阿尔贡金大饭店用过午餐。我称他刘易斯先生——在我的心目中，我一如既往这样尊称他。那个时候，他已经戒酒了，对他自己点的食物也没什么食欲。但是，时不时地，他的眼睛里会闪耀着钢铁般坚毅的光。

高中的时候，我读过他的《大街》，我还记得他的这部小说在他出生的家乡引起了多么强烈的仇恨。

他回过家乡吗?

只是偶尔经过。只有当一位作家作古了，他才是一位好作家。道理谁都知道，因为他再也不会给任何人带来任何惊奇了，再也不会给任何人带来任何伤害了。我最后一次见到他的时候，他似乎更加憔悴了。他说："我好怕冷。我好像总是觉得很冷。我要去意大利。"

他的确去了意大利，并且在那里过世了。我听说，他是一个人孤独地死去的。我不知道这一传闻是否属实。而现在，他对这个镇子大有裨益了。他吸引来了一些游客。现在，他是一位好作家了。

要不是因为驽骀难得的车房里再也没有地方放东西了，我是不会不把"美国公共事业振兴署各州指南"[1]这套书带上的，这套指南总共有四十八册。我每册都有，其中有几册还是非常珍贵的。如果我没记错的话，北达科他州那一册总共只印了八百本，而南达科他州大概也只印了五百本。整套指南是有史以来对美国最全面的记述。而且，自那以后，再也没有任何一套指南能够与之媲美。这套书是在大萧条时期由美国最优秀的作家编撰的。这些作家们跟当时的任何一个群体一样，处于一种勉强糊口的状态；然而，他们比其他任何一个群体都更易于意志消沉——当然，如果他们有可能的话——只是他们没有这样做。但是，这套书却因为罗斯福先生的反对者们而遭到了抵制。如果说公共事业振兴署的工作人员是依靠铁铲的话，那么作家们就是靠着笔杆子。结果是，在一些州，只印制了不多的一些册数之后，印版就被毁掉了。这是一件令人惋惜的事，因为这里面的资料都是经过整理的、有文献记载的，而且撰写得有条有理，是难得的信息储存库，涵盖了地理、历史和经济诸方面。举个例子，如果我把这套指南带在

1　"美国公共事业振兴署各州指南"（"The W. P. A. Guides to the States"），由"公共事业振兴署"（Works Progress Administration，W. P. A.）主持编写的一套综合性指南书，涉及地理、历史、文化等诸多方面。"公共事业振兴署"为美国大萧条时期罗斯福总统实施新政时建立的一个政府机构（1935—1943），旨在帮助解决大规模失业的社会问题，同时兴办救济以及公共工程。直到现在，几乎在美国的每一个社区，都有公共事业振兴署资助建设的公园、桥梁、学校等。

身边，我就可以查找一下我现在驻足的明尼苏达州的底特律莱克斯，看看我停在哪个位置，为什么这里叫底特律莱克斯，是谁命名的，什么时候命名的，为什么起这个名字。夜深了，我把车子停在靠近湖边的地方，查理也该下来处理他自己的事情了。对于这个地方，我所了解的并不比查理多。

第二天，一个孕育了很长时间的野心就要开花结果了。

一个从来没有去过的地方怎么能够如此缠绕心头，甚至听到它的名字都会产生一种共鸣，这真是太奇怪了。对我来说，这样一个地方就是北达科他州的法戈（Fargo）。或许，这个地方给人的第一个印象就在于其名字的含义，富国银行[1]；至于我对这个城市的兴趣，肯定不在于此。如果你拿出一张美国地图，把它从中间折起来，东部边界对准西部边界，然后，把折起来的地方用手指压实，正处在折痕上的就是法戈。在双页地图上，有的时候，法戈会被掩埋在装订线以下。寻找我们这个国家东西两部分的中间点，我说的这个方法或许并不科学，但却十分实用。然而，除了这一点，对我来说，法戈还是地球上那些有着传奇色彩之地的兄弟，是希罗多德、马可·波罗以及曼德维尔[2]提到的那些魔幻般遥远之地的亲戚。在我最早的记忆

1　富国银行（Wells-Fargo），创立于1852年，总部设在旧金山，创始人是亨利·威尔斯（Henry Wells）和威廉·法戈（William Fargo），为一家多元化金融集团，是提供全能服务的银行，被认为是美国最好的银行之一，成为美国西部信贷服务的标志性企业。

2　希罗多德（Herodotus，公元前485—前425），古希腊作家、历史学家，被誉为"历史之父"，著有《历史》（The Histories）。马可·波罗（Marco Polo，1254—1324），意大利旅行家、商人，著有《马可·波罗游记》（Travels of Marco Polo，1298—1299）。约翰·曼德维尔爵士（Sir John Mandeville，1670—1733），英国作家，中世纪英格兰骑士，据称著有《曼德维尔游记》（The Voyages and Travels of Sir John Mandeville），所涉及的地方并非是根据其亲身经历而撰写出来的。

157

里，如果说天气寒冷的话，那么，法戈是北美这块大陆上最冷的地方；如果说到的是炎热这个话题，那么当时的报纸便会将法戈列为比其他任何地方都更炎热的地方，或者更潮湿，或者更干燥，或者积雪更深。不管怎么说，那就是我对法戈的印象。但是我知道，起码有十几个甚至超过半百的城镇，会因为这种说法而受到伤害，会愤怒地站出来向我声明，并用数据来指责我，说他们那里的天气比法戈糟糕得多。为此，我提前向他们道个歉。为了抚慰受到伤害的情感，我必须承认，当我经过明尼苏达州的穆尔黑德（Moorhead），伴着车子发出"咔哒""咔哒"声驶过红河[1]，进入这条河流的另一边法戈，法戈正是一个金秋艳阳之日。这座城镇跟任何一个拥有四万六千人口并且大有前途的新兴城镇一样，交通混乱不堪，霓虹灯装饰随处可见，市面杂乱无章，人群拥挤繁忙。然而，这里的乡村景象跟河对岸的明尼苏达州没什么不同。像往常一样，我开车穿过这个城镇，除了注意前面的卡车和后视镜里的雷鸟汽车[2]之外，几乎什么都没有看到。一个人拥有的神话就这样被动摇了，这的确很糟糕。假如到撒马尔罕[3]，或者契丹[4]、

1　红河（Red River），亦译"雷德河"，位于美国中央大平原的北部，主要流经北达科他州和明尼苏达州，注入加拿大温尼伯湖。

2　雷鸟汽车（Thunderbird），美国福特公司的招牌车型之一，1954 年第一代雷鸟汽车问世。1961 年，肯尼迪总统就职仪式上选用了雷鸟汽车。1977 年，雷鸟汽车被美国著名汽车杂志《汽车潮流》（*Motor Trend*）评为年度最佳车型。

3　撒马尔罕（Samarkand），乌兹别克斯坦的一座古城，乌兹别克语的意思是"肥沃的土地"，是中亚最古老的城市之一，帖木儿帝国的首都，也是丝绸之路上的重要枢纽。

4　契丹（Cathay），这里指的是中国或中国的某个区域。契丹一词有多种含义，主要有三种。一是指辽朝（907—1125），为中国历史上由契丹族建立的朝代；二是西方用来指中国或中国的某个区域——可见马可·波罗《马可·波罗游记》；三是指中国香港的国泰航空有限公司（Cathay Pacific Airways）。

西潘戈[1]的某个城市去参观游览，会不会看到那些地方也遭遇了同样的命运？我驶离郊区这个堆放破碎金属和坡璃废旧物品的外围区域，穿过梅普顿（Mapleton），就在离爱丽丝（Alice）不远的枫树河（Maple River）找到了一个适宜的地方，把车子停了下来。爱丽丝，一个多么美妙的城镇名字啊。这个城镇在 1950 年有 162 名居民，而在那之前一次的人口普查的人口数为 124 名居民——在爱丽丝这里，人口爆炸也就不过如此。管他呢，我在枫树河这儿把车子开进了一片矮树林。我认为，这里的树应该是美国梧桐，树枝悬垂在河流上。我打算在这里休息一下，舐一舐我那神话造成的伤口。这时，我惊喜地发现，法戈的现实状况丝毫没有扰乱我脑海中对它的原有印象。我依然能够想起我一直以来认为的那个法戈——暴风雪的肆虐、热浪席卷而来、尘土漫天飞扬。我很高兴地告诉大家，在现实与浪漫的博弈中，现实并不是那个更为强大的一方。

虽然还只是上午十点多钟，我却为自己做了一顿像模像样的正餐，只不过，我已经不记得我都做了些什么。查理在我们停下来之前，始终保持着他在芝加哥梳理打扮过的模样。而这个时候，他跑到河里去蹚水，把自己又变回了邋邋遢遢的老样子。

经过了芝加哥那段舒适的调整以及家人的陪伴之后，我不得不再次学会独处。这需要一点时间。不过，在离爱丽丝不远处的枫树河，我重新获得了独处的能力。查理以一种令人作呕的高姿态原谅了我，已经着手处理自己的正事了。我停车的地方挨着河水，环境十分宜人。我拿出垃圾桶洗衣机，把在洗衣剂中荡了两天的衣物拿到河边，在水里漂洗干净。然后，借着吹来的一阵阵清爽的微风，我把床单铺在低矮的灌木丛上晾晒。我不

1　西潘戈（Cipango），这里指的是日本或日本的某个区域——可见马可·波罗《马可·波罗游记》。

知道这是些什么灌木，但树叶有着檀香木的浓郁香味；我最喜欢的莫过于有香味的床单了。我在一张黄色的纸上做了一些笔记，谈论独处的性质和优点。按照通常的情况，这些笔记早就不知去向了，因为我的笔记总会丢失的。但是，这些特殊的笔记在很久之后又出现了。那张记下笔记的黄色纸被用来包裹一瓶番茄酱，还被用橡皮筋固定住。纸上写的第一条是："相处的时间与独处"。关于这方面的思考，我还记得。有一个伴侣，意味着在时间上把你固定住，那就是当下；但是，当你养成了独处的品质时，过去、现在和未来都会融流在一起。一种记忆，一次当下的事件，以及一项预测，所有这些都同样展现出来。

笔记的第二条正好沾上了番茄酱或者调味酱，模糊得看不清写了什么，但是，第三条的内容却是引人深思的。上面写着"回归快乐—痛苦的基点"，这是基于另一段时间的一些观察而做的笔记。

许多年前，我就有过独处的经历。我曾经一连两年，每年冬天都要独自一人在内华达山脉的塔霍湖[1]湖畔连续待上八个月。冬天下雪的那几个月，我在塔霍湖湖畔的一座避暑庄园里做代管人。就在那段时间里，我做了一些观察。我发现，随着时间的推移，自己的反应变得越来越迟钝了。平时，我喜欢吹吹口哨。但在那段日子里，我不再吹口哨了。我也不再和自己的狗聊天了。而同时，我意识到自己的微妙感觉开始消失；渐渐地，我处于一种快乐与痛苦共存的状态。后来我感悟到，情感和反应的细腻程度是交

1　塔霍湖（Lake Tahoe），亦译"太浩湖"，位于旧金山东北部加利福尼亚州和内华达州边界处的内华达山脉，是北美大陆最大的高山湖泊，也是美国第二深的湖泊，为滑雪度假胜地。马克·吐温在《苦行记》（*Roughing It*, 1874）中曾盛赞："我想，这里展示的一定是世界上最美丽的画面了。"另外，电影《教父》中的奢华派对场景就是在塔霍湖拍摄的。

流的结果，没有了交流，它们往往会消失。一个人没有什么可说的，就不会有言语表达。反过来，不也是这样吗？如果一个人没有说话的对象，他也不会有言语表达，因为他不需要使用言语。偶尔会有关于动物——狼和诸如此类的动物——抚养人类婴儿的报道。通常的报道是：这个被动物养过的小家伙常常手脚并用爬行，发出的声音是从养父母那里学来的，甚至可能像狼一样思考。只有通过模仿，我们才能够趋向独创性发展。以查理为例。无论是在法国还是在美国，他总是与博学的、文雅的、有文化的和通情达理的人有交往。与其说他是一条狗，倒不如说他像一只猫。他的感知敏锐而细腻，能够洞悉他人的心思。我不知道他是否能够读懂其他狗的心思，但他能够读懂我的心思。当一个计划在我的头脑中八字还没一撇的时候，查理就知道是怎么回事了；不仅如此，他也知道自己是否被纳入这个计划之中。他这方面的能力是毋庸置疑的。当我刚想到必须把他留在家里的时候，他便会显露出失望和不满的表情，这一点我再清楚不过了。以上就是用来封住番茄酱瓶口的那张纸上沾染了红色番茄酱汁的三条笔记所传递出来的感悟。

查理顺着河水流淌的方向蹚水，没过一会儿，他就发现了一些被丢弃的垃圾袋。他带着鄙夷的神情审视着这些垃圾袋。他用鼻子拱起一个空的豆子罐头盒，又嗅了嗅罐头盒的开口，便放弃了这个罐头盒。随后，他又用牙齿衔起一个纸袋，轻轻地抖落着，从纸袋里掉出更多的宝物，其中就有一个揉成一团的白纸，那是一种很厚的白纸。

我把这个纸团打开，抚平它表面那些愤怒的褶皱。这是一份发给杰克·某某的法庭传票，知会他，如果他再不缴付赡养费，他将被视为藐视法庭并受到法律的制裁。纸团上说的那个法院位于东部的某个州，而这里是北达科他州。原来，这是个在逃的可怜家伙。他不该把这种有把柄的鬼东西随处乱扔，这么做，说不定会有人找到他。我啪的一声打开我的之宝牌打火机[1]，烧毁了证据。我明明知道，这么做，加重了当事人对法庭的蔑视。上帝啊，宽恕我们留下的痕迹吧！假如有人找到那个番茄酱瓶子，试图根据我做的笔记重塑我，那又会是个什么情况呢。我帮查理整理垃圾，但没有发现其他什么书面材料，只有预制食品的容器。显然，那个扔垃圾的人不是厨师。他靠吃罐头食品过日子；但是，也许他的前妻也是这样过日子。

这才刚刚过了中午，而我已经感到很放松，很惬意，都不想上路，接着往前开了。"查理，我们留下来，在这里过夜怎么样？"查理审视着我，摇着尾巴，就像一位教授摇动着一支铅笔——向左摇一下，向右摇一下，然后再回到中间。我坐在岸边，脱下袜子和靴子，把脚浸在水里。河水凉刺刺的，把我的双脚刺得很痛，就跟被热水烫了一样，有种火辣辣的痛感。并且，这种冰冷刺骨的感觉一直深入到我的身体里，令我浑身有一种针刺过的麻木感。我的母亲相信，用冷水泡脚，会迫使血液流到你的头上，这样你就能够更加清醒地思考了。"是时候啦，该做些检视了，mon vieux Chamal[2]。"我大声说，"我这是在用另一种方式，表达令我舒坦的慵懒感觉。我从家里走出来，踏上这趟旅程，目的就是为了尽自己的所能了解美国。我了解到什么了吗？就算我了解到了，我也并不清楚我都了解到了什么。到目前为止，我能够带着满满一袋子结论、一堆谜语般的答案回去吗？我对此感到怀疑；但是，也许吧。我去欧洲的时候，要是有人问我美

1　之宝牌打火机（Zippo lighter），为美国著名的打火机品牌，由乔治·G. 布雷斯代（George G. Blaisdell）于 1932 年创立。

2　法语：我的查马尔老兄（即查理）。

国是个什么样子，我会说什么呢？我不知道。而你呢，我的朋友，用你的嗅觉调查法，你都探寻到了什么？"

查理做出两次完整的摇尾动作。至少，他没有留下问题不做答复。

"到现在为止，整个美国闻起来都是一个味道吗？或许，还留存了些许不同的气味？"查理开始向左转了一圈又一圈，接着又向右转了八圈，最后终于趴了下来，好不容易才完成了这套动作。他的鼻子放在爪子上，我的手够得着他的头。在他年轻的时候，一辆汽车撞了他，撞伤了他的臀部。他为此打了很长一段时间的石膏。尽管他此时正值壮年，但他累了的时候，臀部就会给他带来麻烦。每次他跑动的时间太长，他的右后腿就会出现一瘸一拐的现象。他在躺下之前，需要花上很长时间才能把身子转到合适的程度。因此，我们有时戏称他是旋转贵宾犬——这让我们感到有种惭愧。如果说，我此时的思考条理清晰，那只能说我母亲的习惯方法是对的。不过，她也说过："冷冰冰的脚——暖烘烘的心。"这是另一码事。

我把车子停在远离道路的地方，相信不会有任何车辆从这里驶过。这样，我就可以安下心来，休整一下，把我这一路的经历翻出来，仔细思考。对此，我是很认真的。我将慵懒惬意的生活搁置在一边，出来做这趟旅行，我这么做并不是为了一点好笑的逸闻趣事。我是带着了解美国的愿望出来旅行的。然而，我并不确定我都了解到了什么。我发觉，此时，自己正在跟查理大声说话。他喜欢我这么做，只是我的这种做法让他昏昏欲睡。

"就逃避一回吧，我们不妨尝试一下，采用我儿子们称之为纠缠于陈词滥调的方法好啦。管他大议题还是小话题，只要觉得是值得思考的事，就把它想个明白。这就好比饕餮，我们只管把找得到的食物一概吃掉。既然说到了食物，那就先来谈谈食品这个话题吧。在我们经过的那些城市里，虽然交通拥堵，但会有非常不错的、颇具特色的餐厅，菜单上列出来的都是我们垂涎欲滴的菜品，这是完全有可能的。然而，在沿途的餐饮场所，提供的食物清一色是干净的、无味的、无色的，而且都像是一个模子里做出来的，就好像顾客们对他们吃的是什么东西完全没有兴趣，只要这些食物的外表让你看着不那么令人难以下咽就行。不过，早餐除外。如果你只吃培根、鸡蛋和煎土豆，早餐都是非常不错的，无一例外。在路旁，我从来没吃过一顿真正美味的晚餐或者一顿非常糟糕的早餐。培根或香肠的味道都不错，都是工厂批量生产的；鸡蛋是新鲜的或者冷藏保鲜的，冷藏已经很普遍了。"我甚至可以说，美国的路边是早餐的天堂。只是，有一件事是例外的。时不时地，我会看到一块牌子，上面写着"自制香肠"或"自家熏制培根和火腿"或"新鲜鸡蛋"。这时候，我就会把车子停下来，给自己买些补给。之后，我自己做早餐，自己煮咖啡。而我发现，差别是显而易见的。新鲜的鸡蛋吃起来一点也不像那种靠着电池冷藏保鲜的、看似干净新鲜的鸡蛋。自家配制佐料做的香肠吃起来香味很浓，口感辛辣；连我自己烧制的咖啡都是一种深葡萄酒色的幸福。那么，我是否可以说，我所看到的美国已经把清洁放在了首位，以牺牲美味为代价呢？我们所有敏锐的感知神经干，包括味觉神经干，不仅只是追求完美的，而且也是能够造成创伤的。味觉日趋消失，强烈的、刺激性的味道或异域风味又引起我们的疑虑并遭到嫌弃，长此以往，我们这方面的机能会不会被淘汰呢？

"查理，我们再对其他方面做一点深入研究吧。我们就来谈谈我们在停车处的书报亭看到的图书、杂志和报纸吧。占主导地位的出版物一直是连环画报之类的。到处都有地方报纸，我也买过，阅读过。架子上摆着一排排的平装书，有一些书的书名很棒、很有吸引力，但是，绝大多数图书的内容都是跟色情、暴力和谋杀有关。大城市的报纸在它们周围的大片地区都产生了辐射性的影响，《纽约时报》[1]的影响远及五大湖区，《芝加哥论坛报》[2]的影响则一直延伸到北达科他州。来，查理，我先警告你一下，你会被这些陈词滥调给吸引住的。如果这个民族的味蕾已经萎缩到了对于那些毫无味道的食物不仅是可以接受的，而且是感到满意的，那么，这个国家的情感生活又会如何呢？他们是不是觉得自己的情感生活太过平淡乏味，必须通过此类平装书这一媒介来添加色情和虐待狂的元素呢？如果是这样的话，除了番茄酱和芥末之外，为什么他们不在自己的食物中添加些其他佐料来提升味道呢？"

"一路上，我们都在收听当地电台的广播。除了个别关于橄榄球比赛的报道外，精神食粮也已经千篇一律了，跟毫无特色的、批量化的、如出一辙的食品一样。"我用脚拨弄一下查理，让他保持清醒。

我一直非常关注人们对政治的看法。我遇到的那些人都没有谈论过这个话题，似乎也不想触及这个话题。在我看来，出现这种情况的部分原因是出于谨慎，另有一部分原因是缺乏兴趣。但是，这并不证明大家都没有鲜明的观点，只是没有人说出来而已。有位店主曾坦诚地跟我说，他跟两个党派的人都有生意要做，所以不允许自己有发表意见的奢侈，因为发表意见要付出代价的。他是一位头发开始变得灰白的男人，守着十字路口的

1　《纽约时报》(*The New York Times*)，简称《时报》(*The Times*)，创刊于 1851 年，创始人为亨利·贾维斯·雷蒙德 (Henry Jarvis Raymond) 和乔治·琼斯 (George Jones)，初始时期的报名为《纽约每日时报》(*The New-York Daily Times*)，1857 年改为现名，该报面向全世界发行，发行量巨大，是一份极具影响力的报纸。

2　《芝加哥论坛报》(*The Chicago Tribune*)，创刊于 1847 年，为芝加哥第一大报纸，也是美国主要报刊之一，涵盖新闻、体育、娱乐、商业、家居、就业、汽车、广告等八大部分。

一爿灰暗的小店。我在那里把车子停了下来，到店里买了一盒狗饼干和一罐烟斗烟草。这样的男人、这样的小店可能出现在全国的任何一个地方。但我实实在在看到的，却是出现在明尼苏达州一个不起眼的地方。这个人的眼睛里闪烁着一种老于世故的光，表明他是一个任何时候都能够开一个恰当玩笑的人。既然看了出来，我何不冒昧地迈出这一步，跟他聊一番呢。

我说："看起来，好像大家天生好争辩的性格都已经给埋到坟墓里去了。不过，我并不这么认为。我觉得，只是换了一种表现渠道而已。先生，你说呢？你能想到那是个什么样的渠道吗？"

"你的意思是说，他们会以哪种渠道爆发出来吗？"

"他们会以哪种渠道爆发出来呢？"

我没有看错，那种闪烁的智慧就在这个人的心里，那是珍贵的、幽默的闪烁。"嗯，先生，"他说，"我们这里偶尔会有谋杀案发生；或者，我们也可以读到有关谋杀案之类的新闻。除此之外，我们还会读到职业棒球联赛的消息。你可以随时对海盗队或者洋基队说三道四的；不过我想，最棒的爆发渠道是，我们有了俄国人。"

"感觉真够霸道的，是吗？"

"哦，当然！几乎没有一天大家不拿俄国人撒气的。"不知出于什么原因，他变得稍微放松了一些，甚至允许自己咯咯地轻声笑笑。如果他看到我的反应不太对，他的这种表情立马就变成了清清嗓子。

我顺着他的话，问他："这里会不会有人认识俄国人呢？"

这时候，他彻底放开了，大笑起来。"当然没有。正因为大家都不认识，俄国人才成了大家的出气筒。如果你跟俄国人过不去，没人会挑你的毛病。"

"是因为我们跟他们没有什么生意上的往来吧？"

他从柜台上掌起一把切奶酪的刀，用大拇指小心翼翼地沿着刀刃边缘划过；然后，他把刀放下。"或许就是这么回事。天啊，或许就是这么回事。我们跟他们没有什么生意往来。"

"那么，你认为，我们还可以在其他事情上拿俄国人当出气筒吧。"

"我还真没往这方面想过，先生。不过，我敢打赌，我也会这么想的。对啦，我还有印象，罗斯福先生当总统的那些年，大家把所有的气都发泄在他的身上。我记得有一次，安迪·拉森家的母鸡得了喉头炎，这事把他气得脸红脖子粗，他破口大骂罗斯福。这不就是这么一回事嘛，先生，"他越说越有激情，"那些俄国人要背的黑锅可是不轻的。男人跟自己的老婆吵架了，也把账算到俄国人头上。"

"也许，每个人都需要俄国人。我敢打赌，即使是在俄国，他们也需要这样的俄国人。只不过，他们把这样的俄国人称为美国人。"

他从一个奶酪转轮上切下一片奶酪，让这片奶酪保持在刀刃上；然后，他伸出刀子，把奶酪递给我。"你在拐弯抹角地引着我说出那些事来。"

"我认为是你在用这种方法引导我的。"

"怎么会呢？"

"你说了大家要做生意，还说了不便说出自己的意见。"

"好吧，也许是吧。知道我打算做什么吗？要是下次安迪·拉森再脸红脖子粗地到店里来的时候，我倒要弄清楚，那是不是俄国人在骚扰他的母鸡，因为罗斯福先生已经死了，他的死，对安迪来说，真是一个巨大的损失。"

其实，我并不能肯定，是否有一大批人跟这个男人有着一样的感觉。

或许他们不是这样，抑或他们就是这样——也是在私底下，或者在与生意不相干的范围内才会说出自己的观点。

查理抬起头，咆哮着发出警告，却懒得站起来。紧接着，我听到马达声，一辆车子驶了过来。我尽量让自己站起来，这才发现，我的双脚由于冷水的浸泡，早就麻木了，根本感觉不到它们的存在。我揉搓双脚，又做了些按摩，它们才渐渐地有了些知觉，我也重新感觉到了针刺般的疼痛。一辆老式轿车拖着一个像只箱龟一样的短体联挂拖车，笨重地从路上驶过来，在离我大约15米远的水边停住了。我对这种冒犯我独处的行为深感恼火，但查理却很开心。他迈开僵硬的腿，踩着优雅的小碎步，去探察新来的人。他可以用狗的方式直视令他感兴趣的对象，而人类才不会用这种方式。如果说我好像是在嘲笑查理，那么看看吧，在接下来的半个小时里，我都做了什么；还有，我的这位邻居都做了什么。我们各自都在慢条斯理地做着自己的事情，都小心翼翼地让对方以为自己没有盯着对方看，但同时却又时不时地偷偷瞥上一眼，在心里揣摩着，评价着。我所注意到的是，一个男人，已经不年轻了，但也不怎么老，走动时踏着神气活现的、轻快的脚步。他身着橄榄褐色的裤子和皮夹克，头戴一顶牛仔帽，不过，帽顶是扁平的，帽檐是卷曲的，被帽带拽着，高高地翘起。他的侧面轮廓典雅高贵。即使从远处，我也能看得到，他留着络腮胡子，胡子一直延伸到鬓角，跟头发连到一起。我自己的胡子只限于下巴。天气在变冷，而且变化的速度很快。我搞不清楚是什么原因，是我的头顶感到了凉意，还是我不想在陌生人面前继续赤裸着我的头，不管是出于什么原因，我戴上了我的旧海军帽，煮了一壶咖啡。然后，我坐在自己的车房后阶梯上，饶有兴致地环视着周围的一切，当然刻意显现出自己一点都没有刻意去审视我的那位邻居。他在打扫他的拖车，他倒掉了盆里的肥皂水。显然，他在做这些事的同时，也刻意显现出他并没有刻意注意到我的样子。查理的兴趣被拖车里传出来的时而"嗷呜"、时而"猞猞"的叫声给吸引住了。

每个人必定都有一种得体而文明的时机意识。因为，我刚下定了决心要和我的邻居说话，事实上是我正要站起来朝着他那个方向迈开步子，他这时也正好踱着悠闲的步子，向我走来。我相信，他也觉得等待的时间已经结束了。他以一种奇怪的步态移动着，这让我联想到某些我割舍不掉的历史记忆。走来的人有一种看似邋里邋遢、不修边幅的显赫气势。在那个骑士传奇时代，这种形象会让你以为是一个乞丐，结果却是一个国王的儿子。当他走近的时候，我从车子后门的铁梯子上站起来，跟他打招呼。

他并没有向我弯腰鞠躬，但我的感觉是他可能会这么做的——不是鞠躬，就是一个标准的军礼。

"下午好，"他说，"我看得出你是干我们这一行的。"

我想我的嘴巴一定张得挺大的。我已经好多年没有听到过这个词了。"哪里，不，不，我不是。"

现在，倒是轮到他丈二和尚摸不着头脑了。"不是吗？但是，我的老兄，如果你不是，你怎么知道我说的是什么意思呢？"

"要我说，我只不过一直都是在这个行业沾着一点边的。"

"啊！沾着一点边。当然。后台的，毫无疑问——导演？舞台经理？"

"只是些不值得一提的作品。"我说，"要不要喝杯咖啡？"

"很乐意。"他是那种从不愿意让别人感到不自在的人。这是从事这个行业的人具有的品格——他们几乎不会搞得人很尴尬。他坐进我的桌子后面那张睡榻式长沙发上，像把自己折叠了似的，摆出一副优雅的姿势，那种优雅我在旅途中从来都做不到。我摆上两只塑料杯和两只玻璃杯，斟上咖啡，还将一瓶威士忌放在我俩都伸手可及的地方。在我看来，他的眼睛似乎有一层雾蒙蒙的泪水；但是，那或许是我的眼中有一层雾蒙蒙的泪水。

"不值得一提的作品。"他说，"没有演过的戏当然不知道它们会否成功。"

"要我给你倒一杯吗？"

"好的，谢谢——不用清口水。"他用黑咖啡清了清嘴里的味道。随后，他一边细细地品味着威士忌，一边拿眼睛扫视着我的车房。"你这儿的地方不错，非常好。"

"请告诉我，你为什么觉得我是在剧院工作？"

他轻轻地干笑一下。"很简单，华生医生[1]。要知道，我曾经演过这个角色。演过两部。是这样的，首先，我看到了你的贵宾犬；然后，我注意到了你的胡子。后来，当我走近你的时候，我看到你戴着一顶海军帽，上面有英国皇家纹章。"

"是不是这个职业拓宽了你的视野？"

"也许是吧，老兄。当然，这是极有可能的。我干这行太久了，入戏太深，几乎都不知道自己啥时是在演戏，啥时不是。"这个时候，我看着眼前的他，才发现他并不年轻。他的动作纯属让自己显得很有青春活力的样子。然而，他的皮肤和嘴角都暴露出，他已经人到中年了，甚至都过了中年。再看看他的眼睛，一对大大的暖棕色虹膜镶嵌在开始变黄的眼白上，这些都印证了他的年纪。

---

1 华生医生（Dr. Watson）是英国作家阿瑟·柯南·道尔侦探小说"福尔摩斯探案"系列中的虚构人物，为主角夏洛克·福尔摩斯（Sherlock Holmes）的助手。

"为健康干杯。"我说。我们把塑料杯里的酒喝掉了，接着又喝咖啡；然后，我再次把酒斟满。

"如果你不觉得过于涉及隐私或者令你难堪的话，你能告诉我，你在剧院是做什么的吗？"

"我写过几部剧本。"

"演过吗？"

"演过。都一般般。"

"我应该听说过你的名字吧？"

"我怀疑。没有人知道我。"

他叹了口气。"这个行当不好做。不过，一旦你上了贼船，你就下不来了。我祖父把我拉上去的，让我祖父这么做的是我的父亲。"

"他们两位都是演员？"

"还有我的母亲和祖母。"

"上帝啊。你们可真是演艺世家啦。那你"——我寻思着用一个老派体面的词——"现在是在休演期了？"

"完全不是。我还在演戏。"

"演什么，上帝呀，在哪里演？"

"只要是我能够吸引观众的地方。学校，教堂，社交俱乐部。我带给大家文化，做朗诵节目。我想，你能够听到我的搭档在我的车里抱怨。他也是一个非常棒的演员，是爱尔德犬和郊狼的混种。他高兴的时候，就会抢尽风头。"

我开始觉得，跟这个人聊天很开心。"我不知道现在还有这类表演。"

"没有了，只是偶尔才会有。"

"你做这种表演很久了吗？"

"差两个月就三年了。"

"到全国各地表演吗？"

"只要能有两三位观众的地方我就去。我已经有一年多没有工作了——只是随便找找经纪公司，打打电话，询问有没有什么角色可演。我靠自己的救济金过日子。对我来说，做其他别的什么事都是不可能的。我只知道演戏——从小到大，我唯一能做的事就是演戏。很久以前，南塔基特岛[1]上有一个戏剧人社区。我父亲在那里购置了一块很不错的地产，还盖了一栋木质结构的大房子。我呢，我把它卖了，用那笔钱买了全套行头和装备。打那以后，我就到处走动，我喜欢这样的生活。我想，我再也不会回到原来那种按部就班、一成不变的工作中去了。当然，要是有人能给我一个角色，随便什么角色都行——可是，鬼才知道，谁还会记得找我去演一个角色呢？"

"像你这样的世家出身都这么难做。"

"是的，这个行当不容易做。"

"我还是想知道，你都是怎么做的。都会遇到什么情况？大家待你怎么样？尽管我的问题的确会有某种嫌疑，认为我爱打探别人的私事，但是，我希望你不要有这想法。"

"大家对我都很好。其实，我也不很清楚该怎么做。有的时候，我甚至

---

1 南塔基特岛（Nantucket island），大西洋中的一个岛屿，位于马萨诸塞州科德角以南，横跨南塔基特海峡。该岛由冰川形成，拥有宽阔的海滩和优良的海港。这里曾是主要的捕鲸地，岛上有一座捕鲸博物馆。岛上还有一座义工博物馆，纪念几个世纪前成立的义工组织。当时的义工们在海滩上建起一座座小屋，以便救助海滩上以及海上遇难的人员。现在，这里为旅游胜地。

不得不租一个会场，还要做个广告；还有的时候，我要跟高中校长谈一谈。"

"但是，不是说大家都怕吉卜赛人、流浪汉和演员吗？"

"我的感觉是：最初，大家的确是这样的。刚一开始的时候，他们把我当成一个没有恶意的怪胎。但是，我这个人很诚实；并且，我收费不高。过不了多一会儿，我表演的内容就占了上风，把他们给吸引住了。你知道，我很注重剧本。剧本是非常关键的。我不是一个假充内行的人，我是一名真正的演员——无论别人认为我的演技好还是不好，我都是一名演员。"因为喝了威士忌，也许还因为能够跟一个有那么一点相似经历的人交谈，他情绪激动，脸色变得更红了。这时候，我又一次往他的杯子里斟上酒，饶有兴致地看着他喝得津津有味的样子，听着他说他的经历。他喝了一口酒，然后叹了一口气。"不常喝到像这么好的东西，"他说，"我希望我没有给你留下这样的印象，以为我在到处占便宜。有时候，生活也的确是有点不易的。"

"接着说吧。想说你就说吧。"

"我刚才说到哪儿啦？"

"你刚才说，你很注重你的剧本，还说到你是一个真正的演员。"

"噢，是的。嗯，还有一件事。你知道，演戏的人到他们称作'穷乡僻壤'的地方时，他们常常看不起那里的乡下人。我也是花了一些时间去适应。不过，等我理解了，知道其实没有谁是乡巴佬的时候，我就开始能够泰然处之了。我学会了尊重我的观众。他们感觉到我对他们的尊重，便会跟我配合，而不是与我作对。一旦你尊重他们，他们就能够理解你告诉他们的任何事情。"

"说说你的剧本吧。你都用什么剧本？"

他低下头，看着自己的手。我注意到，他的一双手保养得很好，非常白皙，好像大部分时间他都戴着手套。"希望你不要认为我在剽窃别人的剧本。"他说。"我很钦佩约翰·吉尔古德爵士的表演风格。我听过他表演莎士比亚作品的独白——《人生阶段》[1]。后来，我还买了一张这个独白的唱片来研究。他能够把语句、腔调和抑扬顿挫表现得淋漓尽致！"

"你用他的剧本？"

"是的，但我不是剽窃。我告诉观众，我听了约翰爵士的表演，以及他给我的表演带来的影响；然后我说，我要试着给大家来一次现场表演，让大家感受一下他的表演情景。"

"聪明。"

"嗯，这确实有帮助，因为这种做法赋予了表演的权威性；再说，莎士比亚的作品已经属于公共资源，不需要付费。这样，我就不是在剽窃他的剧本了。这就好像我在赞扬他；事实上，我的确是在赞扬他。"

"观众的反应如何？"

"很让我满意。我觉得，我现在对这个表演已经把握得非常到位了，因为我可以看得出来，这些语句深入观众们的内心，他们都忘记了我的存在；

1　约翰·吉尔古德爵士（Sir John Gielgud, 1904—2000），英国著名演员，英国皇室授予其爵士称号。他长期从事戏剧和电影表演，以擅长扮演莎士比亚戏剧中的角色而著称，如《哈姆雷特》《尤利西斯·恺撒》《罗密欧与朱丽叶》等，被誉为二十世纪最伟大的莎士比亚戏剧演员，多次获得奥斯卡金像奖、美国电影电视金球奖、艾美奖、英国电影电视艺术学院奖等。1957年，在爱登堡戏剧节上，他表演《人生阶段》（Ages of Man），选自乔治·里兰（George Rylands）的《莎士比亚选集》（Shakespear Anthology），表现一个人从出生到死亡经历少年、中年、老年的过程。这是一部备受欢迎的独角戏。随后，他将这部独角戏带到美国表演，并于1959年获得托尼特殊奖。1966年，这部独角戏被改编成同名电视剧，由保罗·博加特（Paul Bogart）执导、约翰·吉尔古德主演。

并且，他们在审视着自己内心的活动。对于他们来说，我不再是个怪胎了。瞧，你觉得怎么样呢？"

"我想，吉尔古德会很开心的。"

"噢！我还给他写过一封信，告诉他我正在做的事情，还告诉他我是怎么做的，我写了一封很长的信。"他从裤子后面的口袋里拿出一个鼓鼓囊囊的钱包，从中取出一个仔细折叠的铝箔纸。他把它打开，用手指小心翼翼地展开一张用雕版刻印了名字的便签，上面的一段文字是用打字机打出来的。是这样写的："亲爱的……：谢谢你的来信，一封善意而有趣的来信。如果我没有意识到你的表演中所蕴含的真挚的恭维，那我就不配做一名演员了。祝你好运，愿上帝保佑你。约翰·吉尔古德。"

我暗暗叹了一口气，看着他用那虔诚的手指将那张便签叠好，收纳到用铝箔纸做成的盔甲中，然后把它放入钱包收了起来。"我从来没有把吉尔古德先生给我的回信向任何人炫耀过，靠着这层关系获得演出的机会。"他说，"我可不想那么做。"

我肯定，他不会那么做的。

他旋转着手中的塑料杯，注视着杯底旋转着的威士忌。这个动作通常是为了提醒主人注意，客人手中的杯子空了。于是，我打开了瓶塞。

"不用了，"他说。"不要再为我续杯了。我老早就懂得，最重要的和最有价值的表演技巧，就是退场。"

"但是，我还有很多问题想问你呢。"

"那就给了我更多应该退场的理由。"他喝干了杯中的最后一滴酒。"让观众继续问题，"他说，"而我的退场则要退得干净利落。谢谢你，祝你有个愉快的下午。"

我目送他朝着自己的拖车走去，他的身子稍微有些摇晃；我知道，有一个问题我必须问，否则我会感到无法释怀的。我喊道："等一下。"

他停下脚步，转过身子看着我。

"那条狗做什么呢？"

"哦，他会几个愚蠢可笑的把戏，"他说，"他让表演简单化。当演出变得沉闷的时候，他就会出来救场子。"说完，他继续往回走。

就是靠着这种方式，他继续着自己的表演事业——一个比写作更古老的职业，一个当书面文字都消失了之后还有可能继续存在的职业。并且，电影、电视和广播，所有这些枯燥乏味的现代奇迹都无法将其消灭掉——一个活生生的人与一群活生生的观众的交流。但是，他过着什么样的生活呢？谁是他的同伴呢？他的私人生活又是个什么样子呢？他是对的。他的退场更加激起了人们提出问题的好奇心。

那天夜晚充满了预兆。悲伤的天空把小雨丝变成了危险的金属利器。然后，狂风登场了——不是我所熟悉的沿海地区那种像兔子一样躲躲闪闪的阵风，而是一股横扫一切的强劲的狂风，没有任何东西可以阻挡这种狂风向任何方向飙出一千多公里。这类风对我来说是陌生的，因此也是神秘的，它在我的身上引起了神秘的反应。从理性的角度来说，这阵狂风之所以很奇怪，只是因为我自己认为它很奇怪。要知道，在我们的经历中，有相当大的一部分都是我们无法解释的，一定都是这个样子。就我所了解到的，许多人因为害怕被嘲笑而隐瞒自己的经历。有多少人曾经看到、听到或者感觉到某种事物，这些事物与他们原本认为的截然不同，他们为之震怒，他们巴不得像清扫地毯下的灰尘一样，尽快把整件事清除得干干净净？

　　至于我本人，即使是遇到我无法理解或无法解释的事情，我也会尽量抱着试试去理解的态度。然而，在眼下这个令人惊恐的时刻，我却很难做到。此时此刻，在北达科他州，我可不愿意继续开车，这无异于向恐惧靠近。可是此时，查理却想继续前行——准确地说，为了能够继续走，他制造了不小的骚动，搞得我不得不尝试着跟他讲道理。

　　"听我说，你这个狗伙计。我有一种强烈的冲动，觉得我们应该留下来，这是上天的意志。如果我违背上天的意志，继续往前走，一场大雪会逼近我们，把我们困住。要是果真如此，我就不得不承认，这是由于我的漠视而受到的一次警告。如果我们留下来不走，一场大雪降临了，我可以肯定地说，那是因为我具有预言的能力。"

查理打了个喷嚏，焦躁不安地走来走去。"好吧，mon cur[1]，那我们就先站在你的角度，设身处地地想一想。你主张继续往前走。假设说我们离开这里，继续往前走，而在夜里，一棵树"咔嚓"一声砸下来，正好砸在我们现在站着的地方，那会是因为你受到了众神的眷顾。这种可能性总是存在的。我可以给你讲很多关于忠实的动物救了它们主人的故事。但是，我认为这类故事只会让你觉得无聊，并且我也不打算用这类故事来奉承你。"查理用他那极度愤世嫉俗的目光直视着我。我觉得，他既不是一个浪漫主义者，也不是一个神秘主义者。"我明白你的意思。你是说，如果我们走了，我们站着的这个地方并没有树砸下来，或者我们留了下来，我们要经过的地方却并没有下大雪，那又怎样呢？好吧，我来告诉你，要是这样的话，我们该怎么办。我们把整个插曲忘他个一干二净，那么，预言这块儿就丝毫没有受到伤害。我投票留下来，你投票继续前行。但是，你不要忘了，由于我比你更接近物种创造的巅峰，所以我投下的这一票是起决定性作用的。"

我们留了下来。结果，既没有下大雪，也没有大树倒下来砸了我们，所以，我们自然而然地就把之前的事彻底忘掉了。并且，要是真的下大雪了或是有大树砸下来，我们也会敞开心扉，去感受更多的神秘。一大清早，云雾被吹得干干净净的，天空晴朗，能见度极高。我们在铺着厚厚一层白

---

1 法语：我的狗伙计。

雪的地面上行驶着，继续我们的旅程，车轮子踏着雪，发出"嘎吱""嘎吱"的声音。那个艺术大篷车依然黑蒙蒙的；但是，当我们经过的时候，大篷车里的那条狗叫了起来，直到我们爬上高速公路之后，才听不到狗的叫声。

一定有人跟我说过北达科他州俾斯麦（Bismarck）市的那段密苏里河[1]，要不然，就是我一定在哪里读过有关这个地方的介绍。不管是别人说过的也好，还是我自己读过的也好，反正都没有引起过我的注意。我踏上这片土地，是带着惊讶与喜悦。这里就应该是美国地图折痕的地方。这里就是美国东部和西部的分界线。在俾斯麦这一边，是一派东部的景象、东部的草地，有着美国东部的地貌和气息。穿过密苏里河，在曼丹（Mandan）市一侧，则是纯粹的西部景象，出现了褐色的草地和水面上的漂浮物形成的划痕，还有地面上的小露头。可以说，密苏里河两岸的景致相去甚远。由于我预先对密苏里河分界线没有一点概念，所以我对这片荒芜之地[2]也没有做好心理准备。荒芜之地这个名字用在这里真是再适合不过了。这里就像是一个邪恶孩子的杰作。只有堕落天使们才可能创造出这样一块地方，借以发泄对天堂的怨恨。这里的土地干旱且贫瘠，一片荒凉，给人一种险象环生的感觉。在我看来，这里充满了不祥的预感。荒芜之地带给人类的只

1　密苏里河（Missouri River）是密西西比河最长的支流，河的名称源自印第安语，意思是"大独木舟之河"，为密西比河最长的支流，发源于蒙大拿州的落基山脉东坡，由杰斐逊河、麦迪逊河、加拉廷河汇合而成，主要支流有黄石河、小密苏里河、怀特河等，流经七个州，之后汇入密西西比河。

2　荒芜之地（Bad Lands），一般指美国南达科他州西南部以及内布拉斯加州西北部的一大片区域，这里受到过严重的侵蚀，土地极其贫瘠、干旱。1978 年，在南达科他州设立"荒芜之地国家公园"，亦译"恶地国家公园"，以保护这一地区的彩色岩石结构和史前化石。美国上演的同名电影《荒芜之地》（*Bad Lands*，1939）中有一句话："它们是来世的演练场。"

有一种感觉，那就是，它并不喜欢或者并不欢迎人类。但是，人类向来我行我素，而我，作为人类中的一员，亦是如此。我驶出高速公路，拐进一条页岩路，在地堁中前行。身处这一环境，我有一种羞怯的感觉，好像我冲撞了一场派对。道路的表面在恶意地撕扯着我的轮胎，搞得驽骍难得原本就超负荷的弹簧不停地痛苦呻吟着。这里简直就是一个史前人类的聚居地，或者更准确地说，是一群巨魔的聚居地。并且，还有一件令我感到奇怪的事。正如我在这片土地上有一种不受欢迎的感觉一样，我也不愿意把这块土地上的任何事情写下来。

没过一会儿，我看见一个男人，靠在一处用双股带刺铁丝网做成的围栏上，铁丝网不是固定在柱子上，而是固定在插到地上的弯曲树枝上。那个男人戴着一顶深色的帽子，牛仔裤和长夹克都已经洗得褪了色，变成浅蓝色，膝盖和胳膊肘部位的颜色就显得更浅了。他的眼睛是灰白色的，阳光的照射下显得像是蒙上了一层霜，他的嘴唇像蛇皮一样皲裂起皮。一支点22的来复枪靠在他身边的铁丝网上，地上有一小堆皮毛和羽毛——那是野兔和小鸟。我把车子停下来，跟他打招呼。我看到他的双眼像跳出了眼窝似的，突突地瞪着，扫视驽骍难得，把车子仔仔细细地扫了个遍，然后才又退回到眼窝里。我觉得，我跟他找不出什么话可说的。"看来，今年冬天会来得早。"或者"这附近什么地方好钓鱼吗？"这类话似乎并不适用于这种场合。所以，我们只是彼此简单地默默看着对方，点了一下头。

"下午好！"

"好，先生。"他说。

"这附近有什么地方能买到鸡蛋吗？"

"附近买不到；除非你想到加尔瓦（Galva）那么远的地方，不然就得一

180

直往北走，到比奇（Beach）去买。"

"我打算买些散养鸡生的蛋。"

"有蛋粉，"他说，"我太太都是用蛋粉。"

"在这里住很久了吗？"

"嗯。"

我等着他问些什么或者说些什么，好让我们的交谈能够继续下去；但是，他没有。随着沉默的继续，想说些什么就变得越来越不可能了。我只好再试一次："冬天这里会很冷吧？"

"相当冷。"

"你挺爱说话的。"

他咧嘴一笑："我太太就是这么说的。"

"再见。"我说，然后把车挂上挡，继续往前开。从后视镜里，我看不出他是否在留意我。他也许不是一个典型的荒芜之地的人，但是，他却是我遇到的仅有的几位住在这里的人。

我往前开出去一小段路，在一栋小房子前停了下来。这栋小房子看上去像是战争年代军用物资营房的一部分，只是被粉刷成白色，并配有黄色的装饰。房子附近还有一块地，似乎曾经是花园，正在变得荒芜，里面还残留着一些枯枝败叶，霜打过的天竺葵和几簇蔫不拉儿的菊花，还有一些像黄色和红褐色小纽扣一样的小花。我沿着小路，向小房子走过去，感觉肯定有人在白色窗帘后面注视着我。我敲敲门，一位老妇人应声给我开了门。我向她讨水喝，她把水递给我。在做着这些事的同时，她一直在喋喋不休地说着什么，说个没完。看得出来，她太渴望聊天了。她跟我谈她的亲戚、她的朋友，以及她对这个地方如何如何不习惯。因为她不是这里土生土长的人，她当然不应该属于这里。她的故乡是一片富饶的乐土，那里有猿猴、象牙和孔雀。她说话时，由于节奏过快，发出急促的、好像叠加在一起的嘎嘎声，仿佛对我走了之后她会再次进入寂静无声的状态感到极度的恐惧。她在不停地说着话，我意识到，她害怕这个地方，并且，我也受到了感染，对这里产生了惧怕感。我担心夜晚会把我拦截住，我可不情愿在这里过夜。

我当时的状态就像在逃跑，只想着要尽快逃离这片诡异恐怖的鬼地方。意想不到的是，到了下午的晚些时候，一切都发生了改变。随着太阳向西偏斜了一个角度，那些地垛和岩流、悬崖和棱角分明的小山丘，还有数不清的沟沟壑壑，都没有了先前那令人感到灼痛的可怕外观，取而代之的是黄色的和浓郁的棕色之光，以及上百种深浅不一、变化不定的红色和银灰色之光，在一条条乌黑色条纹的衬托下更加耀眼夺目。这里的景色太美了，美得我不能不停下来。我把车子停在一片低矮的、被风吹斜了的雪松和杜松树丛旁。即刻，我的眼睛被面前的色彩攫住了，我深深地陶醉其中。光线清澄明朗，但却如此丰富多彩，直看得我眼花缭乱。在落日余晖的映衬下，昔日的雉堞显得很是幽暗，但轮廓分明。而在东面，不羁的光线随心所欲地斜向倾泻而下，奇异的景色带着五颜六色的色彩渲染着、喧嚷着。这样的夜晚，不仅一点也不令人毛骨悚然，反倒是有着超乎想象的可爱迷人。繁星点点，浮游于夜空，显得离我们很近，虽然没有月亮，但星光在天空中闪烁着银色的光辉。空气里夹杂着干干的霜晶，刺激着鼻孔。纯粹出于乐趣，我捡拾了一些干枯的雪松树枝，架起一个小小的营火堆。我这么做，只是为了闻一闻树木在燃烧时散发出来的味道，听一听树枝燃烧时发出的令人兴奋的噼啪声。我的小营火堆的火苗高出了我的头顶，形成了一个黄色的光穹。在我的附近，我听到一只正在捕猎的猫头鹰发出尖锐刺耳的叫声，我还听到郊狼尖利的嘶吼声，那不是一声声长嚎似的嗥叫，而是在月黑之夜里短促且带着回音的持续低吠。我曾经见过几个地方，那里的夜晚比白昼更令人感到惬意，而这里就是其中的一处。这个时候，我倒是很容易就明白了，人们是受到怎样的驱使，才会重新回到这块荒芜之地的。

睡觉前，我在床上摊开一张被查理践踏过的地图。比奇离这里并不远，在北达科他州的最西端。再向西北走就是蒙大拿州，我还从来没有去过那里。那天晚上，天非常冷，我不得不穿上我的保暖内衣裤当睡衣。查理履行完他的职责，吃了饼干，喝了一加仑水，跟他平时喝水的量一样多。做完了这些，他蜷缩在床下他自己的位置睡下了。我掏出一条备用毯子，给他盖上——盖得严严实实的，只露出他的鼻尖。他的鼻翼喷着气息，他的身子扭动着，然后，他发出了一声大大的呻吟，表达令他欣喜若狂的舒适。我在想着，在我的这次旅行中，我所积累起来的每一个关于安全的定论都会被另一个安全定论所抵消。到了夜晚，荒芜之地变成了丰饶之乡。对此，我无法做出解释，而事情就是这样。

接下来的一段旅程是一段爱情之旅。我爱上了蒙大拿州。对于其他州，我有钦佩、尊重、认可，甚至有些动情之意，但是对于蒙大拿州，就是一个字：爱。当你深深地陷入情网之中，对于爱，你是很难用理性的言辞去评说的。有一次，我为世界冠军小姐散发出来的紫罗兰色的光芒所陶醉。我的父亲问我喜欢她的理由是什么，这让我觉得，老爸一定是昏了头了，居然没看出来她那令人陶醉的光芒。当然，我现在知道，她不过是一个头发跟老鼠毛似的、鼻子上长着雀斑、膝盖处结了痂的小女孩，说话的声音像蝙蝠，还喜欢表现出只有吉拉毒蜥才会有的慈爱。然而那个时候，她的光芒照亮了风景，也燃起了我对风景的热爱。在我的眼中，蒙大拿州气势恢宏、水光山色。蒙大拿州地域广阔，但却并不自诩优越而带给人一种压迫感。这片土地上草原茂盛、绚丽多彩。这里的山脉正合我意，如果把山脉放在我要描写的计划之中，我所要创造出来的就是这样的山脉。我对蒙大拿州的好印象很单纯，就跟一个小男孩听了得克萨斯人的话就相信得克萨斯州是如何神奇一样。在这里，我第一次听到了一种纯正清晰的地方口音，没有受到电视化语言表述方式的影响。这是一种慢条斯理的、热情温婉的语言表达方式。在我看来，蒙大拿州并不存在美国的喧嚣。这里的人民似乎并不惧怕约翰·伯奇会[1]的保守主义给他们造成的阴影。寂静的山峦和缓缓起伏的草原已经与居民的生活融为一体。我开车经过这个州的时候，正是狩猎季节。我觉得，跟我交谈过的那些人似乎并没有因为季节性的屠杀而行动起来，恣意猎杀，他们只是走出去，猎杀可食用的肉。我再一次强调，我的爱可能影响到我对这里的态度。不管怎么说，在我看来，这里的城镇是适合居住的地方，而不是搞得人紧张不安的蜂巢。这儿的人们会适时放下自己的工作，腾出时间，与周围的人相互传递着睦邻的艺术。

我发觉，这些城镇原本只是我必须经过的地方，而此时我却并没有想着急匆匆地穿过它们。我甚至发现了一些我不得不买的东西，好让自己在这里逗留一些时间。在比灵斯（Billings），我买了一顶帽子；在利文斯顿（Livingston），我买了一件夹克；在比尤特（Butte），我买了一支我并不是特别需要的来复枪，一支雷明顿手动螺栓式点222来复枪，是二手货，但枪的状况非常好。然后，我找到一个望远镜瞄准器，这是我必须配备的。我留在店里，等着让人把望远镜瞄准器装在枪上。在这个过程中，我认识了店里的每一个人，以及每一位走进店里的顾客。枪上夹着老虎钳，保险栓打开着，我们将这支枪的瞄准器对准了三个街区外的烟囱，观察一下效果。然而后来，当我要用那把小枪射击的时候，我才发现，其实没有理由去更换望远镜瞄准器。我在这家店里待了大半个上午的时间，主要的原因是我想留下来多待些时间。但我明白，一如我始终认为的，爱是难以言喻的。

1　约翰·伯奇会（John Birch Society），亦译"约翰桦树协会"，1958年由波士顿糖果商人小罗伯特·韦尔奇（Robert Welch, Jr）创立的私人组织，总部设在威斯康星州阿普尔顿，该组织创办了《新美国人》（The New Americans）杂志。协会以约翰·伯奇命名，他曾为美国浸信会传教士和美国陆军情报官员。该协会的宗旨是反对共产主义和促进各种极端保守的事业。

蒙大拿州向我施展了一种魔力，这是一个富丽堂皇同时又热情温馨的地方。如果蒙大拿州位于海岸边，或者说我可以生活在远离大海的地方，我会毫不犹豫地搬到这里，申请居留。在所有的州当中，蒙大拿州是我最喜欢的一个州，也是我挚爱的一个州。

在卡斯特（Custer），我们向南绕了一段路，向在小巨角河战役[1]遗址上的卡斯特将军和坐牛致敬。我想，美国人都会把雷明顿[2]画作中担任中央纵队第七骑兵队的最后防御画面印刻在大脑之中。我脱下帽子，向那些勇士们致敬。查理也以自己的方式表现他的敬礼，但是，我认为，他的表现方式比我的怀有更大的敬意。

在人们的记忆中，整个蒙大拿州东部以及南北达科他州西部都与印第安人保留地密切相关，而这些历史记忆也并不十分久远。多年前，查尔斯·厄斯金·斯科特·伍德曾是我的邻居，他写了《天堂话语》[3]。我认识他的时候，他已经年逾古稀，但是，他对当年的经历记忆犹新。发生那场战

---

1 小巨角河战役（Battle of the Little Bighorn），亦译"小比格霍恩战役"，1876年6月25日，在美国蒙大拿州境内的小巨角河，乔治·A.卡斯特（George Armstrong Custer）中校率领的联邦军队与坐牛（Sitting Bull）率领的北部平原印第安人之间发生了激烈的战斗。1946年，在这场战役的原址上建立小巨角河战役国家纪念碑，2003年建立印第安人纪念碑，纪念这场战役。

2 弗雷德里克·雷明顿（Frederic Sackrider Remington，1861—1909），美国画家、插画家、雕塑家。他的作品主要表现美国西部特别是西部牛仔、印第安人、美国骑兵等，其画作主要有《烟雾信号》（*The Smoke Signal*）、《捍卫水源》（*Fight for the Waterhole*）、《冲向树林》（*A Dash for the Timber*）、《冲向圣胡安山》（*Charge Up San Juan Hill*）、《印第安战争》（*Indian Warfare*）、《露宿者》（*The Outlier*）、《西部牛仔》（*West Cowboy*）等。

3 查尔斯·厄斯金·斯科特·伍德（Charles Erskine Scott Wood，1852—1944），诗人、评论家、律师，毕业于西点军校，曾参加过约瑟夫酋长战役，1927年出版讽刺散文集《天堂话语》（*Heavenly Discourse*），采用戏剧或讨论形式，对政治、军事、宗教等进行讥讽。

役之时，他刚从军校毕业，作为一名年轻中尉，他被分派在迈尔斯将军手下，参加了约瑟夫酋长战役[1]。他对那段历史的记忆非常清晰，也为那场战役的残忍感到非常悲伤。他说，那是历史上最英勇的撤退之一。约瑟夫酋长和内兹帕斯部落印第安人带着女人、孩子、狗和他们的所有财产，在猛烈的战火攻击之下撤退了一千多公里；他们要逃到加拿大。伍德说，他们每走一步都需要克服重重艰难险阻，他们始终在奋力拼搏，直到最后，他们被迈尔斯将军率领的骑兵部队包围，他们中的大部分人被骑兵部队歼灭。伍德说，在他执行过的任务中，这一次是最令他难过的；但是，他对内兹帕斯印第安家族的战斗精神始终非常敬佩，从未有过一丝一毫的减弱。"如果他们不是携家带口，有拖累，我们永远也不可能抓住他们。"他说，"如果他们与我们在兵力和武器上都是势均力敌的话，我们是不可能打败他们的。他们是男人，"他强调说，"真正的男子汉。"

---

1 约瑟夫酋长战役（Chief Joseph Campaign），亦称"内兹帕斯战役"（Nez Percés War），1855 年，联邦政府强迫内兹帕斯印第安人放弃他们祖传的土地，迁移到俄勒冈领地的尤马蒂拉保留区。1860 年，白人为了大量开采黄金矿，擅自占领内兹帕斯人的土地。1863 年，内兹帕斯印第安人又被迫签字，让出他们的保留地。1877 年，部分拒绝签字的内兹帕斯印第安人在约瑟夫酋长的率领下，向加拿大逃亡，一路上，他们与美国军队进行了一系列战斗。最终，在距离加拿大 100 公里处，这场战争以约瑟夫酋长及内兹帕斯印第安人投降结束。

说到国家公园这个话题，我必须坦承，自己对此有些疏于了解。我没去过几个国家公园。也许，这是因为那些独一无二的、蔚为壮观的、动人心魄的景观——最大的瀑布、最深的峡谷、最高的悬崖，还有人类或大自然最令人惊叹的杰作——都被围了起来的缘故吧。我宁愿欣赏一幅精美的布莱迪[1]摄影作品，也不愿跑到拉什莫尔山国家纪念公园。我个人的观点是，这是把我们国家和文明中一些稀奇古怪的东西圈起来，以便自吹自擂。黄石国家公园[2]跟迪斯尼乐园一样，都不能完全代表美国。

既然这是我发自内心的看法，我不知道是什么原因促使我急转南下，越过州界线，要去黄石国家公园看看。也许，这是我对自己邻居的畏惧吧。我都能够听到他们会这么说："你是说，你离黄石公园那么近却没有进去看看？你一定是疯了吧。"再说，这可能一直都是美国人旅行的癖好。一个人

1　马修·布莱迪（Mathew Brady, 1823—1896），美国十九世纪著名摄影艺术家，是美国最早采用摄影艺术来记录美国重大历史事件的人，被称为新闻摄影的鼻祖。十九世纪四十年代，他曾在纽约、华盛顿举办了《美国杰出人物画廊》的人像摄影展。1861年美国内战时期，他自费组织战地摄影。林肯总统最著名的肖像照就是出自布莱迪之手。

2　黄石国家公园（Yellowstone National Park），主体位于怀俄明州，部分位于蒙大拿州和爱达荷州，创建于1872年，是世界上第一座保护野生动物和自然资源的国家公园，1978年被列入世界自然遗产。

出去旅游，与其说是为了亲眼看到什么，倒不如说是为了事后讲给别人听。不管我去黄石公园的目的是什么，我很高兴我去了，因为我发现了一些跟查理有关的事情。假使我没有去，我可能永远都不会知道。

一位长相和善的国家公园管理员检查了我的车子，然后问我："那条狗怎么处理？通常情况下，狗都要用皮带拴着，否则不允许入园。"

"为什么？"我问。

"因为那些熊。"

"先生，"我说，"这是一条与众不同的狗。他不是靠着他的犬牙利齿秀威风。他虽然并不欣赏猫，但他尊重猫作为猫的权利。他宁可绕着路走，也不愿意去惊扰一条正在用心地做着什么的毛毛虫。他最大的恐惧就是，有人会指着一只兔子，建议他去追那只兔子。这是一条平和的、安静的狗。我认为，对于你的熊来说，最大危险就是被查理忽视而感到愤怒。"

年轻人笑了笑，接着说："我倒并不怎么担心那些熊。只是，我们的熊已经对狗产生了一种难以容忍的心态。它们当中，说不定哪一头熊可能会一巴掌打在狗的下巴上，以此来证明熊对狗的偏见，然后——狗就没命了。"

"先生，我会把狗牢牢看住的。我向你保证，查理绝不会在熊的世界里掀起一丝涟漪，而我这个来看熊的老家伙，也不会的。"

"我只是有必要提醒你，"他说，"我毫不怀疑你的狗是没有恶意的。可是从另一个方面来说，我们的熊却是绝对有恶意的。不要留下食物。它们不仅偷吃东西，而且还会对任何试图在它们面前指手画脚的人表现得毫不客气。一句话，不要相信它们那张看似憨厚甜美的脸；否则，你可能会被揍得很惨。还有，不要让狗到处游荡。熊是不会跟你讲道理的。"

我们带着狂热的激情，踏上了大自然仙境之路。想必你已经猜到，随后一定会发生什么事。而唯一能够让我向你证明随后的确发生了什么事的方法，就是找到一头熊。

在离入口处不到一公里的地方，我看到路边有一头熊。正不紧不慢地走进了我的视线，那架势好像在示意我把车子停下来。立时，查理有了反应。他愤怒地尖叫起来。他的嘴唇向外翻开，露出了他那连吃狗饼干都有点不舒服的丑陋的牙齿。他发出尖锐而刺耳的狂叫声，辱骂着那头熊。熊听到了狗对他的冒犯，直立起身子。我有个感觉，那头熊似乎比驽骍难得还要高。我发了疯似的把车窗摇上去，迅速向左侧打方向盘，从那头熊的身边一擦而过。然后，我踩足油门，疾速向前冲去。这期间，查理在我的旁边狂吼乱叫，似乎在详细地描述着，要是他能够把那头熊给逮住，他会如何发落那家伙。我这辈子还从来没有如此惊讶过。就我所知，查理活了这么久，还真就没有见过熊。并且，在他走过的生命历程中，他对每一种生物都表现出极大的宽容。除了我说的这些特点以外，查理还是个胆小鬼，一个天生的胆小鬼，为此，他发明了一种技巧，来掩饰自己的胆怯。然而此时，他却尽其所能，显示出一切证据，来证明他想冲出去，杀死一头比他重一千倍的熊。他的疯狂行为，真把我搞得一头雾水。

我们继续往前行驶，没开出去多远，又出现了两头熊，查理的反应变本加厉了。他摇身一变，成了一个躁动的狂魔。他在我的身上狂乱地跳来跳去，诅咒谩骂着、猞猞低嗥着、龇牙嘶吼着、惊恐尖叫着。我从来都不知道，他居然还有龇牙吼叫的能力。真不知道他这是从哪里学来的。这里的熊太多了，这条路变成了一场噩梦。这是查理有生以来第一次抵制理性，甚至抗拒我用手拍打他的耳朵。他变成了一个野蛮的杀手，渴望看到敌人鲜血淋漓的血腥场面。直到这次经历之前，他还没有过敌人。在没有熊出没的一段路上，我把驾驶室的车门打开，抓住查理的颈圈，把他带到车房里锁好。但是，我这么做，情况并没有多大的改善。当我们再次遭遇熊的时候，他跳到桌子上，抓挠着窗户，企图要冲出车房，去抓住它们。他在狂躁中挣扎着，怒吼着，我都能够听到罐头盒子相互撞击的声音。那些熊只不过是把我那条向来以哲基尔友善形象示人的狗内心中的海伊德恶毒本性暴露了出来。[1] 他的躁狂本性的根源在哪里？那是狼在他体内遗存的一种前代记忆吗？我非常了解查理。他偶尔会试着显现出吓唬人的样子，但是，那只不过是显而易见的虚张声势的虚假表象而已。而这一次，我发誓，他的所作所为绝对不是虚假的表象。我敢肯定，如果我把他放出去，他一定会朝着我们经过的每一头熊猛扑过去，才不在乎是胜利还是死亡。

与熊的遭遇搞得我神经过度紧张，这是一个魂惊魄惕的场面，就如同看到一位年长的、温文尔雅的朋友突然间发飙一样。即使再多的自然奇观——那些陡峭的悬崖和喷涌的溪水，那些水雾袅袅升起的泉水，等等——都无法吸引我的注意力。这一路上，只剩下喧嚣混乱的场面在一次次地重复演绎着。大概在我们与熊的第五次遭遇之后，我放弃了，调转车头，驾驶着驽骍难得，循原路返回。假如那天晚上我停下来，在黄石国家公园里过夜，各路走来的熊聚集在我做饭的地方，我真的不敢想象会发生什么情况。

在公园大门口，管理员例行检查。"你并没有停留多长时间。那条狗在哪儿呢？"

1　哲基尔（Jekyll）和海伊德（Hyde），分别被用来指代善与恶的两重性格，有习语"Jekyll and Hyde"，意思是"具有善恶双重人格的人"或"两重性格交替出现的人"。此义源自罗伯特·路易斯·史蒂文森（Robert Louis Stevenson）的小说《化身博士》（*Strange Case of Dr Jekyll and Mr Hyde*, 1886）。小说中哲基尔医生服用了一种药，把他性格中的善与恶分在两个人物身上，所有的恶念都分给了海伊德先生。

"被我锁在后面的车房里了。我应该给你一个道歉。那条狗从骨子里都想杀死熊，而我并不知道他会这样。在此之前，他对只有几分熟的牛排都还有怜悯之心呢。"

"是啊！"管理员说，"有时候的确会发生这种情况的。这也就是为什么我得事先给你一个警示。一条知道熊的习性的狗，应该知道如何把握好自己的分寸。不过，我也见过一条博美犬，一看到熊，即刻就像一股烟似的蹿起来，逃掉了。你知道，一头看起来招人喜爱的熊能够像拍网球一样拍打一条狗。"

我把车子开起来，开的速度很快，回到了我来时的路上。我可不想在这附近的野外露营，因为我担心，可能会有一些野生的、不受政府管理的熊在夜色中出没。那天晚上，我是在利文斯顿附近的一家相当不错的汽车旅馆过夜的。我先是在一个餐厅里吃了晚饭，然后回到房间，洗了澡，喝了一杯酒，坐在一把舒适的椅子里，光着双脚，踩在有红玫瑰花饰的地毯上。这个时候，我打量着查理。他显得有些茫然若失的样子，眼睛里流露出缥缈恍惚的神情。他已经精疲力竭了。毫无疑问，这是情绪上的过度疲惫。这很容易让我联想到喝得烂醉如泥的男人在昏睡了很长时间之后醒过来的状态——疲惫不堪、萎靡不振、浑身瘫软。查理不想吃东西，也不肯出去散步。等我们在房间里安顿下来，他就瘫倒在地毯上睡着了。夜里，我听到他在哀嚎着，嘴里还嘟嘟囔囔的。我打开灯，发现他的脚在做着奔跑的姿势，他的身子抽搐着，他的眼睛睁得大大的。好在，那只是一只出现在他的梦境里的熊。我把他叫醒，给他弄了一点水喝。这回，他睡着了，一晚上都不再有动作。到了早上，查理依然显得很疲倦的样子。我不知道，我们为什么会认为动物的思想和情感都是简单的。

记得小时候，我读到或者听到"大分水岭"[1]的时候，总会被这几个字发出的美妙声音所震慑，觉得这是表现一个大陆花岗岩脊梁最恰当的声音。我的脑海里会浮现出一个个耸立在云端的山峰峭壁，活脱脱一个大自然造就出来的中国长城。落基山脉实在太高大、太绵长、太重要了，正因为如此，反倒让大家常常忽略了它。在我折返回蒙大拿州的途中，地势在不知不觉中平缓上升。如果不是一块彩绘的标牌，就算我开过去了，我也不会觉察到那个制高点。在这里，你并不会感觉到落基山的海拔居然非常高。当我看到那块标牌的时候，我已经开过去了；这没关系，我把车子停下来，又开了回去。我从车子上下来，叉开腿，站在制高点上。我站在落基山脉上，面朝南方，这让我产生了一种神奇的感觉：落在我右脚上的雨水一定会流入太平洋，而落在我左脚上的雨水会在无数公里之后最终流入大西洋。

---

1 大分水岭（The Great Divide），亦称"大陆分水岭"，泛指任何大陆上的主要分水线，是将流入不同海洋或其他主要水体的大陆降水系统——河流、降雪、降雨——分隔开来的自然边界。这里指南北走向、由北美落基山脉众多山岭绵延数千公里形成的一道设想线。落基山脉北起加拿大，穿过美国，南至墨西哥和中美洲，除圣劳伦斯河外，北美几乎所有的主要河流均发源于此，因此被称为大分水岭。落基山脉以西的河流属于太平洋水系，山脉以东的河流属于北冰洋水系和大西洋水系。落基山脉同时还是北美大陆重要的气候分界线。

这样一个看似不会给人留下深刻印象的地方，居然承载着一个如此令人惊叹的事实。

我站在落基山脉这个高高隆起的脊梁之上，不可能不想到第一批穿越这里的那些人。他们是法国探险家刘易斯和克拉克以及由他们带领的探险军团成员[1]。我们现在越过落基山脉，乘飞机需要五个小时，驾车需要一个星期，像我这样磨磨蹭蹭地开车行驶，需要一个月或六个星期。但是，刘易斯和克拉克带着他们的探险军团，自1804年从圣路易斯（St. Louis）出发，直到1806年才返回。如果现在的我们自认为是男子汉，那么我们应该记得，在当时那两年半的时间里，探险军团的成员们穿越了人迹罕至的荒野和尚未开垦的地带，抵达太平洋沿岸，然后再折返回来。在整个探险过程中，只有一人死亡、一人失踪。现如今，如果牛奶供应延迟了，我们就会生病；如果电梯罢工了，我们几乎会死于心力衰竭。当一个真正全新的世界在他们面前展开的时候，这些探险军团的成员们会想到什么呢——他们真的会因为自己的探险进程过于缓慢而对这个新世界的冲击消减了吗？我绝对不相信。毫无疑问，他们提交给政府的报告是一份令他们自己激动万分的、令接收成果方兴奋不已的文件。他们并不感到困惑，他们知道他们发现了什么。

我驱车越过爱达荷州那个跷拇指区域[2]，穿过笔直向上延伸的真正陡峭的

---

1 即指"刘易斯与克拉克远征"（Lewis and Clark Expedition），由第三任美国总统杰斐逊发起的一次远征行动。梅里韦瑟·刘易斯（Meriwether Lewis）和威廉·克拉克（William Clark）带领一支由四十多人组成的探险队，进行大陆考察。他们从圣路易斯出发，历时两年多（1804—1806），首次横越美洲大陆，抵达太平洋沿岸的克拉特索普城堡（Fort Clatsop）并返回。

2 跷拇指区域（upraised thumb），从地图上看，爱达荷州的版图像握着拳头跷起拇指。此处指该州的西北部地区。

山脉。山上长满了松树，覆盖着厚厚的积雪。我的收音机没有了声音，我以为它坏了，其实，它只是由于高高耸起的山脊阻断了无线电波的传送。天开始下雪了，但我的运气还不错，因为那只是一场雪花在空中跳跃翻飞着的小雪。这里的空气比大分水岭另一侧的空气要柔和得多了。我记得，我好像读过，说这是因为来自日本海洋流的暖空气渗透到了内陆。松林下的灌木丛很茂密，绿油油的，到处都有湍急的流水。这里的路都是荒弃空寂的，偶尔会有一支戴着红帽子、穿着黄夹克的狩猎队。有时，他们的汽车引擎盖上还有战利品——一头鹿或者麋鹿。几间小木屋嵌在陡峭的山坡上，寥寥可数。

出于对查理的考虑，我不得不多次把车子停下来。查理越来越不容易把膀胱里的东西排泄出来。这就是像内莉这种女人说的，不能排尿的可悲症状。这种状况时常给他带来疼痛，也总是让他显出很尴尬的样子。想想吧，这条狗可是有着了不起的 élan[1]、无可挑剔的举止、高雅的 ton[2]，enfin[3]，某种无法形容的威严。这种病况不仅让他痛楚，也使他的情感受到了伤害。我总会在路边停下来，让他下车到处走走。我会善意地背对着他，我知道他排尿要用上很长时间。如果这种病发生在人类的男性身上，我就会认为这是前列腺炎。查理是一个有着纯正法国血统的老绅士。法国人只承认两种疾病，一种是前列腺炎，另一种是肝脏不好。

就这样，每当我等他的时候，我总是尽量让他认为，我也要观察一下植物和小溪流。正好利用这个时间，我试着把我的旅行重新构筑为一个条

1　法语：派头。

2　法语：声调。

3　法语：最后但最值得一提的是。

理清晰的整体，而不是一系列的零零散散的事件。我有什么地方做得不对吗？旅行进行得是否如我所愿？在我离开家之前，我的许多朋友提示我，教导我，指导我，给我洗脑。其中有一位是知名度非常高的、备受敬重的政治记者。他一直在跟踪基层选民支持总统候选人的情况。我看到他的时候，他的表情告诉我，他很不开心，因为，他热爱自己的国家，但他却感到这个国家并没有处于健康发展的状态。我可以更进一步告诉你们，他是一个极其诚实的人。

"在你的旅途中，如果你在任何地方遇到一位有胆识的人，就把这个地方记下来。我要去拜访这个人。"接着，他不无痛心地说："除了胆小怯懦和权宜之计，我什么都没有看到过。这个国家曾经是一个伟人辈出的国家。他们都去了哪里？你不能指望用一组平庸的官员来保卫一个国家。国家需要血气方刚的男人。他们在哪里？"

"一定在什么地方。"我说。

"这样吧，你试着挖掘出几位来。我们需要他们。我向上帝发誓，这个国家唯一有胆识的人好像只剩下黑人了。我必须提醒你，"他说，"我不是要把黑人摒弃在英雄伟业之外，但是，如果我想让他们来垄断这个市场，那我就完蛋了。你给我挖出十个白人来，身心健全的美国人，他们敢于在不被人看好的竞选当中展示自己的信念、想法、主张。要是真能找到这样的人，我就会拥有一支常备的主力军了。"

在选举这件事上，他表现出明显的焦虑，这给我留下了深刻的印象。因此，我一路上的确都在用心地听着、用心地看着。而真实的情况是，我并没听到多少有坚定信念的言论。我倒是看到过两次真爷们的打架，他们赤手空拳，情绪高涨，只可惜他们招数有限。而这两次打架都是为了女人。

查理回来了，为他需要更多的时间而歉疚。我真希望我能帮助他，但他想独自待着。我想起了朋友跟我说的另外一件事。

"过去有一种东西或者说有价值的物品，我们曾经有着足够多的储备。这种东西或有价值的物品我们称之为伟人。找找看，伟人都到哪里去了。我指的不是那些整天坐在电视机前看牙膏和染发剂广告的人，也不是那些整天琢磨着是买新车还是换女人的人，更不是那些功成名就但身患冠心病的人。也许，伟人根本就不存在；但是，如果真的有过伟人的话，那就是《独立宣言》所谈到的有价值的物品，比如说林肯先生。回头想一想，我知道几位这样的伟人，但并不多。如果美国宪法一直在谈论的是一个整天吹着口哨、乱抛媚眼、任性娇纵的年轻人，那不是很愚蠢吗？"

我记得当时我反驳道："也许，伟人永远都是上一代人。"

查理的动作显得很僵硬，我不得不帮助他爬进驾驭难得的驾驶室。随后，我们继续向山上行进。一场很干爽的小雪吹了起来，就像白色的灰尘在高速公路上吹拂着。我想到，在这个季节，夜晚都会来得很早。于是，在过了山脊的道口，我停下来加油。这里有一些自助组合式小木屋，这些小木屋实际上是方形的箱子，每个都备有一个门廊、一扇门以及一扇窗户，看不到花园，也看不到碎石路的痕迹。加油泵的后面是一个小型的综合商店，还包括修理部和餐厅，这是我见过的最不招人喜欢的综合商店。餐厅的蓝色招牌很是老旧，上面布满了过去好几个夏天里的苍蝇留下来的签名。"跟妈妈做的馅饼一样的味道。""我们不往你的嘴里看。你也别往我们的厨房里探头。""除非留下指纹，否则恕不兑换支票。"都是些专门用在招牌上的标准老套话。这里的食物一定不会用玻璃纸包装。

没有人到加油泵这边来，所以，我走进那个餐厅。从餐厅后面的房间里传出来争吵的声音，那个房间可能是厨房吧——一个是低沉的男人声音，另一个是说话较轻一点的男人声音，他们正在你一句我一句地相互抱怨着。我喊了一声："有人在吗？"争吵声戛然而止。随后，一个魁梧的男人从门口走了出来，脸上依旧带着因争吵而致的怒气。

"想要点什么吗？"

"加满汽油。还有，如果你这里的小屋出租的话，我想在这里过夜。"

"随你选吧，这里连个鬼魂都没有。"

"我可以洗个澡吗？"

"我会给你送一桶热水。冬季收费是两美元。"

"很好。有什么吃的东西吗？"

"烤火腿和豆子，还有冰淇淋。"

"可以。我还带了一条狗。"

"这是一个自由的国家。所有的小木屋都没有上锁。你自己选吧。要是你有什么需要的话，就喊一声好了。"

这些小木屋的设计真是被不遗余力地搞得既不舒服又难看。小木屋里，床是疙疙瘩瘩的，高低不平，墙壁是脏兮兮的黄色，窗帘像一个邋遢女人的衬裙。封闭的房间里混杂着老鼠尿和湿气的味道，还有霉菌和经年累月的灰尘的气味。不过，床单是干净的，并且经过稍微的晾晒，已经没有了之前房客的记忆。天花板上垂下来一只光秃秃的灯泡，房间是用煤油炉取暖。

这时，我听到有人敲门，是一个二十岁左右的年轻人，我让他进来。他穿着一条灰色的法兰绒宽松裤，双色调的鞋子，一件印有斯波坎（Spokane）高级中学校徽的运动夹克，还打了一条圆点花纹的阿斯科特赛马会的宽领带。他那一头乌黑闪亮的头发是一件过度梳理的杰作，脑顶上的头发向后梳成背头状，与两侧刚好露出耳朵的长发交叉，呈十字形。刚刚在餐厅听过那场可怕的争吵之后，再看到这位年轻人，他让我感到很是震惊。

"这是你要的热水。"他说，听得出来，这是刚才争吵时的另一个人的声音。小木屋的门是开着的，我看见他的眼睛扫过驽骅难得，停留在车牌上。

"你真的是从纽约来的吗？"

"是的。"

"我想找个时间去那儿。"

"那里的每个人都想到这里来。"

"为什么？这里什么都没有。待在这里只能让你烂掉。"

"要是你想烂掉，你在任何地方都能烂掉。"

"我的意思是说，你根本没有机会发展自己。"

"你想往什么方向发展？"

"嗯，你知道，这里没有剧院，没有听音乐的地方，也找不到人说说话。还有呢，杂志嘛，除非你订阅，否则，你都很难弄到最新一期的杂志。"

"这么说，你读《纽约客》[1]？"

"你怎么知道的？我订阅。"

"还看《时代》杂志？"

"当然。"

"那你就不需要到任何地方去。"

"为什么？"

---

1 《纽约客》（*The New Yorker*），美国综合文艺类杂志，1925 年，由哈罗德·罗斯（Harold Ross）与妻子简·格兰特（Jane Grant）共同创办，以大都会文化为主体，内容涵盖新闻报道、文艺评论、文学作品、纽约都市文化生活等。

"世界就在你的手指尖上，时尚的世界、艺术的世界以及思想的世界，所有这些都在你自己的后院里。到外面去只会让你更加迷惑。"

"没有人不喜欢到外面去，用自己的眼睛亲自去看看。"他说。我发誓，这是他说的话。

"刚刚那位是你的父亲吗？"

"是的，但是，我更像个孤儿。他只喜欢钓鱼、打猎和喝酒。"

"那你喜欢什么？"

"我想在这个世界上出人头地。我二十岁了。我得考虑我的未来啦。听到了吗？他在那儿吼我呢。他不管说什么，都要大喊大叫的。你要跟我们一起吃晚饭吗？"

"当然。"

洗澡用的是一只镀锌铁皮桶。我进到桶里，不紧不慢地洗了个澡。有那么一会儿，我甚至想把有纽约特色的衣服翻出来穿上，向那个男孩子冒个泡，炫耀一番，但我还是放弃了，没有穿那件衣服，而是选择了一件干净的斜纹棉布休闲裤和一件针织衬衫。

当我走进餐厅的时候，那位身材魁梧的店主人满脸通红，就像熟透了的覆盆子。他用下巴朝我戳了戳。"就好像我的麻烦还不够多似的，你一定是从纽约来的。"

"从纽约来的有什么不好的吗？"

"对我来说就是不好。我刚让那小子安静下来，而你就在他的毯子下放了毛刺，又让他活了心。"

"我并没有把纽约说得多么多么好。"

"是没有，可是你是从那里来的。瞧，这会儿他又不高兴了。哦，随他去吧，有什么用呢？他在这里也他妈的什么用都没有。来吧，你还是跟我们到后面吃饭去吧。"

后面指的是厨房、食品储藏室、餐具室、餐厅——还有一张小床，床上盖着军用毯子，也能当卧室用。一个巨大的哥特式烧木柴的炉子发出"咔嚓""咕噜"的声音。我们吃饭用的餐桌是一张方桌，上面铺着一块布满刀痕的白色油布。那个情绪激动的男孩子端上来几碗热气腾腾的菜豆炖猪脊背肥肉。

"我还是想知道，你能不能给我装一盏看书用的灯？"

"妈的，睡觉的时候，我就把发电机关掉了。我可以给你一盏煤油灯。起来，到烤箱那儿，把那个罐装烤火腿拿出来。"

那个情绪不佳的男孩子快快不悦地把豆子端上来。

红脸大汉亮开大嗓门，讲起来："我以为，他读完高中就可以了，也就不用我再操心了。但是，这可不是他要的，罗比可不是这么想的。他跑去上夜校的课程——这会儿，又搞这个——不是在读高中。他是花钱读的。不知道他从哪儿弄来的钱。"

"听起来很有抱负嘛。"

"有抱负个屁。你都不知道那是个什么课程——美发。不是理发——是美发——给女人弄头发的。我说到这儿，也许你明白了，我为什么会担心。"

罗比正在切火腿，他停了下来，转过身子。他的右手僵硬地握着那把细长的刀。他搜寻着我的脸，看看能否找到他所期待的蔑视的表情。

我努力让自己一下子变得表情严肃、若有所思的样子，显得对这件事有些不置可否。我搔搔自己的胡子，据说，这会表示我正在专心思考着什么。"不管我说什么，你俩中都会有一个要对我进行一番攻击。你们把我夹在中间，让我左右为难了。"

那位爸爸深深地吸了一口气，然后又慢慢地吐了出来。"上帝啊，你是对的。"他说。然后，他轻声地笑了起来，房间里的紧张气氛也随之消散了。

罗比把几盘火腿端到饭桌上，对我微笑着，我想是出于感激之情。

"既然我们已经把事情说开了，那你说说看，这个美发美容师行当怎么样？"爸爸说。

"你不会喜欢我的想法的。"

"你都没有说，我怎么知道喜不喜欢呢？"

"嗯，那好吧，不过，我先要抓紧时间把这顿晚饭吃完，免得我说了以后就得拔腿跑掉。"

在回答他提出的问题之前，我先把自己的那份豆子吃光了，还把火腿吃掉了一半。

"好吧，"我说，"你提的问题正好是我考虑了许久的。我认识不少女人和女孩——各个年龄段的都有，做什么的都有，高矮胖瘦的都有——没有两个女人是一样的，除了在一件事上——那就是美发师。我经过了认真的考虑，我的观点是，在任何一个圈子中，美发师都是最有影响力的男人。"

"你这是在开玩笑。"

"我并不是在开玩笑。我对这方面做过深入的研究。如果女人们能负担得起的话，她们都会去美发店的。女人们去美发店，总会是有些事情发生在她们身上。那里会让她们觉得安全，她们会感到放松。她们在那里不必保持任何形式的伪装。美发师知道她们平日里靠化妆遮掩下的皮肤是个什么样子，他知道她们的真实年龄，知道她们的面部整容情况。正因为如此，女人们才会把不敢向牧师坦白的心事告诉美发师，也会把她们试图瞒着医生的事情向美发师敞开心扉。"

"不会吧。"

"的确如此。我来跟你说，我对这方面是很有研究的。当女人把她们的秘密生活交给美发师的时候，美发师就获得了其他男人几乎无法企及的权威。我曾经听过美发师们引经据典，对艺术、文学、政治、经济、儿童保育、道德等方面都能说得头头是道。"

"让我说，你这是在开玩笑，但说的都是大实话。"

"我说这些话的时候，一点都没有开玩笑的意思。我告诉你，一个聪明的、体贴的、有抱负的美发师所拥有的力量远远超出了大多数男人的想象。"

"上帝呀！你听到了吗，罗比？这些你都知道吗？"

"知道一些。因为，在我选的课程中，有一门是专讲心理学的。"

"我从来都没想过。"爸爸说，"我说，喝点儿酒怎么样？"

"谢谢，今晚就不喝了。我的狗不太舒服。我打算明天一大早就上路，想法子找个兽医给他看看。"

"听我说——罗比会给你装上一盏看书用的灯。我会把发电机开着。你要吃早餐吗？"

"我想就不吃了。我打算一大早就出发。"

我试着安抚查理，帮助他减轻排尿带来的痛苦，之后回到自己的小木屋。这时，罗比正在把一盏故障灯系在我那张床的铁架子上，可怜的铁架子看上去不堪重负。

他平静地说："先生，我不知道你是不是都相信你说的话，但是，你确实帮了我一把。"

"你知道，我认为我说的大部分话都应该是属实的。如果你相信的话，能做到那些可是要承担很大的责任，是吧，罗比？"

"当然是的。"他一本正经地说。

对我来说，那天晚上是一个不眠之夜。我租的那间小木屋远不及我车子上自带的那间车房舒服。而且，刚刚安顿下来，我就卷入了一件与我不相干的事情。其实，除非自己本来就打算要那么做，人们很少根据别人的建议采取行动。我心里非常清楚，我对美发方面热情洋溢的高谈阔论，很可能是在扶持一个怪物，成功的几率小之又小。

半夜里，查理用一声带着歉意的哀嚎把我弄醒了。考虑到他不是一条喜欢哀嚎的狗，我立刻爬起来，发现查理的情况很不好。他的腹部肿胀，他的鼻子和耳朵都热得发烫。我把他带到外面，陪着他走一走。但是，他还是无法排尿，缓解体内的压迫感。

我真希望自己能够懂得一点兽医知识。陪着一个生病的动物，真让人有一种无助的感觉。动物无法解释自己的感受，但这也恰好从另一个方面说明动物不会说谎，不会为自己的症状造势，也不会让自己沉溺于疑病症的愉悦之中。但是，我的意思并不是说，动物们不会伪装。即使像查理这样被认为在动物界中天生诚实的狗，当他觉得情感受到伤害的时候，也很容易让自己显得柔弱无助的样子。我希望有人能写一部实用的、全面详尽的家犬医学大全。要是我有这方面实力的话，我一定会亲自写一本。

查理的确病得很重，除非我能找出什么办法，来缓解他体内不断增加的压力，否则他的病会越来越重。导尿管应该有用。可是，深更半夜的，又是在山里，谁会有导尿管呢？我有一根用来吸汽油的塑料管，但是管口直径太大了。随后，我想起了一些说法，体内压力会引起肌肉紧张，从而增加压力，诸如此类的说法。好吧，第一步就是使肌肉放松。我的药箱里并没有准备应对各种病症的药物，但是，我确实有一瓶安眠药——速可眠，每粒一点五格令[1]。可是，我应该给查理的用药剂量是多少呢？在这种情况下，一本实用的家庭医学书就会派上用场了。我把一粒速可眠胶囊拆开，倒出一半的药量，然后把胶囊重新套在一起。我把这粒胶囊塞到查理的舌头弓起部分的后面，这样，他就无法把胶囊推出来了。随后，我抬起他的头，顺着喉咙向下按摩，让胶囊顺下去。喂完了药，我把他抱到床上，给他盖好被子。等了一个小时，他的情况并没有任何改善。这样，我又拿出一粒胶囊，倒出一半的剂量，将第二粒只有一半剂量的胶囊给他服下。我觉得，就他的体重而言，一点五格令的剂量相当大了；但是，查理的抗药性一定很强。又过了三刻钟，他的呼吸才慢下来，他也睡着了。等我做完了这些，我一定也打瞌睡了。因为，接下来我知道的事就是，查理掉在了地板上。由于药物的作用下，他的双腿有些绵软无力，难以支撑他的身子。他尝试着爬起来，又跌倒了，然后再次努力地爬起来。我打开门，把他放出去。看来，这个方法很奏效；但是我不明白，一条中等大小的狗，他的身体里怎么能容纳下这么多液体。最后，他摇摇晃晃地走了进来，瘫倒在一块地毯上，立刻睡着了。他睡得非常沉，搞得我都担心，会不会我给他吃下的药剂量太大。还好，他的体温降下来了，呼吸很均匀，心跳也变得有力且平稳。而我呢，却睡得并不安稳。等到黎明时分，我见查理依然一动不动，于是，我把他叫醒。当他睁开眼睛看到我的时候，他显出和蔼可亲的样子。他笑了笑，打了个哈欠，接着又睡着了。

1　格令（grain），旧的质量单位，1 格令等于 0.0648 克。

我把他抬上驾驶室，驱车飞快地驶向斯波坎。一路上，我根本没心思看风景，所以对这个地方一点记忆都没有。到了城郊，我从电话簿里查到一位兽医，问清了方向。然后，我带上查理，匆忙奔向诊所，直接把他送进了急诊检查室。在这里，我可不想把这位医生的名字写下来。然而，正是这位兽医为我提供了另一个理由，说明一本实用的犬类医疗知识的家庭用书有多么重要。这位医生，如果不考虑他上了年纪的话，就只能说他是靠着运气混下来的，但是我怎么好说他是个庸医呢？他用颤抖的手抬起查理的嘴唇，再翻翻查理的眼皮。然后，他缩回自己的手，任由查理的眼皮自己耷拉下来。

"他怎么了？"他问，一副完全不在状态的样子。

"这就是为什么我要来这里——找出原因。"

"有点迷迷糊糊的。老狗。也许，他中风了。"

"他的膀胱肿胀。如果他显得迷迷糊糊的样子，那是因为我给他喂了一点五格令的速可眠。"

"为什么？"

"让他放松一下。"

"嗯，他很放松。"

"剂量是不是太大了？"

"我不知道。"

"那么，你会给他多大剂量？"

"我根本不会给他吃这类药。"

"我们从头开始吧——他得了什么病？"

"可能是伤风了。"

"伤风会引起膀胱症状吗？"

"如果是那里着凉了的话——是的，先生。"

"好吧，听着——我正在赶路。我想要一个更具体一点的诊断。"

他哼了一声。"听我说。他是条老狗啦。老狗就会这儿疼、那儿疼的。就是这么一回事。"

一定是头天晚上因为查理生病让我没有睡好的原因，这位老兽医的话搞得我心里很是烦躁。"老年男人也是一样，"我说，"但是，总不能因此就不为他们做些什么吧。"我觉得，这一次，我终于让他脑瓜开窍了。

"给你开点药，让他把肾里的东西排出来。"他说。"就是伤风了。"

我拿上这些小药丸，付了账单，然后离开了那里。这件事不仅仅在于这位兽医不喜欢动物，他给我的感觉是，他连他自己都不喜欢。当一个人连自己都不喜欢的时候，那么这个家伙通常必须在自身之外找到一个不喜欢的对象。否则，他就不得不承认他的自我轻蔑了。

但是反过来说，我也毫不掩饰自己对任何一位自诩为爱狗人士的厌恶。这种人把自己的挫折累积起来，让狗背负着他们的挫折到处跑。这类爱狗人士会跟发育成熟的、听得懂人语的动物咿呀儿语，并把自己邋遢敷衍的性格特点归咎于这些动物，直到他养的狗在他这位爱狗人士的心目中变成了另一个自我。在我看来，这样的人，以他们自诩的仁慈，能够对动物施加长期持久的折磨，拒绝承认动物所具有的任何自然欲望和满足，直到一条性格软弱的狗彻底崩溃，变成肥胖的、气喘吁吁的、毛茸茸的神经官能症的牺牲品。每当有陌生人对查理说着咿呀儿语的时候，查理就会避开他。因为查理不是一个人，他是一条狗，他喜欢以一条狗的方式去处理事情。查理觉得自己是一流的狗，并不企望成为二流的人。当那位老眼昏花的兽医用他那颤抖的、笨拙的手触碰他的时候，我从查理的眼睛里看到了一丝轻蔑的神情。我想，查理了解这类人；也许，那位兽医也很清楚，像查理这类狗了解他这类人。或许，这就是那个人的苦恼所在。知道你的病人一点都不信任你，那会是多么痛苦的事情啊。

过了斯波坎之后，初雪的危险已经过去了，此时，气候发生了变化，空气中弥漫着太平洋浓烈的气息。我从芝加哥出发之后，真正用在路上的时间并不多，所以走的路程也不长，但是，这片土地袤延广阔、变化多样，加之沿途发生的许多事件和出现的各类人物，把时间拉长到了极限。记忆中，波澜不惊的旧日时光过得最快，其实，这种说法是不符合事实的。相反，那些被时间所铭记的大事件给予了过去的维度以刻骨铭心的记忆。平静无事只会使时间消散殆尽。

太平洋是我的海洋故乡。我最先认识的是太平洋，在它的海边长大，在它的沿岸收集海洋动物。我了解它的情绪、它的色彩、它的本性。我第一次对太平洋的味道有所感悟，那还是在离它遥远的内陆。当一个人在海上停留了很长时间，陆地的气味就会飘到很远的海上去迎接他。而当一个人长期生活在内陆，也会出现同样的情形。我相信自己闻到了海岩和巨型海藻的味道，我感觉到了海水翻腾带来的兴奋、嗅到了碘的刺鼻气味，还有那被冲刷和磨蚀的钙质贝壳散发出来的腥涩味道。这样一种从邈若山河般遥远之处飘来的但却记忆深刻的气味悄然而至，使你在浑然不觉之中闻到了它；不仅如此，它还向你释放出一种电激流般的兴奋——一种喧嚣刺激的欢娱。我发现，此时我正在华盛顿州的道路上疾驰，就像一只迁徙的旅鼠，目标明确，要把自己奉献给海洋。

那郁郁葱葱的、美丽迷人的华盛顿州东部，令我至今记忆犹新；还有那条在刘易斯和克拉克的探险中都留下了印记的高贵的哥伦比亚河[1]。尽管有一些水坝和电线是我以前没有见过的，但是这里与我记忆中的景况没有太大的变化。直到我接近西雅图的时候，令人难以置信的变化才变得明显起来。

当然，我之前经常读到过有关西海岸人口爆炸的报道；但是，大多数人都认为，所谓的西海岸就是指加利福尼亚州，其实不然。[2]人们蜂拥而至，城市人口以两倍、三倍的数量增长。财政卫士们为日益增加的基础设施建设费用以及越来越多的贫困人口的生活需求叫苦不迭。正是在华盛顿州这里，我第一次看到这种情况。在我的记忆中，西雅图是一个小城镇，坐落在丘陵地带，紧邻一处无与伦比的船舶停泊港湾。当时的西雅图是一座地盘很大的小城，到处都是树木和花园，房屋的建筑风格与当地的环境相得益彰。而如今，西雅图已经不再是这番景致了。丘陵的顶部都被铲平了，以便为一再急剧增加的人口建造狭窄而密集的住宅街区。八车道的高速公路像冰河一样穿行于这片忧心忡忡的土地。我此时看到的这个西雅图与我记忆中的那个西雅图已经没有什么可关联的了。车流带着蓄意谋杀的意图疾速行驶。此时，我在西雅图的郊区，这是一片我曾经十分熟悉的地方，我竟然找不到自己要走的路。这里以前是乡间小路，路两边的树上长满浆果，而现在已经面目全非了。沿着这条高速公路的两旁，高高的铁丝网和一公里长的厂房伸展开来，工厂在生产过程中释放出来的黄色烟雾弥漫着

1　哥伦比亚河（Columbia River），北美洲西部主要河流之一，发源于加拿大境内的落基山脉南麓，向西南流经美国的华盛顿州、俄勒冈州等，在奥斯托利亚注入太平洋，主要支流有库特内河、庞多雷河、斯内克河、蛇河等。

2　美国西海岸（West Coast），通常指的是加利福尼亚州、俄勒冈州和华盛顿州。

天空，与努力要把它们驱赶掉的海风拼力搏斗着。

听起来好像我在哀叹一段旧日的时光，那是上了年纪的人才热衷的事情；或者，我在形成一种对变革的抵制心理，而这只是在富人和蠢货中间才流行的事情。事实并非如此。这个西雅图并不是我曾经知道的那个西雅图的某种变体。这个西雅图是一个新事物。我置身于西雅图，却不知道这里就是西雅图。我甚至说不清楚，我身在何处。到处都在疯狂无序地发展变化着，呈癌变状滋生蔓延着。推土机卷起绿色的森林，将加工后的残枝剩叶像垃圾一样堆起来焚烧掉。从固定形状的模板上撕下来的白色木材堆在灰色的墙壁旁边。我真的搞不懂，为什么进步看起来那么像是在毁灭。

第二天，我走在西雅图老城区的街道上。在这里，鱼、螃蟹和虾都优雅地躺在白色的刨冰床上，清洗过的、洁净鲜亮的蔬菜摆得就跟图画一样。在海边的摊位上，我喝了蛤蜊汤，吃了味道浓重的螃蟹冷盘。这里没有太大的变化——只是比二十年前稍微破败了一些，也脏乱了一点。说到美国城市的发展，这里具有概括性，就我知道的所有城市来说，情况似乎都是这样。当一座城市开始发展并从边缘向外围扩展的时候，在某种意义上，曾经辉煌的中心区域便会逐渐被时间所抛弃。这里的建筑物渐渐变得破败陈旧，衰落的迹象开始出现了。随着租金的下滑，较为贫困的人搬进来，小型边缘行业取代了一度繁荣的大型企业。总体来看，这个地区仍然可以生活，没有到了非拆除不可的程度，所以不可能被拆除。然而同时，这个地区也太不入时了，没有什么发展的吸引力。除此之外，所有的发展资源都流向了新的开发区域，城乡交界的超级市场、户外影院，有着宽阔草坪的新房子，以及用灰泥粉饰过的学校，在那里，尚在文盲阶段的孩子们开始接受学校教育。在这个老旧的港口，街道很狭窄，路面铺着鹅卵石，空气中烟尘弥漫，这里已然进入了一段荒凉的时期。夜幕下，人类留下的废墟隐约可见，居住在这里的食莲者们[1]白日里为生活奔波，此时靠着饮用未经加工的烈酒，让自己进入无意识状态，忘却尘世的烦恼。几乎我所知道的每一座城市都有一个像这样苟延残喘的、破败不堪的城市之母，充斥着暴力和绝望。夜晚路灯的光亮几乎被黑暗吞噬掉，警察们结伴而行。也许有一天，这座城市会重回昔日的辉煌，撕裂它的伤痕，为它的过去建造一座纪念碑。

我在西雅图逗留期间，查理的状况有了改善。我不知道，对于他这样的年纪，卡车的不断震荡会不会就是造成这种麻烦的原因。

当我们沿着美丽的海岸向南行驶的时候，我的旅行方式自然而然地就有了改变。每天晚上，我都会找到一家舒适的汽车旅馆，停下来休息。近些年来，这些漂亮的新场所如雨后春笋般冒了出来。此时，我也开始体验西部的一种新趋势，这些或许都是像我这把年纪的人难以接受的新趋势。这里遵循着自助的原则。早餐的时候，你的餐桌上有一台烤面包机，你自己烤吐司。当我选好了一家让我感到舒适方便的汽车旅馆之后，我登记，预先付款，随后被引入我的舒适房间。这些事情做完之后，我与旅馆管理人员的任何接触便都结束了。没有服务员，没有行李生。整理房间的女工

---

1 食莲者（lotus eater），又称"食忘忧果的人""浑浑噩噩度日的人"。最早见于荷马史诗《奥德赛》。特洛伊战争结束后，奥德修斯带领他的将士们启航返回故乡。途中，他们经过一座小岛，奥德修斯派人去打探情况。岛上的人拿出落拓枣（Lotus），热情款待他们。他们吃了之后，感受到了一种梦幻般的快乐和轻松，忘记了一路上的艰辛和忧愁，也忘记家乡和亲人，竟然不再想回到故乡了。于是，奥德修斯命人将他们绑在船上，朝着家乡继续航行。在英语中，"落拓枣"亦称"忘忧果"，有一些相关的惯用语，如 lotus land 表示"安逸""安逸乡"等意思。英国作家毛姆著有同名短篇小说 *Lotus Eater*，中文译名为《食莲者》《食忘忧果的人》等。

们步履轻轻地进进出出。如果我需要冰块，在办公室附近有台机器。我自己弄冰块，自己拿报纸，什么事都很便利，什么东西都放在最合适的位置，到处都很安静。我享受着极其奢华的生活。其他客人也都是安安静静地来来去去。如果有人跟他们打个照面，说声"晚上好"，他们先是会显得有点突兀，然后才会回答说："晚上好。"在我看来，那架势就好像他们要在我身上寻找投币口。

一个下着雨的星期天，在俄勒冈州的某个地方，高贵而英勇的驽骍难得引起了我的注意。我的游历纪行写到这里，还真就没有谈到我那忠实的交通工具，只是对她说了些冠冕堂皇的赞美之词。世间的事不总是这样吗？我们珍视美德，但却并不谈论美德。相比那些盗用公款者、流浪汉、骗子之流，诚实的会计、忠实的妻子、认真的学者几乎得不到我们应有的关注。如果说，驽骍难得在我的这部游历纪行中被忽略了，那是因为她一直表现得十分出色。然而，对她的忽略并不能延伸到机械方面。我总是细心而周到地为她更换机油，定期观察润滑油的情况。我看不惯有些司机的行为，他们让发动机受到怠慢，或者受到虐待，或者被迫超负荷工作。

驽骍难得对我的善意做出了尽其所能的回应，她发出的马达声均匀、流畅，她的行驶平稳、完美。只有一件事是我考虑不周，或者说，是我做过了头。我每样东西都带得太多了——太多的食物，太多的书，还有足够组装一艘潜艇的工具。只要我找到洁净的水，我就会把驽骍难得的水箱灌满水，三十加仑的水重达136公斤；还有，为了安全起见，我还带上了一个备用的丁烷气容器，重34公斤。驽骍难得的弹簧承受着巨大的压力，但它看上去还是很安全的。在崎岖不平的道路上，我都会放慢车子的速度，小心谨慎地行驶。由于驽骍难得一直都处于最佳状态，我把她看作是诚实的会计、忠实的妻子——自然而然地，我忽略了她。在俄勒冈州，一个下雨的星期天，我在穿过一个看不到尽头的泥坑时，驽骍难得的右后轮胎因潮湿导致气体膨胀而爆胎。按照我的想法，只有质量低劣的、脾气暴躁的汽车，纯粹出于邪恶和恶意，才会发生这种情况，我自己曾经有过这类汽车，但是，驽骍难得不是这样的车。

当时我想，开车难免出这种事，就是碰巧赶上的倒霉事。只不过，这次的倒霉爆胎发生在 20 厘米深的泥水里，而备胎挂在驾驶室下面的卡车底盘处，也贴在了泥水里。在当初装车的时候，我将更换轮胎用的工具放在桌子下的地板下面，一路上还从来没动过。这意味着，我得先到车房里，把所有的东西都挪开。千斤顶是全新的，也从未使用过，上面还带着出厂时的涂层，用起来又僵硬又不合手；更糟糕的是，这个千斤顶并不是专为抬升驽骍难得而设计的。我趴在地上，一点一点地往车子下面移动，然后在车下的泥水里继续移动，尽量使鼻孔保持在水面之上。千斤顶手柄上沾满了油腻的泥污，很湿滑。我的胡子上也沾上了泥球。我躺在那里，像只受伤的鸭子一样，喘着粗气。我一边在心里咒骂着，一边把千斤顶一点一点地向前移动，摸索着放到车轴下方；由于车轴在水下，我不得不凭着感觉找到它。接着，我发出超人般的咕噜声，嘴里冒着气泡，眼珠子都快要从眼窝里冒了出来，用千斤顶把极其沉重的车子顶了起来。我能够感觉到，我那骨肉相连的肌肉被从固定它们的骨头上扯离开来。实际上，我用了不到一个小时的时间，就把备胎换上了。我浑身上下被一层层的黄泥包裹着，要是这时有人在旁边，根本无法辨认出我是谁。我的手被割伤，流着血。我把换下来的破损轮胎滚到高处检查了一下。轮胎的整个侧壁都炸裂开了。然后，我检查了一下左后轮胎。让我惊恐不安的是，左后轮胎的一侧有一个很大的橡胶泡，顺着这个橡胶泡再往前看，又有一个。很明显，这个左后轮胎随时都有可能爆胎。要知道，那天是星期天，又在下雨，而且还是在俄勒冈州。如果另外一个轮胎也爆裂了，在这条又潮湿又寂寞的路上，我除了放声大哭、等待死亡之外，别无选择。或许，有几只善良的鸟会用树叶把我和查理覆盖住。我把身上的衣服连同泥巴一起剥下来，换上干净的衣服，感觉好一些；其实，在换衣服的过程中，这身新换的衣服也沾上了泥污。

我们继续缓慢前行。一路上，没有哪一辆车能像驽骍难得那样，受到其驾驶者如此巴结奉承的诚挚待遇。道路上出现的任何一处坑洼不平，我们经过的时候都让我心痛不已。我们以每小时不超过 8 公里的速度小心翼翼地龟速行驶着。而这个时候，正应验了一句老话：当你真正需要找个落脚之处的时候，你必定是在一个前不着村后不着店的地儿。我所需要的，远不止一个落脚之地；我需要找到一个地方，在那里能弄到两个新的、承重的后轮胎。为我设计这辆卡车的人没有料到，我会带着这么重的东西。

我们如同在令人痛苦的潮湿沙漠里度过了四十年。白日里没有云彩导示我们，黑夜间没有火柱指引我们。[1] 终于，我们到了一个湿气沉重的封闭小镇。这个小镇的名字我不记得了，因为我从来没有听到过这个名字。除了一个很小的加油服务站之外，所有的店铺都关门了。老板是个大块头，脸上有疤痕，一只眼睛是邪恶的白眼仁。即使他是一匹马，我也不会买下

1　"白日里没有云彩导示我们，黑夜间没有火柱指引我们"（with no cloud by day nor pillar of fire by night to guide us），此处，斯坦贝克关联《圣经·出埃及记》中的一段话："白日里云柱导引他们前行，黑夜间火柱赋予他们光明。"（by day in a pillar of cloud to lead the way, and by night in a pillar of fire to give them light）后来，"云柱和火柱"（pillar of cloud and pillar of fire）被用来比喻"指路明灯"。

他。看得出来，他是一个不苟言笑的人。"碰到麻烦啦。"他说。

"你说对了。你不卖轮胎吗？"

"没有你需要的尺寸。得派人到波特兰去买。可以明天打个电话，也许后天就能送到。"

"镇子里就没有什么地方可以买到吗？"

"有两家。都关店了。再说，即便他们有轮胎卖，也没有适合的尺寸。你需要的轮胎更大一些。"他搔搔自己的胡子，盯着左后轮胎的橡胶泡看了好一阵；然后，他用食指像锉刀一样，戳了戳橡胶泡。检查完了，他走进自己的小办公室，把一堆刹车片、风扇皮带和目录簿推到一边，从下面掏出一部电话机。如果说这个世界上有什么让我对人类本质圣洁的信仰变得支离破碎的话，我必定会想起那位让人觉得面目狰狞的修理店老板。

他打了三通电话之后，找到了一位经销商，那儿有一款轮胎与我所需要的类型、大小相匹配；但是，那位经销商正忙于一场婚礼，无法脱身。他又打了三通电话，联系到了另一个适合的轮胎；只是，这个轮胎在 12 公里之外。雨还在下着。寻找合适的轮胎这个过程没完没了，因为每次通话之间，都有一排汽车在等着加汽油和换机油，而所有这些工作，都必须由这位老板亲自一本正经地、慢条斯理地去完成。

最后，他招呼他的一个连襟到他联系好的地方去取轮胎。这位连襟在那条路边有一片农场。连襟不想在雨天出门，但我的那位邪恶的圣人给他施加了某种压力。于是，老板的那个连襟开上车子，到两个可能弄到合适轮胎的地方，那是两处相隔很远的地方。他找到了轮胎，把它们带回来，给了我。在不到四个小时的时间里，他们就为我把轮胎装备好了，车子架在了两只重型大轮胎上。我的卡车在一开始就应该安装这样的轮胎。我真的想跪在泥地里亲吻老板的手；不过，我并没有那么做。我给了他一笔相当可观的小费，他说："你不必这么客气。只是，你必须记住一件事，那两个新换的轮胎比原来的规格要大。它们改变了你车子上的计速器读数。你实际跑的速度比指针上显示的更快。要是你碰到手痒的警察，小心点儿，他可能会收拾你的。"

我满怀谦逊的感激之情，却不知道该用什么语言表达出来。这件事发生在俄勒冈州，一个下着雨的星期天。我希望，那个长相邪恶的加油服务站老板能活上一千年，让他的子孙后代遍布在这个地球上。

这一路上，查理正在迅速成为一个拥有大量实地勘查经验的树木专家，这一点毋庸置疑。他或许可以在戴维斯机构[1]找到一份顾问的工作。但从一开始，我就对他隐瞒了关于巨型红杉的任何信息。我自以为，一条来自长岛的贵宾犬向北美红杉或者美洲巨杉[2]致以敬意的方式应该有别于其他种类的狗——我甚至认为，可能会表现得像那位加拉哈德[3]见到圣杯一样。而事实证明，我的这一想法很是牵强附会。在这次经历之后，他可能会神秘地穿越到另一个存在的层面，到另一个维度，就如同红杉似乎已经超越了时间，超越了我们的普通思维。这次经历甚至可能会让他变得疯狂。我曾经

1 指戴维斯森林管理资源公司（Davies & Company Forest Management Resources），为美国一个综合性林业咨询机构，提供完整的森林和林业信息。

2 红杉（redwood, *Sequoia sempervirens*），一般指北美红杉、加州红杉，亦称美洲巨杉（*Sequoia gigantia*）。1968 年，在加利福尼亚州西北部太平洋沿岸设立了“红杉国家公园”（Redwood National Park），公园拥有世界上现存面积最大的红杉树林、世界上最古老的红杉以及最高的红杉，其中的“谢尔曼将军红杉”被认为是最高大的红杉。1981 年，公园被列入世界自然遗产。

3 加拉哈德（Galahad），指亚瑟王传奇中最纯洁、最高尚的圆桌骑士，只有他才能看见耶稣在最后的晚餐时使用过的“圣杯”。加拉哈德找到了这只圣杯，并被立为王。他一直沉迷于相信圣杯能够给他带来神圣的幸福，并不断祈求上帝将他带走。所以，当加拉哈德手捧着圣杯之时，“双手间犹如捧着基督的圣体”，随即死去。

是这么想的。另有一种可能性，这次经历也可能会使他成为一个无与伦比的令人讨厌的家伙。一条有过这种经历的狗，可能会成为一个名副其实的贱民。

一旦见过红杉，你的头脑中就会留下一个印记，或者创造出一个愿景，永远都会伴随着你。还从来没有人成功地画出或者拍摄过红杉。红杉释放出来的那种感觉只可意会，是不可能被言语传递出来的。红杉给人以静寂和敬畏之感。这不只是因为它们那令人难以置信的高度，也不只是因为它们在你的眼前展现出来的变幻莫测的色彩，远不止这些。它们不同于我们所知道的任何一种树，它们是另一个时代的使者。红杉拥有亿万年前消失在石炭纪时期煤炭中的蕨类植物的神秘。它们有着自己的辉煌与暗淡的演变历史。置身于红杉林之中，即使那些轻狂浮躁的、嘻哈散漫的、无礼不逊的人，都会深深地陷于其令人惊叹、令人敬畏的魔力之下。敬畏——就是这个词。人人都会觉得，有必要向这些毋庸置疑的君主鞠躬。我从很小的时候起，就认识这些巨大的红杉，生活在它们中间，靠在它们温暖的巨魔般的身躯上，在它们身边露营和睡觉。即使与红杉的接触不过是再稀松平常的事了，也不会使我对其滋生任何轻蔑之意。并且，我不是唯一拥有这种感觉的人。

好多年前，在蒙特雷（Monterey）附近我居住的那个区域，新搬来一个人，这个人大家都不认识。一定是因为拥有金钱和获取金钱的动机而使他变得麻木不仁了。他在靠近海岸的一个深谷里买下一片北美红杉树林。然后，靠着他对这里的物主身份，他砍倒了这些树，卖掉木材，只把他屠杀后剩下的树木残骸遗留在这片土地上。这件事让镇子上的所有居民大为震惊，令大家窒息，甚至说不出话来。这种行为不仅是谋杀，而且是亵渎。我们带着憎恶的眼神看着那个人。他成了被标记的人，直到他死去的那一天。

当然，许多古老的红杉林都已经被砍伐掉了。尽管如此，出于一个善意的、有意义的原因，许多仪态高贵的、历史悠久的红杉仍然被保留了下来，并将继续存在下去。各州和政府无法买下并保护这些神圣的树木。基于这种情况，各类俱乐部、组织团体，甚至个人，出资买下了这些红杉，将它们献给未来。我不知道，在其他事情上，是否也有类似的案例。这就是美洲红杉在人类心灵中产生的影响。但是，这些红杉在查理身上会产生什么样的影响呢？

在接近俄勒冈州南部的红杉林地带的时候，我把查理关在驽骥难得的车房里。我这么做，就相当于是给他加上一个罩子。我驱车经过了几片红杉树林，觉得都不太合乎我的要求，就没有停下来。后来，在溪流边上的一片平坦的草地上，我们看见了祖父级的红杉，孤傲地耸立着，足足有90米高，树围跟一栋小公寓差不多。枝丫上长满了平阔的、亮绿色的叶子；但是，这些叶子只是从树干向上45米高的地方才开始生长。下面的树干是一根笔直的、略微呈下粗上细的圆柱。红杉的表皮呈渐变色，从红色到紫色再到蓝色。这株红杉的顶端高贵而庄重，曾被古老时代发生的某场暴风雨的闪电撕裂。我把车子从公路上开下来，停在距离那尊神一般的巨物15米的地方。我还是离它太近了，不得不把头尽量往后仰，以便我的眼睛能够垂直向上看，只有这样，我才看得到它的树枝。这是我等待已久的时刻。我打开车房的后门，让查理出来，静静地站在那里观察着。我认为，这可能是狗的天堂之梦的最高境界。

查理嗅了嗅，抖动了一下他的颈圈。然后，他溜达到一片杂草前，跟一棵小树勾勾搭搭地闲扯了一番。接着，他走到溪流边去喝水。做完了这些，他四处寻觅着，看看还有没有什么新鲜事儿可以做。

"查理，"我叫道，"看这儿！"我指着祖父级的红杉。他摇了摇尾巴，又喝了一口水。我说："当然。他把头仰得不够高，看不到那些树枝，无法证明那是一棵树。"我溜达到他跟前，把他的口鼻部位向上抬起来。"瞧，查理。这是树中之树。这就是我们探索的终极目标。"

查理打了一个喷嚏，就跟所有的狗一样，如果把他的口鼻抬得太高就会打喷嚏。一股愤怒和憎恨涌上我的心头，那是人们对不会欣赏者以及对那些因无知而亵渎了一个宝贵计划者的愤怒和憎恨。我把查理拖到那棵祖父级红杉的树干边上，让他的鼻子在树干上蹭一蹭。他冷漠地看着我，原谅了我，然后朝着一片榛树丛悠闲地走去。

"要是我认为查理这么做是出于恶意或是开玩笑，"我自言自语地说，"我会立刻宰了他。我非得把事情弄个明白不可。"于是，我打开我的袖珍折叠刀，走到溪流边上。我在那儿的一棵小柳树上割断一根树枝。这根树枝呈 Y 形，上面长了很多叶子。我把树枝的顶端修剪整齐，把末端削尖；然后，我走回到那尊安详的泰坦巨神般的祖父级红杉树干旁，把小柳树枝靠着红杉插进土里，让它的绿叶依偎在红杉那蓬松粗糙的树皮上。等我把这件事做好之后，我冲着查理吹口哨，他很友好地回应了我。我故意不去看他。他漫无目的地在附近走来走去，直到他看到红杉树干边上那根柳树枝，这才显露出惊奇的神情。他走过来，小心翼翼地嗅了嗅刚刚割下来的柳树枝的叶子。随后，他绕着巨大的红杉树干转来转去，确定射程和弹道，向目标射了出去。

我在这里停留了两天，与这些巨人般的红杉近距离接触。这里没有远足者，也没有带着相机、吵吵闹闹的旅行团。这里犹如一座大教堂般清幽、安详。或许，厚实而柔软的树皮吸纳了声音，才制造出这样一番寂静。大树直指天穹，看不到极限。黎明来得很早，早晨的时光一直持续到太阳升得很高。然后，类似蕨类植物的绿色枝叶最大限度地向上伸展，攫取阳光，靠着阳光的渲染，成为一片闪耀着绿光的金子，再将阳光分洒下来，或者更确切地说，分布成光与影的条纹。当太阳越过天顶，午后来临了；接踵而至的就是傍晚，一个窃窃私语的黄昏像黎明一样绵绵悠长。

　　就这样，时间和一天的常规划分改变了。对我来说，黎明和黄昏总是静谧的时刻；而在红杉林这里，几乎整个白昼都是静谧的时光。鸟儿们在暗淡的光线下翩翩起舞，时不时地像火花一样划过阳光的条纹；但是，它们扑棱着翅膀却几乎没有弄出声音来。脚下是两千多年来积存下来的针叶地毯。行走在这层厚厚的地毯之上，弄不出任何脚步声。对我来说，这里有一种与外部世界邈然悠远的感觉。一个人保持缄口不言，是担心打扰到什么——打扰到什么呢？从很小的时候起，我就有一种感觉，认为树林里正在发生着什么事情，而我并不属于其中的一部分。此时，我只身处在这样的环境中，即使我已经忘却了那种感觉，我也会很快就把它找回来。

到了夜晚，一切笼罩在黑暗之中——只露出一抹笔直向上的灰色和一颗偶尔闪现的星星。在这黑的色彩中，脉动着一种呼吸，因为，那些制控着白昼、栖息于黑夜的巨大的东西都是有生命之物，都是有灵性的，也许是有感觉的，并且，在某种深层的感知之中，或许还有交融与沟通。我的一生都与这些东西有着联系——奇怪的是，我却并不想直白地用"树"这个词。我可以接受它们，接受它们的力量以及它们的年龄，因为我很早就接触到了它们。从另一角度来看，如果缺乏这方面经验的人身处此境，在一开始就会有一种焦躁不安的感觉，一种危险的感觉，一种被关闭、被围囿、被压垮的感觉。这种感觉不仅是因为这些红杉的巨大身躯所致，还因为那些缺乏经验的人因自己对红杉的陌生感而导致他们心生畏惧。为什么不会是这样呢？因为，早在上侏罗纪地质时期，红杉所属的树种就已经在四个大陆上繁衍生息，时至今日，红杉是其所属树种中最后的幸存者。业已发现的这些古老树种的化石可以追溯到白垩纪时代，而在始新世和中新世，它们就已经遍布于现今的英国、欧洲和美洲大陆。后来，冰川南移，这些巨型物种被摧毁，到了难以复生的地步。而现在，仅存的只有这几种了——它们是对远古时期这个世界曾经是个什么样子的惊人记忆。会不会是我们不喜欢被别人提醒，说在一个我们刚刚置身其中就已经很古老的世界里，我们还太年轻幼稚，不过是乳臭未干呢？而当我们不再居住于这样一个充满生命活力的世界里的时候，这个世界还将以其庄严而稳重的形式继续存在，会不会是我们对于这种确定性有一种强烈的抵制呢？

我发现，描写加利福尼亚州北部我的家乡，于我来说真是一件很困难的事。这原本应该是最容易写的地方，因为我对这条向着太平洋拱出去的狭长地带的了解，远多于我对世界上任何一个地方的了解。然而，造成这种困难的不只是一件事，而是许多件事——一件事叠印在另一件事上，直到整个事情叠加在一起，变得模糊不清。事物的本来面目因过去的记忆与发生在我身上的变化相互碰撞而扭曲变形，整个捆绑在一起的事情被撕裂开来，直到客观地去审视已经变得几乎不再可能。在我的记忆中，这条车流量很大的四车道混凝土高速公路曾经是一条狭窄的、蜿蜒曲折的山路，道路上是运送木材的车队，由骡子拉着，一步步走得很稳。骡子颈轭上的铃铛发出"叮铃""叮铃"的声音，高亢而悦耳，示意着运输队的到来。这里从前是一个小镇，一株大树下有一家杂货店，还有一家铁匠铺。铺子前面有一条长凳，人们可以坐在上面，听着锤子砸到铁砧上发出的铿锵声。现在，这里有无数的小房子，形状如出一辙，但却都要尽其所能展示各自的与众不同，这些小房子向着四面八方蔓延了一公里。那边从前是一座树木繁茂的小山，生机勃勃的橡树泛着深绿色，跟干草地形成了对照。在月色姣好的夜晚，郊狼就会在干草地里放开歌喉。现如今，小山丘的顶部被推平了，一座电视转播站直刺苍穹，给数以千计个像聚集在路边的蚜虫一样的小房子传播令人神经紧张的画面。

这难道不是典型的抱怨吗？我从来没有抵制过改变，即使这些一直被视为进步。然而，看到我心目中有着美好印记的家园淹没在陌生人的噪声之中，充斥着杂乱无章的东西，被一再扩大的垃圾包围着，我自然会对这些外来的人产生怨恨和不满。当然，这些新来者会憎恨那些比他们来得更晚的后来者。我记得，在我还是个孩子的时候，我们自然而然地会表现出对陌生人的厌恶。对于那些新来的人、野蛮人、forestieri[1]，我们这些出生在这里的人和我们的父母也会表现出一种莫名的优越感。其实，他们这些外来的人也憎恨我们，甚至还用一首粗鲁的打油诗来讽刺我们：

> 四十九个采矿仔，
>
> 五十一个淫女子。
>
> 凑在一起鬼混混，
>
> 弄出一个土生子。

我们对墨西哥人发泄我们的怨恨和不满，而他们则把怒气转嫁给印第安人。难道这就是美洲红杉让人们感到局促不安的原因吗？人类曾发生各各他政治处决[2]这一生死事件，而红杉这些真正的原住民们自生命伊始便一以贯之地茁壮成长。当恺撒致力于拯救罗马却最终导致罗马共和国的灭亡

1　西班牙语：未开化的山人。

2　各各他（Golgotha），亦译"骷髅地"，位于耶路撒冷西北部。据《圣经·新约》记载，各各他为耶稣受难地。这里所说的"政治处决"（political execution），指的是公元 33 年，耶稣在各各他被宣判有罪，钉在十字架上。

时，红杉已经长大成熟，正值年富力强的中年。对于美洲红杉来说，所有的人类都是陌生人，都是野蛮人。

有时候，对变化的态度会因为个人的改变而发生扭曲。看上去那么大的空间变小了，曾经的大山变成了丘陵。然而，出现这种情况，并不是幻觉在作祟。我还记得，我出生的城镇萨利纳斯曾经自豪地宣布拥有四千市民。而现在，这座城市已经拥有了八万市民，并且还在急匆匆地以数学级数跳跃式增长——三年内达到十万，十年后可能达到二十万，没有止境。即使是那些喜爱数字并对规模宏大印象深刻的人也开始忧心忡忡。他们逐渐意识到，一定会有一个饱和点，这个过程可能是朝着扼杀的方向发展。但还没有找到解决的办法。你不能禁止新生儿的出生——至少目前是如此。

我前面谈到拖车式移动房屋的出现，还谈到它们给房主带来的某些优势。我原以为，只有在东部和中西部地区才有许多这种移动房屋，但是，在西部的加利福尼亚州，移动房屋多得像鲱鱼产的卵。到处都是拖车驻车场，向着山顶攀延，覆盖了山坡；向着山下延伸，直到河床上。它们带来了一个新的问题。这些移动房屋的主人分享了当地的所有资源和设施——医院、学校、警察保护、福利项目等，然而，到目前为止，他们不需要纳税。地方设施由房地产税支撑，而移动住宅则不受此影响。诚然，州政府征收牌照税，但是，除了道路维护和扩建之外，各县或各镇都无法分到这些税费。因此，不动产的拥有者们发现，他们自己在供养着一大群客人，这令他们异常愤懑。然而，我们的税法已经实施了很久，并且我们对税法的解读方式也是在长期实践中形成的。大家都不愿意征收人头税、设施税。不动产作为财富的源泉和象征这一概念深深地植根于我们的心中。而现在，一大群人找到了规避不动产税的方法。这种做法或许值得拍手称赞，因为我们普遍钦佩那些能够逃税的人，只是这种逃税带来的负担越来越沉重地落在了其他人的身上。很显然，政府必须在短时间内出台一整套全新的征税方法；否则，不动产的负担将会太过沉重，没有人能够负担得起。长此以往，不动产非但不是财富的来源，反倒会是对拥有者的一种惩罚。这将使矛盾愈加激化，愈加尖锐，直至金字塔的顶点。在过去，由于天气、灾难和瘟疫，我们被迫做出不得已的改变。现在，压力来自我们作为一个物种在生物学上的成功。我们已经战胜了所有的敌人，除了我们自己。

小时候，我生活在萨利纳斯，在那里长大。那个时候，我们习惯把旧金山称为"大城市"。当然，那是我们唯一知道的城市；即使到了现在，我依然认为那是个"大城市"，所有跟这个城市有过接触的人也都这么认为。"城市"这个概念是一个奇特并且具有排他性的词。在我的脑海中，除了旧金山之外，只有伦敦和罗马的一小部分地区能够留下如此"大城市"的形象。纽约人到市中心，喜欢说到商业区去。巴黎除了被叫作巴黎，没有其他头衔。墨西哥城则被称作首都。

我曾经非常熟悉这座"大城市"，在那里度过了我的阁楼时光，而那一时期，正值其他人在巴黎使自己成为迷惘的一代。我在旧金山让自己变得羽翼丰满，在它的山川丘陵中跋涉，在它的公园里睡觉，在它的码头上干活，在它的抗议活动中游行和呐喊。从某种意义上来说，我觉得，我拥有这个"大城市"就像它拥有我一样。

旧金山为我上演了一出好戏。我行驶在宽阔的红杉高速公路上，隔着海湾，看到了旧金山。红杉高速公路经过索萨利托（Sausalito），直达金门大桥。午后的太阳把这座城市涂抹成了白色和金色——她高高地屹立在群山之上，像一座沉浸在美梦之中的高贵城市。坐落于群山之上的城市比位于平地的城市更有优势。纽约靠着它那些向高空伸展的建筑群形成了自己的山丘，而旧金山这座金色与白色交相辉映的卫城在太平洋碧蓝天空的映衬下，其建筑物一波接一波地向山上攀升，景色令人叹为观止，犹如一幅根本不可能存在过的中世纪意大利城市的画卷。我在一个停车场停了下来，要看看这座城市以及从海上通向城市入口的那座项链桥。黄昏的雾霭越过南边较高的绿色群山，朝着这座金色城市的上空翻卷着，像一群群暮归的绵羊朝着羊圈滚动。我熟知这座城市的美丽，而此时的她比以往任何时候都美丽可爱。在我还是个孩子的时候，每次我们要去"大城市"，我都会兴奋得好几个晚上睡不着觉。这座城市深深地印刻在了我的心底。

接着，我穿过了那座用钢丝悬吊起来的巨大拱桥，进入这座城市，这座我再熟悉不过的城市。

旧金山仍然是我记忆中的那个"大城市"。她对自己的伟大如此自信满满，足以让她担负得起仁慈和宽怀。在我穷困潦倒的日子里，她一直待我很友善，并没有因我那段时间捉襟见肘的偿付能力而嫌弃我、排斥我。我本可以无限期地待在这里，只是，我不得不去蒙特雷市，寄出我的缺席选票。

我年轻的时候，生活在旧金山以南 160 公里的蒙特雷市，那里的每个人都是共和党人。我的家人也都是共和党人。假如我一直待在那里的话，我可能现在还是一名共和党人。哈丁总统[1]鼓动我倾向于民主党，而胡佛总统[2]则让我稳定在民主党那里。如果说，我沉溺于个人的政治史，那是因为，我认为自己的经历可能并不是独一无二的。

我一到达蒙特雷市，一场政治争辩大战就开始了。我的姐妹们仍然是

1　即沃伦·G. 哈丁（Warren G. Harding, 1865—1923），第二十九任美国总统。

2　即赫伯特·克拉克·胡佛（Herbert Clark Hoover, 1874—1964），第三十一任美国总统。

共和党人。照理说，美国内战应该是最冷酷无情的战争，而家庭政治之战则是更为激烈的，更加刻毒的，这一点毋庸置疑。我可以与陌生人冷静地、有条理地讨论政治，但是跟我的姐妹们一起，这是做不到的。每一场争论结束的时候，我们都是气喘吁吁、怒气冲冲。互相之间没有任何妥协的余地，也没有任何宽恕可言。

每天晚上，我们事先都会相互承诺："说好啦，大家都友好些、友爱些吧。今天晚上不谈政治。"可十分钟之后，我们就会互相之间大喊大叫。

"约翰·肯尼迪[1]不过是个令人生厌的家伙——"

"好吧，如果这是你的态度，那你又怎么能够将就迪克·尼克松[2]呢？"

"行啦，大家都冷静一些吧。我们都是很理智的人。我们来探讨一下这个问题。"

"我已经探讨过了。说说苏格兰威士忌怎么样？"

"噢，如果你把话题转到这上面，那好，就说说圣安娜（Santa Ana）的杂货店怎么样？说说切克[3]怎么样，我的美人儿？"

"父亲要是听到你这么说话，在九泉之下也会不得安宁的。"

"别这么讲，别把他扯进来；要是他还活着的话，一定是民主党人了。"

1　约翰·F.肯尼迪（John F. Kennedy, 1917—1963），第三十五任美国总统。

2　迪克·尼克松（Dick Nixon），即理查德·M.尼克松（Richard M. Nixon, 1913—1994），第三十七任美国总统。

3　切克（Checker），首字母大写时指出租车，源于切克汽车公司（Checker Motors Corporation）。该公司由莫里斯·马金（Morris Markin）创建于1922年，总部设在密歇根州卡拉马祖，主要生产出租轿车。1923年该公司正式向市场投放出租车产品，公司标识的黑白间方格即为出租车的象征。二十世纪六十年代该公司出产的一款车体宽大的出租车切克马拉松（Checker Marathon）曾经风行美国二十年，直至1982年切克公司宣告停产。

"你居然还这么说。鲍比·肯尼迪[1]正在到处乱窜，光是买选票就不知道能装多少袋子了。"

"你的意思是说，就没有共和党人买过选票吗？太可笑了，别逗我了。"

大家的争论尖酸刻薄，无休无止。我们挖出早已过时的常规武器和侮辱性的事情，相互攻击。

"你讲话的方式就跟个共产主义者一样。"

"那么，你听起来让人怀疑是成吉思汗[2]之流。"

这种争辩的场面真是糟糕透顶。如果一个陌生人听到我们在争吵，一定会报警，以防发生流血事件。我认为，在家里用这种方式讨论政治，我们的做法绝对不是唯一的。我相信，全国上下私下里都会是这个样子。只有在公开场合，全国人民才会惜言如金，把舌头打个结。

我这次返回家乡的主要目的好像就是为了在政治话题上跟家人争吵不休似的。不过，在此期间，我也探访了一些老地方。在蒙特雷的约翰尼·加西亚酒吧里，举行了一次感人的聚会，我含着激动的泪水跟大家拥抱，用我年轻时会的那么 poco[3] 西班牙语发表了演说，以表达我对乡亲们的爱意。那时候，我们那儿还有乔隆印第安人[4]，在我的记忆中，我们称他们

1　鲍比·肯尼迪（Bobby Kennedy），即罗伯特·F.肯尼迪（Robert F. Kennedy, 1925—1968），肯尼迪总统的弟弟，在肯尼迪总统任内担任美国司法部长。1968年成为民主党总统候选人，但突然遇刺身亡。

2　成吉思汗（Genghis Khan），该英文除了是孛儿只斤·铁木真的尊号"成吉思汗"的译名外，还有"极右分子""非常残酷的人"的意思，此处的意思是"极右分子"。

3　西班牙语：一丁点儿。

4　乔隆印第安人（Jolón Indians），乔隆曾为印第安部落的聚居地，其西班牙语的意思是"无尾的""无尾羽的"，萨利纳斯当地的白人称那里的印第安人为乔隆印第安人。

是外来的 chamacos[1]。那个岁月已经成了旧时的记忆。大家双手反扣在各自的身后，跳起了很正式的舞蹈，还唱着南部地区那种调子欢快的歌曲，歌词是："有个乔隆来的小伙子——厌倦透了打光棍的日子。他跑到国王住的城市，琢磨着找个漂亮妞子——Puta chingada cabrón[2]。"我有好多年没有听过这首歌了。这是一次旧日乡友的短暂再相聚。岁月在时间的隧道里匍匐穿越，返回到昔日的时光。就在蒙特雷这里，大家过去常常把一头野牛和一头灰熊放在同一个圈里。这里是一个充满了甜蜜也充斥着感伤的地方，一个有智慧的天真之地，尚未被人赏识，因而也尚未被老于世故的心灵所玷污。

我们坐在酒吧里，约翰尼·加西亚（Johnny Garcia）用他那双好像饱含着泪水的眼睛注视着我们，那是加利西亚人[3]的眼睛。他的衬衫敞开着，一枚用项链挂的金质纪念章悬在喉头处。他把身子紧靠着吧台，尽量向前弯着，对离他最近的人说："瞧瞧这个！是我们这里的'约翰尼托'[4]几年前送给我的，是从墨西哥带回来的——la Morena, La Virgincita de Guadeloupe[5]，你看！"他将那枚椭圆形的金质纪念章翻过来，"我的名字和他的名字。"

我说："用别针划出来的。"

"我从没把它摘下来过。"约翰尼说。

1　西班牙语：小子。

2　西班牙语：他妈的臭婊子。

3　加利西亚人（Gallego），西班牙少数民族，主要聚居于西班牙西北部的加利西亚地区，部分分布在美洲国家，操加利西亚语，加利西亚语为西班牙官方语言的一种。

4　"约翰尼托"（Juanito），原为美国 1960 年上映的一部同名电影《约翰尼托》（Juanito）。此处指斯坦贝克。

5　西班牙语：黑发女人，瓜德罗普的圣母。

一个又黑又壮的 paisano[1] 站在栏杆边，靠在吧台上，这个人我不认识。"可以看看吗？"他问道。约翰尼都没有看他一眼，就把奖章递给他。那家伙吻了一下纪念章，说了声"Gracias"[2]，便快速穿过双开门，走了出去。

约翰尼的胸脯因激动而起伏着，他的眼睛湿润了。"约翰尼托，"他说，"回家吧！回到你的朋友身边。我们爱你。我们需要你。这是你的位子，compadre[3]，不要让它空着。"

我必须承认，我感受到了往日那种赤裸裸的爱与火辣辣的表白带来的激情冲动；可是，我没有一滴加利西亚人的血统。"Cuñado mio[4]，"我伤感地说，"我现在住在纽约。"

"我不喜欢纽约。"约翰尼说。

"你从没去过那里。"

"我知道。这就是我不喜欢它的原因。你一定要回来。你属于这里。"

我喝了很多酒，要是我没有发表演讲，那才真叫见鬼了。那些久违的旧字眼噼里啪啦地从我的嗓子眼儿里冒出来。"我的叔伯大爷，我的哥们朋友，用你们的心倾听吧。我们不是小臭鼬，你们和我。时间已经平复了我们心中的一些恩恩怨怨。"

"停下，"约翰尼说，"我可不想听到这个。这不是你的心里话。你仍然爱喝酒，你仍然爱女孩子。改变了什么？我知道你。No me cagas, niño[5]。

1　西班牙语：大块头家伙。

2　西班牙语：谢谢。

3　西班牙语：老伙伴。

4　西班牙语：我的姐夫。

5　西班牙语：别惹我，孩子。

"Te cago nunca[1]。有一个很了不起的人，名字叫托马斯·沃尔夫，他写了一本书，书名是《你不能再回家》[2]。他说的都是实实在在的话。"

"骗子，"约翰尼说，"这是你的出生地，你的家乡。"突然，他用那根橡木做的室内球棒击打吧台。每次发生争吵，他都是用这个球棒来维持秩序。"到了走到头的那一天——也许是一百年——这儿应该是你的坟墓。"球棒从他的手中掉落，他为我未来的死亡而哭泣。我自己也对这一前景感到忧伤困惑。

我凝视着我的空杯子。"这些加利西亚人，一点礼貌都没有。"

"噢，看在上帝的分上，"约翰尼说。"噢，原谅我！"然后，他给我们都倒上了酒。

这时，靠近吧台的一排人都静了下来，阴沉沉的面孔上，除了木然的礼貌，看不到一丝其他表情。

"为你的归来干杯，compadre，"约翰尼说，"施洗者约翰，别他妈的再吃那些炸薯片了。"

"Conejo de mi Alma[3]，"我说，然后又用英语重复了一遍："我灵魂的兔子，听我把话说完。"

那个又黑又壮的大块头家伙从街上走了进来。他把身子靠在吧台上，并尽量向前弯，吻了一下约翰尼的纪念章，再次走了出去。

我有些烦躁地说："曾经有一段时间，你说什么还都有人听。可眼下，

1　西班牙语：我永远都不会惹你的。

2　托马斯·沃尔夫（Thomas Wolfe, 1900—1938），美国作家，代表作是长篇小说《天使，望故乡》（*Look Homeward, Angel*, 1929）。此处提到的《你不能再回家》（*You Can't Go Home Again*）是他的另一部长篇小说，出版于1940年。

3　西班牙语：我灵魂的兔子。

我得买票吗？我必须事先预约才能讲些什么吗？"

约翰尼转向酒吧里那些静悄悄的人。"安静！"他凶巴巴地说，同时拿起他的室内球棒。

"我的姐夫，我现在要告诉你事情的真相。我走在街上——陌生人，外国人，成千上万。看看这些山丘，整个就是一片鸽子房。今天我沿着阿尔瓦拉多街，从头走到尾，然后又从卡利普林西比街回来。一路上，我一个认识的人都没有看到，除了陌生人还是陌生人。下午，我在彼得门迷路了。我去了棒球场旁边那家乔·达克沃斯餐厅后面的爱之广场。那里现在是二手车停车场。交通信号灯搞得我神经紧张。甚至警察都是陌生人、外来的人。我还去了卡梅尔谷（Carmel Valley）。我们以前在那里可以用30-30猎枪朝任何方向射击。而现在，你要想用弹弓射出一个石子，都不可能不伤到一个外来的人。再说，约翰尼，我介意的不是陌生人，你知道的。但是，很多外来的人都是有钱人。他们在大花盆里种天竺葵，他们建游泳池的地方曾经是青蛙和小龙虾等着我们的地方。全都变样啦，我的老朋友。如果这里还是我的家园，我怎么会在自己的家乡迷路呢？如果这里还是我的家园，我怎么会走在自己家乡的街道上却听不到一句打招呼祝福的话呢？"

约翰尼颓然地把身子堆在吧台上。"至少在我这里，约翰尼托，还是以前的老样子。我们不让他们进来。"

我低下头，望着吧台前的那一排面孔。"的确，这儿好多了。可是，我能够只坐在酒吧高脚凳上过日子吗？不要自欺欺人了。我们从前认识的那些人都已经死了；或许，最能显示我们本性的东西绝大部分已经消失殆尽了。外面的一切都是新的事物、陌生的人。也许都是很好的东西、很不错的人；只是，我们什么都不知道，谁都不认识。"

约翰尼双手捂住太阳穴，双眼布满血丝。

"那些我们熟悉的人都在哪里？告诉我，威利·特里普在哪里？"

"死了。"约翰尼茫然地说。

"皮隆、约翰尼、波姆·波姆、格拉格女士、斯蒂夫·菲尔德，他们都在哪里？"

"死了，死了，都死了。"他重复道。

"埃德·里克茨、惠特尼家的大号和二号、桑尼宝贝、脚腕子瓦尼、赫苏斯·玛丽亚·科科兰、乔·波塔吉、矮子李、弗洛拉·伍德，还有那个把蜘蛛放在帽子里的女孩子，他们都在哪里？"

"死啦——全都死了。"约翰尼呻吟着。

"我们就好像活在一个装满鬼魂的大桶里。"约翰尼说。

"不，他们不是真的鬼魂。我们才是鬼魂。"

那个又黑又壮的大块头家伙走了进来。约翰尼没等他开口，就把自己的纪念章拿出来，让他吻了一下。

约翰尼转过身子，两条腿向外撇着，走到酒吧的镜子前。他端详了一会儿自己的脸，然后拿起一瓶酒，拔掉软木塞，闻了闻，尝了一口。做完这些，他看着自己的指甲。酒吧里弥漫着一种躁动不安的气氛，大家的肩膀都弓着，双腿叉开着。

我在心里对自己说：要有麻烦了。

约翰尼走了回来，刻意把酒瓶放在我们之间的吧台上。他双目圆睁，眼神却显得恍惚迷离。

约翰尼摇了摇头。"我猜得出来，你已经不再喜欢我们了。我感觉得到，或许是我们配不上你了。"他的指尖在吧台上缓慢地弹着，像是在一个看不见的键盘上弹奏和弦。

就在那一瞬间，我受到了诱惑，我听到了号角声，意识到了即将爆发的冲突。但是见鬼，我已经老得招架不起了。我三步并作两步，走到门口。在离开酒吧之前，我转过身来，问道："他为什么吻你的纪念章？"

"他在下注。"

"懂啦。明天见，约翰尼。"

双开门在我身后晃来晃去。我走在阿尔瓦拉多街上，霓虹灯照在我身上，像划破的伤口——在我的周围，除了陌生人，什么都没有。

我因怀旧而爆发出来的怨恨情绪，给蒙特雷半岛带来了伤害。这里是一个美丽的地方，干净整洁，管理得当，而且一直在稳步发展。这里的海滩曾经充斥着鱼内脏的腐烂腥臭气味，到处都是苍蝇。而现在，海滩上清爽洁净。曾经排放出令人作呕的恶臭味道的罐头厂现在也已经不复存在了，取而代之的是餐馆、古玩店，以及其他诸如此类的店铺。现如今，这里的人要钓到的不是为了做罐头用的沙丁鱼，而是游客。要知道，游客这一物种不太可能绝迹。至于卡梅尔[1]，这个最初聚集着温饱难继的作家和门可罗雀的画家但却多亏了他们而名声大噪的地方，现在已经是富人和退职退役者安居的社区。假如当初的卡梅尔开辟者们旧地重回的话，他们一定负担不起这里的生活费用。但是话又说回来，他们在卡梅尔也走不了那么远。他们那特有的穷酸相会让人把他们视作可疑人物而立刻给抓起来，并把他们驱逐到卡梅尔城之外。

我出生的地方已经改变了；由于我离开了那里，我并没有跟上它的变化。在我的记忆里，它始终是从前那个样子。正因为如此，它的外在变化

---

1 卡梅尔（Carmel），全称"滨海卡梅尔"（Carmel-by-the-Sea），位于加利福尼亚州蒙特雷半岛的海边。卡梅尔的早期居民主要为文人、艺术家，被誉为"艺术家、诗人和作家的卡梅尔"，杰克·伦敦、约翰·斯坦贝克等著名作家都曾在这里居住过。1969 年，中国著名国画大师张大千曾在此居住，其居所名为"可以居"。

令我困惑，让我愤怒。

接下来我要讲的，一定是这个国家很多人都有过的经历。在这个国家，有那么多的人出外闯荡，然后又回归故里。我去拜访了那些尊贵的老朋友。我感觉，他们的头发要比我的少一些。大家相互之间热情地寒暄着，对过去的追忆像打开了闸门的水，往事涌上心头。从前做过的坏事以及曾经喜人的成就都被翻了出来，弹去了时光的尘埃。突然间，我的注意力游移开来，而我望着我的老朋友，发现他的注意力也在游移。我对约翰尼·加西亚说的话一点也不假——我就是个鬼魂。我的家乡发展了，变化了，我的朋友也随之有了改变。这个时候，我回到故乡，在我的朋友看来，我变了，就如同在我看来，我的家乡和家乡的父老乡亲们发生了变化一样。现在的我令他对我的固有图像发生了扭曲变形，搅浑了他的记忆。其实，当初我离开的时候，对于我的家乡人来说，我等于已经死去了，因此固化了、不可改变了。我的再次出现只能引起混乱和不安。尽管我的老朋友们不会说出口来，但我知道，他们希望我离开。这样，他们就可以让我在他们的纪念模式中占据我原本应有的位置——而我想走开，也是出于同样的道理。托马斯·沃尔夫是对的。你再也回不到故乡了，因为你所知道的故乡已经不复存在，只是被封存在记忆之中。

我的离开就是一场逃遁。但是，在我背转身去准备离开故乡之前，我确实做了一件很庄重的、多愁善感的事。我驱车爬上弗里蒙特峰（Fremont's Peak），那是方圆数公里内的最高点。我攀上最后一块陡峭的岩石，到达顶峰。在这些黑黢黢的花岗岩露头中，弗里蒙特将军[1]曾经抵抗一

---

1 弗里蒙特将军，即约翰·查尔斯·弗里蒙特（John Charles Fremont, 1813—1890），1856 年，他成为第一位共和党总统候选人。1861 年 7 月，林肯总统曾任命他为西部军区少将司令。1887 年，弗里蒙特出版传记《我的一生》（Memoirs of My Life）。

支墨西哥军队，并把他们击败。在我年少的时候，我们偶尔会在这个区域发现炮弹和生锈的刺刀。这座孤傲的石峰俯瞰着我的整个童年和青少年时代，巨大的萨利纳斯山谷向南绵延一百多公里。我出生的萨利纳斯城现在正像马唐草一样朝着山麓蔓延。位于西边毗邻山脉的公牛山（Mount Toro）是一座圆形的、看起来慈眉善目的山，而北面的蒙特雷湾则像一只闪闪发光的蓝色大平盘。我感受着、嗅闻着、倾听着从长谷那里吹上来的风。它闻起来就像是褐色山丘上漫山遍野的野燕麦味道。

我记得，在那个对死亡深感忧虑的青年时期，我曾经多么希望死后被埋葬在这座山峰上。在那里，我可以不用眼睛就看得到我所熟悉的和我所热爱的一切。因为，在那个年代里，这些群山之外的世界是不存在的。我还记得，我对自己被安葬有着多么强烈的切肤之感。奇怪的是，也许应该说幸运的是，当一个人越来越接近时限终点的时候，他对安葬的兴趣在逐渐衰减，因为死亡在逐渐变成一个事实而不是一场盛典。站在这些高高的岩石上，我的记忆神话进行了自我修复。查理勘探完这片区域之后，走回来，坐在我的脚边。他那流苏般的长毛耳朵像晾晒在绳子上的衣服，在风中飘动着。他的鼻子因好奇而湿润，湿润的鼻翼在抽动着，嗅出方圆一百多公里的风行模式。

"我的查理，你一定不知道。就在那下面，在那个小山谷里，我和跟你同名的查理叔叔一起钓鳟鱼。再往那边看——看我手指的地方——我妈妈射杀了一只野猫。直接往下看，就在那里，60公里开外，那是我们家的农场——一座养不活一家人的老农场。你能看见那边比周边暗一些的地方吗？嗯，那是一个小峡谷，有一条清澈可爱的溪流，溪水边上长着野杜鹃花，周围是大橡树。在其中的一棵橡树上，我父亲用一块烧热的铁把他的名字和他心爱的女孩的名字一起烙在上面。经过了漫长的岁月，新长出来的树皮覆盖住了有烙印的地方。就在前不久，一个人把那棵橡树砍倒，劈成柴火。他在劈楔处发现了我父亲的名字。于是，那人把这块劈开的木头送给了我。跟你说，查理，每到春天的时候，山谷里铺满了蓝色的羽扇豆花，就像鲜花的海洋。这个时候，站在这座山峰上，就有了天堂的气味，天堂的气味。"

我再一次用我的双眼，把这迷人的景致攫取，存放在我的心底，南面的、西面的，以及北面的景色。然后，我们匆匆离开了永恒不变的过去。在那里，我的母亲总是在射杀一只野猫，而我的父亲总是在用炽热的铁，将他与爱人的名字一同烙在大橡树上。

假如我可以说，自己带着查理所做的这趟旅行是"我出来寻找关于自己国家的真实情况，并且，我找到了"，那该是多么让人欢欣喜悦的事情啊。要是我真的找到了自己要找的东西，接下来要做的事情就顺风顺水了。我只需要把自己这一路上的所见所闻写下来，然后将身子舒舒服服地向后靠着，带着一种发现真相的良好感觉，把它们传递给我的读者。我打心眼儿里都这么企盼着，但愿事情就这么容易。然而，我装进脑袋里的以及在我感知深处的，却是一桶无序蠕动的虫子。很久以前，在收集海洋动物并对它们进行分类的过程中，我就发觉，我所发现的东西与自己当时的感觉密切相关。毕竟，客观现实总是有办法使自己并不那么表面化。

这片如同庞然大物般的土地，这个人类世界上最为强盛的国家，这个未来的希望之子，所有这些全都变成了我的微观世界里的宏观世界。如果一位英国人，或是一位法国人，或是一位意大利人，沿着我所走过的路线旅行，看到了我所看到的，听见了我所听见的，他们存储下来的图像不仅会与我所存储的不同，而且他们彼此之间存储下来的图像也同样是各不相同的。就算其他美国人阅读了我的这部作品，并认同其真实性，那种认同也只能意味着，在我们同为美国人身份这方面，我们是相似的。

从这次旅行开始到结束，我始终都没有发现让我感到陌生的人。假如我发现了陌生人，或许，我可能会更客观地报道他们。但是，我所遇到的人都是我的同胞，这里是我的国家。如果我发现有什么事情要予以批评或者令我感到痛惜的话，那么这些事情往往也存在于我自己的身上。如果说，我应该准备一个完美无瑕的、经过检验的概述，那么，这个概述应该是这样的：尽管我们国家幅员辽阔，尽管我们存在地方主义，尽管我们是来自世界各个地方不同民族相互交融繁衍的后代，然而，我们是一个国家，一个新的种族。把美国人称作美国人，远比称之为北部地区的人、南部地区的人、西部地区的人或东部地区的人更具有美国特色。无论是英国人、爱尔兰人、意大利人、犹太人、德国人，还是波兰人的后裔，从根本上讲，在这块土地上，他们都是美国人。这不是爱国主义的喧嚣与呐喊，这是一个经过缜密观察的事实。加利福尼亚州华裔、波士顿爱尔兰裔、威斯康星州德裔，是的，还有亚拉巴马州黑人，他们之间都有着更多的共同点，远多于他们之间存在的不同点。并且，更值得关注的是，他们在如此短的时间内形成了如此明显的一致性。可以这么讲，相比威尔士人像英国人、兰开郡人像伦敦人，或者低地苏格兰人像高地苏格兰人，来自各个区域以及不同种族的美国人之间的相似程度更高。令人惊讶的是，这种情况发生在不足两百年的时间里，而且大部分都发生在最近这五十年里。美国身份认同是一个确切的、可以证明的事实。

直到开始返程的时候，我才意识到，我一路走到现在，并不能把所有的东西都尽收眼底。我那十分敏感的明胶感光板越来越模糊不清了。我决定再去检视两个区域——得克萨斯州以及南部腹地中一个有代表性的地方，然后就结束这次旅行。从我阅读的报纸杂志中，我有个感觉，得克萨斯州正在出现一股分离的势头，而南部正处于分娩的痛苦之中，其未来孩子的属性仍然不得而知。我认为，这才是分娩的痛楚，此时根本想不到跟孩子有关的事。

这次旅行就像一桌摆满美味佳肴的丰盛晚宴，展现在一位饥肠辘辘者的面前。一开始，这位饥饿者大肆饕餮，试图把所有的东西都吞下。但是，吃着吃着，他发现，他必须放弃一些东西，以保持他的食欲和味蕾的功能。

我驾驶着驽骀难得，一路疾驰，离开了加利福尼亚州，我选择的是一条最短的可行路线——这是我从二十世纪三十年代就很熟悉的一条路线。我从萨利纳斯到洛斯巴诺斯（Los Banos），经过弗雷斯诺（Fresno）和贝克斯菲尔德（Bakersfield），然后继续前行，越过山口，进入莫哈维沙漠[1]。莫哈维沙漠是一片被烧焦了的沙漠，一片即便在这年终岁寒之时依然在燃烧着的沙漠。远远望去，山丘像一堆堆黑色的煤渣。有车辙的路面被饥渴的太阳吸得干干的。现今这个时代，一切都变得非常方便。开着性能可靠、设施舒适的汽车，行驶在高速路上，一路上都有服务区，可以停车休息，可以遮阳避雨，每个服务区都在强调其功能良好的制冷设备。而我依稀记得当年的情景，那时，我们一路上都在祈祷着不要出现麻烦，费了很大周折才来到这里。记得当时我们时时刻刻在用心听着，担心那辆车的老旧发动机会不会劳累过度，中途出了毛病，并盯着它从沸腾的散热器中喷出的一股股蒸汽。要是那辆车中途出了故障，趴在路边，除非有人停下来，向我们提供帮助，否则，我们可是真正陷入了麻烦。每次穿越这个沙漠，我都会与那些曾经拖着沉重的脚步穿越这片人间炼狱的早期家庭分享一些东西。他们留下马和牛的白色骨骼，这些仍然是这条道路的标志。

---

1 莫哈维沙漠（Mojave Desert），位于加利福尼亚州东南部，地跨加利福尼亚州、内华达州、亚利桑那州、犹他州，为美国最大的沙漠。

莫哈维沙漠是一片面积非常大的沙漠，一片令人心生恐惧的大沙漠。它就好像是被大自然用来考验一个人的耐力和韧性，借以证明这个人是否有足够的能力到达加利福尼亚州一样。干燥炽热的空气泛出晶莹的光，闪闪烁烁，让没有起伏的沙漠上呈现出水雾的幻景。即使你正在高速行驶，也能够感觉到那些标志着沙漠边界的山丘在你面前逐渐向远方退去。查理跟所有的狗一样，向来离不开水。他呼呼地喘着粗气，整个身子在抖动着，它那足足有 20 厘米长的舌头耷拉出来，像一片叶子似地平展着，舌尖还滴着水。我将车子驶离公路，开到路边的一个小水沟旁停下来。然后，我从那个三十加仑的水箱里弄水给他喝。不过，在我让他喝水之前，我先用水把他的全身都浇了一遍；然后，我又把水倒在自己的头上、肩膀上和衬衫上。空气太过干燥了，浇在身上的水一蒸发，反倒让人突然感到一股无法接受的凉意。

我从冰箱里拿出一听啤酒，把它打开，舒适地坐在驽骍难得的车房里。从车房的阴凉处，我望着车外烈日暴晒下的平原，北美山艾灌木丛一簇簇的，点缀着火辣辣的沙漠平原。

大约在 50 米开外的地方，有两匹郊狼，正站在那里注视着我，它们那黄褐色皮毛与沙子和阳光融合在一起。我很清楚，只要我做出任何快速的或者可疑的动作，它们都会即刻消失得无影无踪。我尽量让自己显得很不经意的样子，以极其缓慢的速度移动着身子，让自己接近床铺，取下挂在床铺吊索上的那把新买的来复枪——那把安装了精准度极高的高速远程瞄准针的点 222 口径来复枪。我像在做慢动作，轻轻端起来复枪。也许，由于我处在车房的阴影里，我的身子被外面耀眼的光线半遮半掩着。那把小来复枪有一个漂亮的宽视野远程瞄准镜。郊狼没有任何反应。

我把那两匹郊狼都移入远程瞄准镜的视野之内，镜片的功能让它们显得离我很近。它们伸出来的舌头耷拉着，看起来好像在嘲弄地笑着。它们非常健硕，不仅没有挨饿，而且皮毛长得很好，金色的毛发夹杂着黑色的护毛。它们那柠檬黄色的小眼睛在瞄准镜的镜片上清晰可见。我把十字瞄准针对准右手边那匹郊狼的胸前，推上了保险栓。我的胳膊肘抵在桌子上，这样我就能把枪抬得更稳。十字瞄准针纹丝不动地钉在其中一匹郊狼胸脯的位置。就在这时，那匹郊狼像条狗一样蹲坐下来，抬起它的右后爪，抓挠它的右肩。

　　我的手指迟迟不情愿去扣动扳机。我一定是变得老迈了，我以往锻炼有素的身体协调能力也越来越差了。郊狼是有害动物，它们偷吃鸡，它们使鹌鹑和其他所有猎鸟的数量下降了。它们必须被射杀，它们是人类的敌人。我的第一枪会打中那匹蹲坐着的野兽，而另一匹野兽会旋即跑掉。但是很可能，我会用一记连续射击把那一匹想逃掉的郊狼也干倒，因为我是一名优秀的来复枪射手。

　　然而，我并没有开枪。我所接受的训练教会我的是："开枪！"而我这个年纪的人却回答说："50公里之内没有一只鸡；即使有，那也不是需要我来保护的鸡。这片无水之地也不是鹌鹑的栖息地。不要开枪，这些郊狼小伙子们靠着囊鼠和杰克兔来维持它们的生命。它们之间是有害动物吃有害动物。我为什么要干涉呢？"

　　"向它们射击，"我接受的训练发出指令，"每个人都会射杀它们。这是一项公益服务。"我的手指移向扳机。十字针稳稳地印在郊狼那喘息着的舌头下方的胸脯上。我都能够想象到随后发生的景象。那枚愤怒的钢铁飞射出去，撞击郊狼，郊狼跳起来，挣扎着，直至那颗撕裂的心脏彻底衰竭。

然后，没过多久，一只秃鹰的影子出现了，接着又出现了一只。到那个时候，我应该早都走得无影无踪了——走出了沙漠，跨过了科罗拉多河[1]。而在北美山艾灌木丛旁，就会有一个光秃秃的、眼窝空洞洞的头骨，几根被剔光了肉的骨头，一摊干透了的黑色血迹，还有几块被撕烂了的金黄色毛皮。

我想，我太老了，也太懒了，做不了一个好公民。第二匹郊狼站在我的来复枪射程内的另一侧。我把十字瞄准针移到它的肩膀上，然后把枪端稳。在这一距离之内，用这支来复枪射击是不可能失手的。我跟这两个动物有了关联。它们的生命就是我的生命。我锁上保险栓，把来复枪放在桌子上。没了远程瞄准镜的帮助，那两匹郊狼与我之间的距离就不那么近了。炽热的光线凌乱了空气，摇曳的热浪犹如波光粼粼。

此时，我记起了很久以前听到过的一件事，我希望那是真的。在中国，有一条不成文的定律；至少，提供给我这一信息的人是这么说的。他说，当一个人救了另一个人的命，他就要对那一条被救下来的生命负责，直到这条生命不复存在。因为，救人者一旦干预了一系列相关事件之后，他就无法逃避自己的责任。我一直都认为，这种说法很有道理。

现在，我对这两匹活着的、健康的郊狼负有了象征性的责任。在这个万物相关的微妙世界里，我们将被永远地捆绑在一起。我打开了两罐狗粮，放在车子的外面，留给它们，算作一种还愿。

我曾经好多次驾车穿越西南部，甚至更多的时候是从这一地区的上空飞越过去——这是一片巨大而神秘的荒原，一个遭受着太阳肆虐暴晒的地

1　科罗拉多河（Colorado River），美国西南部的一条主要河流，发源于科罗拉多州的落基山脉，流经怀俄明州、科罗拉多州、犹他州、亚利桑那州、内华达州、新墨西哥州、加利福尼亚州，注入加利福尼亚湾。

方。这一片荒原是一个谜，一定有什么东西在这里隐藏着、等待着。这里看似荒漠空寂，没有寄生的人类，然而事实并非完全如此。循着道路上的车辙，穿行于沙石和岩石间，不定在什么地方，你就会发现一处聚居地，蜷缩在一个受到自然庇护的地方。有几棵树将自己的根深深地扎入地下，一直扎到有水的地方。一小片地里长着矮小的玉米和瘦小的南瓜，还有挂在绳子上的一条条干肉。有一类人被称作沙漠人，确切地说，他们并不是为了躲避混乱的罪恶，而是为了从混乱的罪恶中解脱出来，寻求庇护。

夜晚，在这毫无水分的空气之中，天上的星星显得非常低，好似漂浮于你触手可及的地方。只有居住在这样一个地方，那些早期教会的隐士们才能够使自己的心灵不受到玷污，达到洞悉无极限的境界。一致性与庄严秩序的伟大概念似乎总是诞生在沙漠之中。沉心静气地对恒星计数，以及对它们的运动悉心观察，这些最早都是在沙漠地区进行的。我认识一些沙漠人，他们选择平静的生存环境，放缓自己的激情，他们拒绝有水世界的神经紧张。除了他们的死亡，或者被那些跟他们有着同样概念的人所替代，这些人并没有随着突飞猛进的时代发展而发生改变。

沙漠中总是有着神秘莫测的事物。在荒漠山野里，从古老时代幸存下来的部族在等待着再度出现。这类故事被一遍遍地讲述着、重复着。通常情况下，这些部族群体守护着在征服时代的浪潮中隐藏起来的宝藏。这些宝藏要么是古代蒙特祖玛[1]的黄金宝藏，要么就是一个极其丰富的矿藏，一

1　蒙特祖玛（Montezuma），指美洲三大古代文明之一的墨西哥阿兹特克文明的蒙特祖玛一世和蒙特祖玛二世，阿兹特克文明在这一时期得到真正的发展。后来，蒙特祖玛二世（约1475—1520）被西班牙人杀害，由此激起阿兹特克人民的愤怒，西班牙人在突围前掠夺了大量黄金等财宝，途中无数宝藏落入水中。因此便有了后来的"蒙特祖玛的宝藏"的传说。

旦被发现，便足以改变世界。假如某个外来的人发现了他们的存在，那么，这个人不是被杀害，就是被同化，从此再也无人能够看到这个人了。这些故事都有一个一成不变的模式，不受质疑的困扰。既然从未有人回来过，那么，谁会知道那里到底有什么呢？不管你怎么想，反正宝藏就在那里；但要记住，一旦你找到了宝藏，你就永远也不会被找到了。

还有另一个一成不变的、情节单一的故事。曾经有两个合伙探矿者，他们发现了一座矿，其矿藏丰富到了超乎想象——黄金，或者钻石，或者红宝石。他们离开这座宝矿之前，尽其所能带足矿石采样。然后，他们踏上回到另一个世界的路。一路上，他们靠着周围的标识物，把发现矿藏的地方牢记在心里。途中，一人死于干渴和精疲力竭，另一个人只身继续蹒跚前行。由于身体变得越来越虚弱无力，他不得不减少负担，丢弃了大部分宝藏。最终，他来到了一个有人居住的地方，抑或是被其他探矿者发现了。发现他的那些人非常兴奋，他们检测了这个人带来的矿石采样。故事讲到这里，先要交代一下这位生还者。有人说，他将宝藏的方位留给救了他的那些人之后就死去了，有人说他得到了救治并恢复了体力。接下来的故事是，一支装备齐全的队伍出发了，要去寻找那座宝矿。然而，宝藏却再也没有被发现。这就是故事一成不变的结局——宝藏再也找不到了。这个故事我听过许多次了，故事的结尾从来都没有改变过。沙漠的确可以滋养神话，但是，神话必定根植于现实之中。

沙漠里蕴含着真正的秘密。在生命与太阳和干旱的博弈中，生命有其生存的秘诀。无论哪种层面上的生命，都必须得到水分的滋润，否则生命就会消亡。我发现，最有趣的是沙漠中的生命为了躲避所向披靡的太阳死亡射线而施展的谋略。表面上看，这一片饱经沧桑的大地被挫败了，死气沉沉的，但是，它只是看起来如此而已。一个庞大而富有创造性的生物组织在看似消亡了的表面下生存下来。灰蒙蒙的北美山艾穿着油腻的盔甲，以保护其体内微量的水分。一些植物在罕见的降雨中尽其所能汲取水分，并将其储存起来以备随后之用。动物生态发生了改变，它们长着坚硬而干燥的表皮，或者发育出外骨骼来抵御干燥。并且，每一种生命都进化出了寻找或创造荫蔽的技术。小型爬行动物和啮齿类动物在地表以下挖洞，或者向地表以下滑行，或者附着在露头的背阴面上。这里的动物一般行动缓慢，这是为了保存能量。要知道，能够或者想要长时间抵御太阳照射的动物都是极其罕见的。一条响尾蛇在充足的阳光下暴晒一个小时就会死去。一些昆虫具有更为大胆的创造性，发明了自体制冷系统。那些必须吸收湿气的动物则是通过中间介体的途径获取水分——兔子是从树叶中汲取水分，郊狼则是从兔子的血液中将水分提取出来的。

在沙漠这里，一个人想要在白天寻找到活着的生物简直是徒劳的；但是，当太阳落下、夜幕的降临给予生命以适宜的条件之时，一个生物的世界就会苏醒，开始了它们错综复杂的生存模式。猎物出来了，猎食者出现了，随后是猎食者的猎食者出现了。夜晚被嗡嗡的鸣叫声、此起彼伏的嘶叫声、高低粗细的嚎叫声唤醒。

在我们这颗星球的历史发展到了非常晚的时期，发生了一次令人难以置信的意外，出现了生命———种化学因素的平衡，再加上温度，在数量和种类上都是如此微妙，其精细准确的程度达到了无以复加的地步，所有这些因素在时间的回驳中走到了一起，生命这一新的事物出现了。在这个从未有过生命、尚未开化的世界里，生命是软弱的、无助的，得不到任何护佑。然后，在生物有机体中，一系列的变化和变异过程发生了，由此，每一种生物体都与所有其他生物体不同。然而，有一种要素植根于每一种生命形态之中——生存要素，或许，这是其中可谓生死攸关的要素。没有任何生物离得开生存要素，甚至，脱离了这一魔幻般的神奇配置，生命也就不可能存在。当然，每一种生命形态都发展出属于自己的生存机制，其中一些失败并消失了，而另一些则在这个地球上繁衍生息。最初的生命可能轻易地就会被扼杀，而形成生命的这一意外有可能永远都不复出现——但是，生命一旦存在，其首要特质、其职责、其关注之内涵、其发展方向及其终结，这些所有生物所共有的基质，就是继续生存下去。的确，生命就是这样，并且它也必定会是这样，直到其他意外将其取而代之。而沙漠，这个干燥的、被强烈阳光肆虐的荒蛮之地，是一个很好的学校。在这里，人们可以观察到在无情对抗环境之下发展出来的智慧和无限多样性的生存技巧。生命绝无可能改变太阳，也没有可能用水来浇灌沙漠，所以，生命改变了自己。

沙漠，作为一个不受待见的地方，很可能会是生命抗衡无生命的最后阵地。因为，在世界上那些富饶的、水源充裕的、极受欢迎的地区，金字塔式的生命发展模式在自相抗衡。并且，在混乱无序的状态中，生命最终会与无生命这个敌人结盟。而无生命曾经靠着其酷热、焦灼、冰冻、毒害这些武器未能达到的目的，可能会借助扭曲变质的生存策略最终达到毁灭和灭绝生命的目的。现在，如果人类这个拥有几近完善生存技能的生物，依然采用其一直以来秉行的方式为生存而战，那么，我们不仅可以毁灭我们人类自己的生命，而且可以消灭所有其他物种的生命。如若这种情况真的发生了，像沙漠这样不受待见的荒凉之地可能会成为繁衍后代的严酷之母。因为，沙漠里的居民训练有素、装备精良，能够抵御荒芜与恶劣的环境。甚至连我们自己这误入歧途的物种也可能从沙漠中重新出现。在这一片无人觊觎的不毛之地的背阴处，孤零零的男人和他那经得起太阳暴晒的妻子相依为命，一同存在于这块不毛之地的还有他们的生命伙伴——郊狼、杰克兔、长角蟾蜍、响尾蛇，以及一大群披着铠甲的各种昆虫，他们以及所有这些经历过磨炼和考验的生命碎片，很可能就是生命对抗无生命的最后希冀。在可能发生这类事情之前，沙漠已经孕育了神奇的事物。

在前面所写的内容中，我已经谈到过州界线两边的差异，诸如高速公路指示牌用语的文体风格上的不同、限速的不同。在宪法保护下的各州权利似乎都得到了热切而欢愉的行使。加利福尼亚州对过往车辆进行检查，为的是防止可能携带有病虫害的蔬菜和水果入境，这些法规几乎像宗教信仰般予以严格执行。

几年前，我认识一个乐观、快乐且有创造力的家庭，他们来自爱达荷州。那一次，他们打算到加利福尼亚州探亲。他们拉上一卡车马铃薯，沿途售卖，借以缓解路途开销。当他们在加利福尼亚州边界线被拦下来的时候，卡车上的货物已经被他们处理掉了一多半。就在州界线上，他们的马铃薯被拒绝入境。出于经济上的考虑，他们不可能丢弃自己的马铃薯。于是，他们在州界线边上搭起帐篷，开开心心地在那里露营。他们自己吃马铃薯，同时还售卖马铃薯。不仅如此，他们还以马铃薯与别人交换其他物品。两个星期过后，他们卡车上的马铃薯一个都不剩了。这样，他们以良好的信誉通过了加利福尼亚州界线的检查，继续他们的探亲之旅。

州与州之间的各自为政行为，一直让人们感到愤懑，大家将其称之为

"巴尔干化"[1]。这种行为造成了许多问题。很少有两个州征收相同的汽油税，而这些税收主要用于高速公路的建设和维护。数量庞大的州际卡车利用公路进行运输，而它们的重量和速度增加了公路维护的费用。因此，各州都设有卡车称重站，以便对货物进行评估并征税。并且，如果汽油税有差别，还要对卡车油箱进行测量，以对应征收的税费。指示牌上写着："所有卡车停车。"既然我的车也是一辆卡车，我停了下来，只是在地秤上被他们挥挥手就放行了。他们不是在找像我这样的人。但有的时候，我还是不急着马上离开，在检查员不忙的时候跟他们聊聊。这样，就引出了州警察的话题。跟大多数美国人一样，我不喜欢警察，对城市警力受贿、暴力执法以及一长串各色各样的渎职行为的持续不断的调查并不是为了使得像我这样的人打消疑虑。然而，我的敌意并没有延伸到现在大部分地区依然保留的州警察。各州招募有智慧并且受过良好教育的人，付给他们还不错的薪金，并使他们超越政治胁迫的束缚。通过这种简单的、适宜的办法，许多州成功地组建了一支精锐的警察队伍，他们的尊严得到了保障，他们为从事这种服务工作而感到自豪。最终，我们的城市会发现，按照州警察的模式重新编制警力队伍是很有必要的。但是，如果政治机构保留着哪怕一丁点奖励或惩罚的权力，这种情况就永远不会实现。

从尼德尔斯（Needles）越过科罗拉多河，黑黢黢的、呈锯齿状的亚利桑那州城墙在天空的衬托下高高耸立。在城墙的后面，是一片巨大的倾斜平原，一再朝着大陆的脊梁攀升。我从这里穿越过许多次了，所以对

---

1 "巴尔干化"（Balkanization），原指第一次世界大战之后，巴尔干地区由于没有一个独当一面的国家政体，加之外部势力的干扰，使得该地区处于动荡紧张状态。后来，这一概念的使用范围扩大，也泛指地方政权在诸多地方之间的分割，以及由此产生的地方政府体制下的分隔、分裂。

这条路了如指掌——金曼（Kingman）、阿什福克（Ash Fork）、背靠着山峰的弗拉格斯塔夫（Flagstaff），然后是温斯洛（Winslow）、霍尔布鲁克（Holbrook）、桑德斯（Sanders），向山下行驶，再向山上行驶，之后，就过了亚利桑那州。这些城镇比我记忆中的要大了一些，灯光也更明亮了一些，汽车旅馆的规模也更大，设施也更豪华了。

我跨入新墨西哥州，在夜色中匆匆经过盖洛普（Gallup），在大陆分水岭上露营——这里的景色比北方壮观多了。夜晚非常冷，又很干燥，星星都像是被切割过的玻璃雕花。我把车子开进一个风吹不到的小峡谷里，停在一堆废旧玻璃瓶旁边——这些都是威士忌酒瓶和杜松子酒瓶，足足有几千个。我不知道，它们为什么会出现在这里。

此时，我坐在驾驶室的座位上，必须直面我自己欺瞒自己的事情。我独自驾车，一路只顾向前行驶，因为我不再能够听得到或者看得见什么东西了。我已经使自己超出了我所能摄取的极限，或者说，就像一个人在吃饱了之后继续往嘴里塞食物一样。我对自己的眼睛所摄取的东西已经无法消化理解，对此我自知无能为力。每一座山看起来都像是我刚刚经过的那一座山。那年，我到马德里的普拉多博物馆参观，当我看了上百幅画作之后，就有过这样的感觉——填鸭式的摄入之后已经过于饱和，再也没有能力去欣赏更多的画作了。

是时候让自己休整一番了。我在溪水边找到一处僻静的地方，把车子停了下来，准备休息一下。查理坐在我的旁边，他那个位置正好有些背光。他轻声呻吟着，提示我他有麻烦了。我甚至把他给忽略了。于是，我打开车门，把他放出去，他摇摇晃晃地往前走，走到废旧瓶子堆成的小山上，嗅了嗅几个破旧瓶子，然后又往别的地方去了。

夜晚的空气非常寒冷，冷得我瑟瑟发抖。于是，我把车房里的灯点亮，把煤气炉扭开，让屋子里的空气暖和起来。车房里很是凌乱。我的床铺还没有整理，早餐用过的盘子还搁在洗碗池里，没有清洗。我坐在床上，凝视着灰暗的夜空，感觉是一片苍凉寂寥。为什么我先前会有这种想法，以为我能够了解这片土地上的任何事情？在最后这几百公里的路上，我一直在躲避与人的交结。即使是在必须停下来加油的地方，我也是少言寡语，尽量只用单个字词回应别人，大脑里没有留下任何画面。我的眼睛和大脑都在跟我要赖皮。我这是在自欺欺人，让自己相信这趟行程有多么多么重要，甚至富有教益、增长知识。当然，人在途中，总会有现成的补救办法。我并没有站起身来，只是伸出手去拿威士忌酒瓶。我往玻璃杯中倒了半杯酒，闻了闻，又把它倒回到瓶子里。这可不是什么可取的补救办法。

　　查理还没有回来。我打开车房门，吹口哨，想把他唤回来；但是，没有听到回应。这种情况让我很是震惊。于是，我抓起探照灯，推上开关，让它那长矛一样的光束对准峡谷。灯光照在两只眼睛上，大约有五十米开外。我沿着小路跑过去，发现他站在那里，凝视着天空，就跟我刚才的状态一样。

　　"怎么了，查理，你哪里不舒服吗？"

　　他的尾巴慢慢地摇着，算作给我的回答。"哦，我懂了。你的意思是，还不错，我想是这样吧。"

　　"我吹口哨的时候，你为什么不回来？"

　　"我没听见你吹口哨。"

　　"你在那儿盯着看，是在看什么呀？"

　　"我不知道。我认为，我没看什么。"

　　"好吧，你不想吃晚饭吗？"

"我真的不饿。不过，你如果让我吃，我还是会走走过场的。"

回到车房之后，他扑通一声扑倒在地板上，把下巴搁在爪子上。

"查理，来，到床上来。让我们一起在痛苦中煎熬吧。"他照办了，但却没有表现出一点热情。我用手指揉搓着他头顶上的毛和耳朵后面的部位，这是他喜欢的方式。"感觉好点儿吗？"

他挪动了一下头。"再往左边一点。对了，就是那儿。"

"我们应该是糟糕的探险家。这才出来没多久，我们就已经感到懊恼沮丧了。第一位穿过这里的白人——我记得，他的名字叫纳尔瓦兹[1]。我有印象，他那趟路途并不长的徒步旅行花了他六年的时间。挪过去一点儿，我要查一下。不对，是用了八年的时间——从 1528 年到 1536 年。纳尔瓦兹本人并没有走出这么远。不过，跟他同行的人中有四个人走到了目的地。我不晓得，他们会不会感到懊恼沮丧。查理，我们都很软弱。也许，到了现在这个程度，我们该表现出一点勇气了。你的生日是什么时候？"

"我不知道。可能就跟马一样，在 1 月 1 日[2] 吧。"

1　潘菲罗·德·纳尔瓦兹（Panfilo de Narváez, 1478—1528），西班牙征服者、殖民地官员、探险家。1526 年，查理五世授予纳尔瓦兹佛罗里达州的土地。他率领约三百人的探险队前往那里。1528 年，探险队在佛罗里达州西海岸坦帕湾附近登陆，宣布这块土地属于西班牙。同年，纳尔瓦兹开始其北美大陆的海陆探险计划。一路上，他们历经飓风和印第安人的袭击，纳尔瓦兹也在途中因其乘坐的船被风暴掀翻而溺亡。1536 年抵达西班牙殖民地库利亚坎（今墨西哥境内）时，探险队只剩下四人。在佛罗里达州圣彼得堡的皮涅拉斯县立有一块纪念牌，上面写着："从这块古老的印第安村庄遗址，北美大陆的白人开始了第一次探险。"

2　所谓马的生日是 1 月 1 日之说，是与赛马活动有关。参加赛马的马匹，无论是哪一天出生的，如果来自北半球，则根据出生那一年的 1 月 1 日计算年龄；如果来自南半球，则根据出生那一年的 8 月 1 日计算年龄。这是人类为了便于管理赛事中马匹参加哪一个年龄段的比赛而硬性规定的。事实上，与世界上的所有生物一样，每一匹马都有自己的实际出生日期。

"你觉得，会不会是今天？"

"谁知道呢？"

"我可以给你做个蛋糕。只能做个薄饼蛋糕，因为我只有做这个的食料。多放些糖浆，在蛋糕上还要插上一根蜡烛。"

查理带有几分兴致，看着我为他做蛋糕。他靠着摇晃自己那荒唐可笑的尾巴，引出了一段微妙的话："不管是谁，看到你给一条狗做生日蛋糕，而这条狗甚至连自己是哪天的生日都不知道，一定会认为你疯了。"

"如果你的尾巴不能用比这更合适的方法表达你的意思，或许，你不会说话倒是一件好事。"

做出来的蛋糕很不错——四层薄饼，每层都夹着糖浆，上面还插上了一小截矿工照明用的蜡烛。查理吃着薄饼蛋糕，舔着糖浆，我端起一杯未加冰的威士忌，祝他生日快乐、身体健康。这件事做完之后，我们都感觉好多了。不过，这个时候再想想，更觉得纳尔瓦兹的同行人有多了不起——八年啊。在那个年代，才有真正的男子汉。

查理舔了舔自己胡须上的糖浆。"什么事情让你这么多愁善感啊？"

"这是因为，我已经再也无法真正看到什么了。出现这种情况的时候，你会不会认为，你从此再也看不到什么了。"

查理站起来，伸了伸懒腰，先是向前伸展，接着是向后。"我们到山上去散散步吧。"他建议道，"也许这样，你又开始能够看到什么了。"

我们去查看了那堆破碎的威士忌酒瓶，然后沿着小路继续往前走。我们呼吸时吐出的空气干燥、冰冷，形成一柱柱干冰蒸汽。有个相当大的动物跃上了碎石山丘，或许是一只小动物和一大块小雪崩。

"你的鼻子辨别得出来，那是个什么东西吗？"

"什么也辨别不出来。有点麝香的味道。也没什么值得我去追的。"

夜色如此黑暗，这暗沉的黑被那烧灼的星星点点刺痛着。手电筒发出的亮光触碰到上面那块陡峭岩石的平面，折回一道反射的亮光。于是，我向上攀爬。滑倒了，又挣扎着站起来；手电筒的光丢失了那道反射光，又找回了自己的反射光。原来，那是一小块新裂开的石头，里面有一块云母——这不是什么财富，但却是一件值得拥有的东西，我把它放进口袋里。随后，我们回到车房里，睡觉了。

第四部分

当我开始撰写这部游历纪行的时候，我就知道，或早或晚，我都得尝试着写写得克萨斯州，而这让我惴惴不安。我本可以轻松地绕开得克萨斯州这个话题，就好像太空旅行者避开银河系一样。得克萨斯州辽阔而古老的大平原自最北端延伸开来，形成狭长的区域，而格兰德河 [1] 从得克萨斯州最西端入境，便开始懒散而随意地向东、向南延伸。一旦你进入了得克萨斯州，似乎要花上很长时间才能够从那里走出来，而有些人则再也没有走出来。

　　我还是事先把事情说清楚为好，其实，即便我想避开得克萨斯州，也是不可能这么做的，因为，我的妻子就是得克萨斯人，那里有我的岳母、叔叔、婶婶，以及堂表兄弟、堂表姐妹们，在我这一生中，他们都是与我息息相关的人。再者，就算在地理位置上避开得克萨斯州也是毫无助益的，因为，从我们在纽约的房子到我们在萨格港的渔场小屋，得克萨斯州的影子无处不在，甚至当我们在巴黎拥有了一套小公寓，得克萨斯州亦如影随形。得克萨斯州对世界各地的渗透达到了不可思议的程度。有一次，在佛罗伦萨，我见到一位意大利小公主。"好可爱，"我对她的父亲说，"感觉她

1　格兰德河（Rio Grande），北美洲第五大河流，源自科罗拉多州圣胡安山脉，流经新墨西哥州、得克萨斯州，进入墨西哥，注入墨西哥湾。

看起来不像意大利人。我这么说，可能会让你觉得很奇怪。不过，我倒真是觉得，她看起来像一个美国印第安人。"听我这么说，她的父亲回答说："她怎么可能不像呢？她的外祖父娶的就是一位得克萨斯州的切罗基人[1]。"

面对得克萨斯州的问题，作家们发现，他们自己只能支支吾吾地泛泛而谈，而我也不例外。得克萨斯州是一个心灵之州。得克萨斯州是一个令人着迷之地。最重要的是，无论从哪个角度来讲，得克萨斯州都是一个完整意义上的国家。并且，这已经是一个普遍性的看法。离开得克萨斯州的得克萨斯人就是外国。我妻子称她自己是出走的得克萨斯人，但这只是部分事实。平日里，她说话几乎没有得克萨斯人的口音。然而，只要跟一个得克萨斯人说话，她马上就恢复了得克萨斯人的口音。你都不必费心去琢磨，就可以知道她来自哪里。她用家乡口音说话的时候，像"是的"（yes）、"空气"（air）、"头发"（hair）、"猜猜"（guess）这类在英语中为单音节的词，就都变成了英语的双音节词："是的喔"（yayus）、"空气耶"（ayer）、"头发耶"（hayer）、"猜猜喔"（gayus）。要是她感到疲惫慵懒的时候，"墨水"（ink）这个词就会变成"木水"（ank）。我们的女儿在奥斯汀（Austin）待了一段时间之后，她去拜访纽约的朋友。她问人家："你有针（pin）吗？"

"当然，亲爱的。"主人说，"你要一根大头针（straight pin）还是一根安

---

1 切罗基人（Cherokee），北美印第安民族，被认为是文明与文化程度最高的印第安民族之一，1828年创办《切罗基凤凰报》（Cherokee Phoenix），为第一份印第安人办的报纸。切罗基人最初居住在美国东南部的田纳西州东南部、南卡罗来纳州西部以及佐治亚州东北部一带，十八世纪末，被迫迁徙到佐治亚州山地地区。1838 年，因淘金热的兴起，切罗基人在美国军队和民兵的强制押解下，被迫迁徙到俄克拉荷马州东北部地区，迁徙过程中，恶劣的环境以及士兵和民兵们的暴虐行为，导致切罗基人死伤惨重。因而，这次西迁之路又被称作"眼泪之路"。另外，美国汽车公司在二十世纪七八十年代推出的一款吉普车，取名为 Cherokee，中文译名为"切诺基"。

全别针（safety pin）？"

"都不是，我要一支喷泉针（fountain pin）。"她说。实际上，她不是问人家要"针"（pin），而是要一支"自来水笔"（fountain pen）。

多年来，我从多个角度研究了得克萨斯州的问题。当然，我研究出来的一个真相总是不可避免地被另一个事实所抵消。我认为，得克萨斯人在得克萨斯州以外的地方，会显得有点担惊受怕的样子，并且，他们在情感上也让人觉得非常脆弱。正是他们的这些特质，导致了他们吹嘘炫耀、傲慢自大，并且以大声喧哗显示自鸣得意——这些都是害羞的孩子才会有的发泄方式。而在自己的州里，得克萨斯人则完全不是这个样子。我认识的得克萨斯人都亲切、友好、慷慨、安静。在纽约，我们经常听到他们谈及自己的独特性，并对此十分珍视。得克萨斯州是唯一以盟约形式加入美国联邦的一个州。它保留了依据自由意志脱离联邦的权利。我们经常听到他们威胁说要脱离联邦，为此，我成立了一个热心的组织——"支持得克萨斯州脱邦的美国之友"（The American Friends for Texas Secession）。这一举动让这个话题冷静了下来。得克萨斯人希望能够脱离联邦，但是，他们并不希望任何其他人有意愿要他们这样做。

像大多数州那些激情洋溢的民族群体一样，得克萨斯人也珍视属于自己的历史。他们的历史基于史实，但并不仅仅限于史实。得克萨斯人保持了拓荒者的传统，他们有着坚韧不拔的性格、吃苦耐劳的精神，还有多才多艺的本领，这方面都是毋庸置疑的，但是，这却并不是全部。很少有人知道，在很久以前的弗吉尼亚州，对重刑犯有三种惩罚形式——依据罪行轻重顺序分别是：死刑、流放得克萨斯州和监禁。因此，一些被流放到得克萨斯州的人，一定在那里留下了自己的后代。

还有，得克萨斯人曾经誓死捍卫阿拉莫城堡，奋勇抵抗桑塔·安纳率领的人数众多的墨西哥军队。[1]这也是一个史实。的确，勇猛骁悍的得克萨斯人从墨西哥人手中夺回了他们的自由。在他们的心目中，"自主""解放"都是神圣的字眼。至于对专制政治必然引起反抗的本质这方面的诠释，我们必须去欧洲当代观察家那里寻求一个非得克萨斯人的观点。局外的观察人士认为，有两个因素引起了得克萨斯人的反抗。首先，得克萨斯人不想纳税。其次，墨西哥在1829年废除了奴隶制，得克萨斯作为墨西哥的一部分，被要求解放它的奴隶。当然，还有其他引起反抗的因素。然而，对于一个欧洲人来说，这两个因素都足以引人注目；而在美国，却鲜少有人提及这两个因素。

我说过，得克萨斯州是一个心灵之州。但我觉得，得克萨斯州还远不止于此。得克萨斯州有一种近乎宗教的神秘感。这种说法在某种程度上是正确的，因为人们要么狂热地爱着得克萨斯州，要么强烈地憎恶着这个州。而且，就像对待其他宗教一样，很少有人敢于直面审视它，因为人们害怕在神秘和悖论中迷失自己的方向。我的任何观察都能很快被公众看法或反向观察所抵消。但我认为，就得克萨斯州是一个完整的统一体这一点，从我个人的情感方面不会引起什么争议。尽管得克萨斯州幅员辽阔、气候多样、物态各异，尽管它在内部纷争不断、观点各异、追求不同，但得克萨

---

1 阿拉莫（Alamo），位于得克萨斯州圣安东尼奥附近，原为西班牙建立的传教站，后逐渐扩建，成为军事要塞。1835—1836年得克萨斯独立战争期间发生了"阿拉莫之战"。墨西哥统治者桑塔·安纳（Santa Anna）率领重兵攻打阿拉莫，守卫阿拉莫城堡的得克萨斯军队与人数远远超过他们的墨西哥军队发生了激烈的战斗，最后，得克萨斯士兵几乎全部阵亡。阿拉莫之战被视为美国军事史上的神话，在美国历史上占有重要地位，具有深刻的象征意义。阿拉莫之战曾多次被拍成电影。

斯州有着极强的凝聚力；或许，这种凝聚力比美国其他各州都强。无论是富庶之地还是贫瘠之地，无论是狭长地带还是海湾区域，无论是城市还是乡村，得克萨斯州是所有得克萨斯人的痴迷所在，是他们最适宜的选择，也是他们释放自己强烈激情的地方。几年前，埃德娜·费伯[1]撰写了一本书，描述了一小群非常富有的得克萨斯人。就我的知识判断，她的描述是准确无误的，但是，其中的一个侧重点是贬损。然而，这本书刚一问世，即刻遭到了来自不同群体、不同阶层和不同财产拥有者的得克萨斯人的抨击。攻击一个得克萨斯人就等于引来了所有得克萨斯人的火力。从另一个角度讲，得克萨斯笑话是一个受人尊重的风俗习惯，深受人们的喜爱，并且，许多得克萨斯笑话的确源于得克萨斯州的风土人情。

牧场开拓者的传统在得克萨斯州得到了精心的培育，这就如同英国人始终在用心呵护着可能存在的诺曼人血统。虽然事实上，许多家庭都是契约殖民地拓荒者的后裔，当时的拓荒者与今天的墨西哥短期合同工没有什么两样。然而，这些拓荒者的内心都有一个坚定的信念，梦想着能够拥有长角牛[2]和一望无际的牧场。一个人只要有机会靠着石油或者政府合约、化工产品或批发杂货发了财，他的第一个行动就是买一个他能够负担得起的最大的牧场，用来饲养牛。据说，如果一位公职候选人的名下没有牧场的话，其当选的机会微乎其微。拥有土地的传统牢固地根植在得克萨斯人的心灵深处。商人们的脚上依旧穿着有后跟的靴子，虽然他们从来都没有踩

---

1 埃德娜·费伯（Edna Ferber，1885—1968），美国女作家。1925 年，她的小说《如此之大》（*So Big*）获普利策奖。此处提到的是其畅销小说《巨人》（*Giant*，1952），讲述一位因在自家牧场发现石油而成为巨富的得克萨斯牧场主的故事。1956 年，该小说被改编为同名电影。

2 长角牛（longhorn steer），亦称"得克萨斯长角牛"，其超长的牛角，长度可达两米多。

过马镫；那些在巴黎有房子、定期到苏格兰射猎松鸡的富豪们也依然称自己为乡下小子。他们努力以这种方式与这片土地的活力和朴实保持关联。如果一个人不了解这一点，就很容易去嘲笑得克萨斯人的这种做派。得克萨斯人本能地认为，土地不仅是财富的源泉，也是活力的源泉。得克萨斯人的活力是无穷无尽的，也是具有爆发力的。至少以我个人的经验来看，拥有传统牧场的成功人士并不是挂名的牧场主人。他们在牧场里干活，监管自己的牛群，扩大牧场的经营。在令人难以置信的高温炎热天气下，他们释放出来的活力也是令人难以置信的。无论富有的人还是贫穷的人，得克萨斯人始终保持着努力工作的传统。

心态的力量是惊人的。在得克萨斯州其他出色的特质中，有一个方面不可小觑，那就是，得克萨斯州是一个崇尚军事的民族。在美国的武装部队中，随处可见得克萨斯人的踪迹，并且得克萨斯人常常是出任军官。在得克萨斯州，即使是深受大众欢迎、场面壮观的体育运动，也搞得几乎跟军事行动一样。没有比得克萨斯州规模更宏大的乐队，或者人数更多的游行组织了，一群群身着节日盛装的女孩子旋舞着手中闪闪发光的指挥棒。各区的橄榄球比赛体现出战争般的光荣与绝望。当一支得克萨斯州的球队出场迎战其他某个州的球队时，那么，它就成了一支旌旗大队。

如果有人认为我一直是在得克萨斯州的活力这个话题上徘徊，那是因为我对这方面非常清楚。在我看来，这是一种动力，就如同那种在早期引起并促进整个民族进行迁徙并勤力征服的推动力。得克萨斯州的大片土地都是具有复原能力的肥沃土壤。如果这里的土壤不具备这种复原能力的话，我想我相信得克萨斯人那种不留余地的活力必定会转移出来，去征服新的土地。这一看法在得克萨斯州首府不安分的运动中多多少少得到了证实。但是直到目前为止，这种征服是通过购买，而不是通过战争。中东地区的石油沙漠、南美洲开阔的土地都感受到了这种冲击。除此之外，还有利用资本来征服的新兴领域：中西部的工厂、食品加工厂、工具和铸模工厂、木材和纸浆工厂。就连出版行业也加入到了二十世纪得克萨斯州的合法掠夺的行列之中。我的这些看法，既不涉及道德评判，也不存在任何警示。活力必须被释放出来，并且总会寻找到释放的地方。

自古至今，任何富裕的、充满活力的、成功的民族，一旦他们在这个世界上占据了一席之地，就会表现出对艺术、文化，甚至对知识和美感的渴求。得克萨斯州的城市都在向着更高的阶层和更广泛的方向发展。各所大学都得到了足够的捐赠和捐助。剧院和交响乐团一夜之间如雨后春笋般涌现出来。然而，在任何规模巨大的、充满活力的热情涌动中，肯定会出现差错与失误，甚至还会出现违背判断力和品位的情况。总会有宗教政治组织的一帮非生产领域的批评家们出来指手画脚，发出贬损诋毁、讥讽嘲弄之声，他们带着惊恐厌恶的表情、轻蔑鄙视的眼光评头品足。而我所关注的是这样一个事实，那就是，这些事情都是实实在在做出来的。毫无疑问，会有成千上万次不合时宜的失败，但是，在世界历史上，艺术家总是会被吸引到他们受到欢迎并得到良好对待的地方。

就其自然特征以及其广大的地域而言，得克萨斯州往往会被一概而论，而这种一概而论通常会以自相矛盾而告终——去听交响音乐会的"乡村老男孩"，穿着马靴和蓝色牛仔裤的牧场主逛尼曼百货商店[1]，购买中国玉器。

在政治上，得克萨斯州继续着自己的似非而是的姿态。就传统和怀旧

---

1 尼曼百货商店（Neiman-Marcus），美国的高端连锁百货商店，主要经营奢侈品，为世界上最高档、最独特时尚品牌商品的零售商，已有一百多年的历史。总部设在得克萨斯州的达拉斯。

的角度来看，得克萨斯州属于老牌的南方民主党。但是，这并不妨碍得克萨斯人在全国选举中将选票投给保守的共和党人，同时选举积极进取的开明人士担任县市的各级公职。我对得克萨斯州的公开看法仍然不变——得克萨斯州的每一件事情都有可能被其他什么事情所抵消。

地球上的大部分地区都可以通过经纬度来划分，可以对其土壤、空气和水进行化学层面的描述，可以根据确定的植物群和人群以及已知的动物群来寻找其源头和铺展开来的边缘，这样就已经足够了。然而，还有另外一些地区，寓言、神话、先入为主的观念、爱、渴望或偏见介入其中，从而扭曲了一种冷静的、清晰的评判模式。由此带来的结果是，一种色彩夸张的、神秘兮兮的不确定状态永远占据着主导地位。希腊就是这样一个区域，还有亚瑟王曾经踏足过的英国那些地区亦是如此。要是由我来给出定义的话，我认为，对这些地方的判定有一个共同特点，就是其中很大一部分是出于个人观点和主观意识。很显然，得克萨斯州就是这样一个地方。

我去过得克萨斯州的大部分地区，在得克萨斯州境内，我看到了——除北极特有的之外——在世界各地都能够看到的各有特色的乡村，各种各样的地形、气候和构造，强劲的北风甚至能够把冰冷的气息带下来。以地平线为藩篱的、有棱有角向北伸展的平原地带与戴维斯山脉[1]那群树木繁茂的小山以及可爱的溪流之间形同陌路。格兰德河流域丰富的柑橘园与这个州南部的北美山艾树放牧区毫无关联。墨西哥湾沿岸的炎热湿润空气与向西北伸出的狭长地带的冰晶雪玉没有任何相似之处。而坐落于湖泊毗连之

1　戴维斯山脉（Davis Mountains），位于得克萨斯州西部的杰夫戴维斯，为落基山脉的南端，著名的霍比-埃伯利望远镜（Hobby-Eberly Telescope，HET）就坐落于戴维斯山脉的麦克唐纳天文台（McDonald Observatory）。

间的山丘上的奥斯汀与北部的达拉斯（Dallas）则可以说有着天壤之别。

我想要说的是，在得克萨斯州，没有任何物质上的或地理上的一致性。得克萨斯州的一致性只体现在心灵上。关于这方面，不仅仅局限于得克萨斯人自己的认识。对于世界上的每一个人来说，"得克萨斯"这个词都已经变成了一个象征。毫无疑问，"得克萨斯的心灵"这一寓言常常是人为合成的，有时是不真实的，而且经常是浪漫的，但是，这丝毫没有削弱它作为一种象征的力量。

我对得克萨斯州理念的本质做了探讨，这些可以为我带着查理、驾驶着驽骍难得穿越得克萨斯州做个铺垫。很快就会看出，得克萨斯州的这段旅程注定会与之前的旅程不同。首先，我熟悉这里的乡间；其次，我在这里有朋友和姻亲。基于这种情况，要做到客观公正，实际上是根本不可能的。因为我知道，没有哪一个地方像得克萨斯州那样热情好客。

但是，在那次最让人开心但有时也很让人疲乏不堪的人类特有的行为特征开始之前，我在阿马里洛（Amarillo）市中心一家漂亮的汽车旅馆里度过了三天隐姓埋名的日子。在一条砾石路上，一辆汽车从我的车子边上驶过，弹起来的砾石打碎了驽骍难得宽大的前窗玻璃，因此我不得不把它换掉。但是，更为紧要的是，查理的老毛病复发了，这一次，他的病情不容乐观，他处于极度痛苦之中。我想起了在西北部地区我们遇到的那位可怜的无能兽医，他既不清楚查理得了什么病，也不在乎查理的病痛。我依稀记得，查理当时是如何带着痛苦的、疑惑不满的目光看着他。

在阿马里洛，我找来的那位医生是一个年轻人，他驾驶着一辆中等价位的敞篷车来到我这里。他俯下身子，靠近查理。"怎么了？"他询问道。我向他解释查理遇到的问题。然后，这位年轻兽医伸出双手，抚摸查理，给他做检查。兽医用手在查理的臀部和膨胀的腹部来回移动——手法训练有素，动作非常专业。查理大大地松了一口气，耷拉到地板上的尾巴开始缓慢地向上摆动，然后又落回到地板的方向。查理任由这个人给他做检查，把自己交给这个人去照料，表现出百分之百的信任。我以前见到过这种相互间即刻产生的融洽关系，也很高兴又看到了这种关系。

兽医用他那很内行的手指在查理身上探查了一番，之后，他站起身子。"这种病会发生在任何一个像他这样年纪的老男孩身上。"他说。

"就是我猜测的那种病吗？"

"是的。前列腺炎。"

"你能治吗？"

"当然。我得先让他放松；然后，我会针对这种病进行药物治疗。你可以让他离开你大概四天吗？"

"不管我可以不可以，我都会这么做的。"

兽医把查理抱在怀里，带上他出去了。他把查理放在敞篷车的前排座位上。查理用他那毛茸茸的尾巴末端在车座的皮革上摩挲着。看得出，他很满意，也很有信心，我跟他一样很满意，很有信心。这就是为什么我碰巧必须在阿马里洛待上一段时间的原因。这段插曲的结果是，四天过后，我去接查理，他已经完全康复了。医生还给了我一些药丸，让我在旅途中每隔一段时间就给他服用，以免他的病复发。好人的地位绝对是无可替代的。

我并不打算在得克萨斯州逗留太久。自从好莱坞不景气之后，号称"孤星之州"[1]的得克萨斯州取代了好莱坞，占据了接受采访、视察和讨论的

---

1 "孤星之州"（Lone Star State），指得克萨斯州，这个名字的由来是因为该州的州旗上只有一颗星。

榜首之席。然而，如果我不讲一讲得克萨斯州的奢靡派对，那么，对于得克萨斯州的描述必定是不完整的。这种奢靡派对展现出那些大富豪们是如何把大把大把的钱挥霍在毫无品位但却激情奔放的炫耀之上。我妻子从纽约过来，跟我相聚。我们受邀到得克萨斯州的一座牧场里过感恩节。牧场主是我们的一位朋友。有的时候，他也到纽约去，我们会在纽约隆重地接待他。我还是按照惯常的做法，不提他的名字，让读者自己去猜想。我推测，他应该很富有，尽管我从来没有问过他这方面的情况。我们按照受邀的时间，在感恩节奢靡派对之前的下午抵达牧场。这是一座美丽的牧场，有着丰裕的水域、茂密的树木，还有足够大的牧场。在牧场里，到处可见推土机在把土推起，堆成土坝，将水围起来，在牧场中心形成了一个又一个绽放着生命活力的湖泊。在青草茂盛的平地上，毛色如血的赫勒福德牛[1]正在吃草。我们驾车驶过赫勒福德牛身边，扬起一阵尘土。只有在这个时候，它们才会抬起头来，看看我们。我不知道这座牧场到底有多大，我也没有问过我的主人。

这是一幢只有一层的砖结构房子，坐落在一片棉白杨树林里，这片树林是在一小块高地上，下面就是一个池塘，是靠着筑坝拦蓄泉水形成的。池塘中的水色深暗，水面被养殖在那里的鳟鱼搅乱了。房子里面很舒适，有三间卧室，每间都有洗浴设施——有浴缸还有淋浴房。客厅用着色松木嵌板装饰，同时也兼做餐厅；客厅的一角有一座壁炉，还有一个带玻璃门的枪支柜，靠在一面墙上。厨房的门是敞开的，可以看到里面的用人——一位体型壮硕的黑人妇女和一位总是在咯咯笑的女孩子。我们的主人接待

1　赫勒福德牛（Hereford），原产于英格兰西部赫勒福德郡的一种牛，体毛红色，下垂部以及头面部的毛为白色，十九世纪初被引入美国。

了我们，帮助我们把行李搬了进来。

奢靡派对立刻开始了。我们首先进行了沐浴。一俟出浴，苏格兰威士忌和苏打水即刻送了上来；我们一饮而尽。这一过程结束之后，我们参观了对面的谷仓。犬舍里面有三条猎犬，其中一条看样子有点打蔫儿。随后，我们去了畜栏，牧场主的千金小姐正在那里训练一匹马，准备参加四分之一英里赛马。这是一匹肢体发达的马，名字叫斑点巴顿。在那之后，我们又参观了两座新建的水坝，水坝后面的水正在慢慢地积蓄起来。在几个饮水站点，我们有机会跟一小群新近购买的牛近距离接触。这场强体力运动过后，大家都很疲惫。我们回到各自的房间，小憩片刻。

从小憩中醒过来，我们发现，邻近的朋友到了。他们带来了一大罐辣椒牛肉酱，是用自家烹饪食谱制作的；这是我吃过的味道最棒的辣椒牛肉酱。这时，其他那些用蓝色牛仔裤和马靴来掩饰自己身份地位的大富豪们也陆续到来。酒水递到每个人的手里，接着是一场快乐的交谈，大家谈论的无外乎都是关于打猎、骑马和养牛的事，笑声不绝于耳。我斜倚在靠窗的座位上，在渐近渐浓的黄昏暮色之中，望着野火鸡飞入棉白杨树林里栖息。它们扑棱着翅膀笨拙地飞起来，分散开来，然后突然与棉白杨树融合在一起，消失了。这些飞入棉白杨树林中栖息的野火鸡少说也有三十只。

随着夜幕的降临，漆黑的夜色将窗玻璃涂抹成了一面镜子，这样，我可以在我的主人和他的客人们不知情的情况下从窗玻璃上观察他们。他们零散地坐在那间松木嵌板的小房间里。有些人坐的是摇椅，三位女士坐在沙发上。他们卖弄和炫耀的微妙方式引起了我的注意。其中的一位女士正在织毛衣，另一位女士正在玩填字游戏，用一支黄色铅笔顶端的橡皮擦轻轻地叩着自己的牙齿。男人们看似轻松而随意地谈着牧草和水源，谈着某某人刚刚从英国买了一头比赛得了冠军的公牛，空运了回来。他们穿着那种浅蓝色的牛仔裤，接缝处的颜色比其他地方相对更浅一点，还略微有些磨损，这可是要经过至少一百次磨洗才能够弄出来的效果。

不过，我对这些人的细节研究还远不止这些。瞧瞧他们脚上穿的靴子，内侧都有明显的磨痕，泛着马汗干掉后的盐渍，鞋后跟也都快磨平了。男人们的衬衫领口敞开着，露出喉头上被太阳晒伤的暗红色皱纹。还有一位客人一定是碰到过什么麻烦，不知用了多大的力气，把自己的食指都给折断了。他的食指被夹板固定着，上面用皮革绳子绑着，那皮绳很显然是从手套上切割下来的。我的主人极尽地主之谊，招待他的客人们。他从酒吧里拿来一桶冰、一些瓶装苏打水、两瓶威士忌，还有一箱汽水。

到处散发着铜臭的气息。说件具体的事。这座牧场主的千金小姐坐在地板上，擦拭着一把点22口径的来复枪。她一边擦枪，一边还在讲故事，那绝对是一个只有老于世故的男人才能讲得出口的下流粗俗的故事。她跟大家说，她的那匹公马斑点巴顿是如何跳过一扇有着五根栅栏木的畜栏大门，跑去跟邻县的一匹母马幽会。她认为，她对斑点巴顿和邻县母马生下的小马驹拥有财产权，因为小马驹身上有斑点巴顿的血统。只这一幕，就足以证实我们都听说过的得克萨斯州百万富翁的传说。

这一幕也让我想起了我在帕西菲克格罗夫[1]的一段时光。当时，我正在粉刷一栋小木屋的内墙，那是我父亲在我出生之前在那里建的小木屋。我雇来一位帮工，跟我一起干活。我俩都不是专家，所以，我们浑身都溅满

1　帕西菲克格罗夫（Pacific Grove），亦称"太平洋丛林镇"，位于加利福尼亚州蒙特雷西北侧，为美国著名的旅游景点。该市每年10月至次年3月，会有无数的帝王蝶在这里过冬，形成在花丛中的彩蝶翩舞景观，素有"蝴蝶镇"之誉。

了油漆点子。我们忙乎了一阵子，发现油漆用完了。我说："尼尔，去霍尔曼店里买半加仑油漆和一夸脱稀释剂。"

"我得先把自己弄干净，再换身衣服。"他说。

"你疯了！就这么去吧。"

"这我可做不到。"

"为什么做不到？要是我，就会穿着这身衣服去。"

接下来，他说了一句充满睿智的话，这句话令我难忘。他说："你得是钱多到什么程度啊，才可以穿得现在这个邋遢样子就出门。"

他说的这话一点都不好笑，但却太有道理了。在这个奢靡派对上，这句睿智的话被证实是千真万确的。这些得克萨斯人享受着简朴的生活，那得是多么超乎想象地富有啊。

我与妻子一起到外面散步。我们绕着鳟鱼池边走，还到对面的小山转了转。空气很冷，寒意袭人，从北边吹来的风冷飕飕的，已经夹杂着冬天的气息了。我们想听听蛙鸣，但是，它们已经躲藏起来，准备过冬了。不过，我们倒是靠着迎面吹来的风，听到了郊狼的嚎叫声；我们也听到了一头母牛在"哞哞"大叫，呼唤着她那刚断奶的牛犊。猎犬跑到狗舍的铁丝网边，尾巴像一条快活的蛇，在不停地扭动着，鼻子狂热地打着喷嚏；就连那条像是生了病而无精打采的猎犬也走出狗舍，带着嗤笑嘲弄的怪相盯着我们。之后，我们站在大谷仓高大的入口处，闻到了紫花苜蓿那怡人的香甜味，还有大麦草卷散发出来的面包的味道。畜栏里的马对着我们喷鼻息，用它们的头在栅栏上蹭来蹭去。斑点巴顿踢了一下旁边的骟马朋友，纯粹是为了在我们面前炫耀一下自己的身手。这天晚上，猫头鹰也飞了出来，尖厉的叫声拉开了捕食猎物的序幕。远处，一只夜鹰发出柔和而有节奏的叫声。我真希望我那个"能干的面包师傅查理"[1]跟我们在一起。这样的夜色美景一定会令他兴奋不已。但是，他此时在阿马里洛镇，在镇静剂的辅助作用下休息，治疗他的前列腺炎。凛冽的北风冲撞着棉白杨树那光秃秃的树枝。这让我感觉到，在我的整个旅行过程中，那个一直紧紧地尾随着我的冬天终于追赶了上来。在我们人类近代动物本能的经历中，或者至少是在我的动物本能经历中，冬眠肯定是一个存在的事实。不然的话，为什么夜晚的冷空气会让我感到如此困倦呢？此时是这样，以前也是这样。我们回到房间，已经是幽灵们都该隐退的时间，我们上床睡觉了。

第二天，我很早就起床了。我之前曾经看到过，在我们房间外面的矮树栅栏上，有两根鳟鱼钓竿斜靠在上面。我带上钓竿，走下长满青草的小山，结了霜的路面走起来一溜一滑的。我走到黑沉沉的水塘边。一只苍蝇形状的诱饵已经事先被系在了鱼线上，这是一只假饵，有点儿缺胳膊少腿了，但仍然毛茸茸的，显得很可怕。当它接触到水面的时候，池水一下子沸腾起来，剧烈地搅动着。我钓到了一条25厘米长的彩虹鳟；我把它甩到草地上，摔击它的头。我向水里抛了四次鱼线，钓上来四条鳟鱼。在池塘边，我把这四条鳟鱼处理干净，将内脏扔进水里，给它们的同伴。

在厨房里，厨师给我端来一杯咖啡，我坐在一处凹进去的角落。厨师把我的鱼蘸上玉米淀粉，用培根油炸得酥脆。然后，她将炸好的鳟鱼放在盘子里，上面盖上一片培根，递给我，培根又酥又脆，一放到嘴里就化了。

1　"能干的面包师傅查理"（Able Baker Charley Dog），美军在第二次世界大战期间使用的战术代码，每一个字母都以一个单词的形式出现，如："Able，Baker，Charlie，Dog，Easy，Fox，George，How，Item，Jig，King，Love，Mike，Nan，Oboe，Peter，Queen，Roger，Sugar，Tare，Uncle，Victor，Williams，X-ray，Yoke，Zebra"等。这里，"能干的面包师傅查理"指的是斯坦贝克的狗——查理。

我已经很久没有这样吃鳟鱼了，从水塘钓出来到放在煎锅里煎好，只用了五分钟的时间。这种鱼要用这样的办法来吃，用手指小心翼翼地抓住它的头和尾，从它的脊梁处开始，一小口一小口地把鱼肉从鱼骨头上咬下来吃，最后再把它的尾巴吃掉，尾巴像薯片一样味浓、酥脆。咖啡有一种特殊的味道，一种只有在结了霜的早晨才能品出来的味道，第三杯咖啡跟第一杯的味道一样好。我倒是更愿意留在厨房里，可以跟用人什么都不聊，以免打扰她。但是，她还是把我请了出去，因为她得为感恩节奢靡派对做准备，要把两只火鸡的肚子塞满。

沐浴着上午九十点钟的阳光，我们出发，到外面去打猎，猎鹌鹑。我带上自己那支一直都放在驽骥难得里的猎枪，那是一支枪管有凹痕的 12 口径老式猎枪，被我擦得锃亮。那支枪是我十五年前买的二手货，当时看起来就很不起眼，而且从来也都没有什么起色。不过，我认为，这把枪很配我的水平。如果我能瞄准猎物，这把枪就会把猎物打下来。在我们出发之前，我怀着说不清的渴望，透过枪械柜的玻璃门，看着那支配有帕迪锁的路易吉·弗兰基[1] 12 号双模式霰弹枪。这支枪太精美了，真让我垂涎三尺。枪管上的雕刻闪烁着大马士革刀[2]特有花纹的珍珠般的光芒。枪托流畅地嵌入保险栓内，而保险栓则牢固地锁入枪管之中，好像它们就是从一粒播下的魔幻种子里长出来的。我敢肯定，如果主人看到了我那羡慕的神情，他一定会把那美人儿借给我用用；但是，我没有跟他提。想想看，万一我绊

1　路易吉·弗兰基（Luigi Franchi）公司，意大利著名枪械制造家族企业，1868 年创建于意大利北部城市布雷西亚，1993 年宣告破产。

2　大马士革刀（Damascus blade），据称，最初是公元前 300 年印度冶炼的乌兹钢被运到中东，由阿拉伯人将乌兹钢与熟铁层叠，反复加热锻打，形成带有波状花纹的高硬度、高强度、高弹性的刀剑，经常在叙利亚大马士革销售。十字军东征期间，欧洲人将大马士革刀带回并使其名声大噪。

了一跤，摔倒了呢？或者，我把它掉到了地上呢？或者把它那可爱的枪管撞到了石头上呢？还是不提为好，拿着这样一支枪，就跟拿着一顶镶嵌珠宝的皇冠穿行于雷区一样。我的那把老掉牙的枪也不是便宜货，但至少，在它身上发生任何事情都是可以接受的，而且不必担心。

在此之前的一个星期，我们的主人就一直在关注鹌鹑群聚集的地点。此时，我们分散开来，向前推进，穿过灌木丛与盘根错节的树丛，下河蹚水，过河上岸，爬坡登高。猎犬像弹簧似的，在我们前面探路。一条胖乎乎的、名叫公爵夫人的母猎犬已经有一把年纪了，眼睛像两团火焰，比其他猎犬都卖力，甚至比我们还上心。大家在尘土上发现了鹌鹑的踪迹，也在沙土和河床的淤泥里发现了鹌鹑的踪迹；大家还在北美山艾树那干枯的树尖上发现了一些鹌鹑的绒毛。我们蹑手蹑脚、缓慢地走了好几公里，手中端着上了膛的枪，随时准备让霰弹像击鼓一样飞射出去。可是，我们连一只鹌鹑都没有见到。猎犬们也根本没有发现鹌鹑，或者嗅到鹌鹑的气味。我们讲了一些以前如何捕猎鹌鹑的经历，有些是乱编的谎言；但是，所有的努力都无济于事。鹌鹑都飞走了，真的都飞走了。我只是一个还说得过去的鹌鹑射手；不过，与我在一起的这些人都是优秀射手，这些狗也都是专业的、敏捷的、强壮的，也非常卖力。这场打猎，我们连鹌鹑的影子都没有看到。然而，说到打猎，有一点是非常微妙的。即便明明知道没有飞禽，你也宁愿去打猎，而不会不去。

我的主人以为没有猎到鹌鹑，我的心都碎了。他说："这样吧。今天下午，你拿着你的点222小枪，给自己射一只野火鸡吧。"

"这儿有多少只？"我问。

"嗯，两年前，我放养了三十只。我想，现在大概有八十只。"

"昨天晚上，有一群野火鸡飞到房子附近，我数了一下，有三十只。"

"另外还有两群。"他说。

我真的不想要一只火鸡。我把它放在驽骈难得里，但是随后怎么处理它呢？于是，我说："再等一年吧。等它们超过一百只的时候，我会再来这里，跟你一起去打猎。"

我们回到房子里，冲了澡，我刮了胡子。因为那天是感恩节，我们穿上了白衬衫和西装外套，打上了领带。按照预定的时间，奢靡派对宴会在两点钟准时开始。为了不让读者感到震惊，我会快速略过这次派对上的细节，而且我认为，没有理由表现得对这些人嗤之以鼻。两巡上等威士忌过后，两只烤成焦黄色的、光滑油亮的火鸡被端了上来。主人切开火鸡，随后，大家将火鸡肉拿到自己的盘子里。我们做了感恩节祷告，之后一起举杯祝酒。一顿火鸡盛宴下来，大家都吃到了动弹不得的地步，就跟佩特罗尼乌斯的盛宴[1]中那些颓废的罗马人一样。酒足饭饱之后，大家出去散步。然后，我们退回到各自的房间里，来个绝对必要的、注定要有的小憩。这就是我在得克萨斯州的感恩节奢靡派对。

当然，我并不认为，这些得克萨斯人每天都过着这种日子。他们不可能这样。这多多少少像他们到纽约拜访我们的时候，我们对他们的招待情

1　盖乌斯·佩特罗尼乌斯（Gaius Petronius，？—66），古罗马诗人、作家，一般认为《萨蒂里卡》（Satyricon，亦译《讽世录》）为他所著。据塔西佗所著的《编年史》（Annals）记载，佩特罗尼乌斯曾任比提尼亚总督、执政官等，是古罗马皇帝尼禄的宠臣。他精于享乐，塔西佗称他是"把奢侈当成一门艺术"的人，后因被指控参与皮索的反尼禄阴谋而自杀，在自杀前摆设了极其奢华的宴席。1896年，波兰作家亨利克·显科维奇（Henryk Sienkiewicz）出版的长篇历史小说《你往何处去》（quo vadis）将佩特罗尼乌斯作为主要人物之一加以刻画。1905年，显科维奇获得诺贝尔文学奖，而《你往何处去》是一百多年来唯一一部获得此殊荣的历史小说。

况。当然，在纽约，他们想的是看演出，到夜总会去。过了几天这样的日子，临离开前，他们会说："我们真的搞不明白，你们怎么能过着这样的生活。"对此，我们的回答是："我们的生活不是这样。等你们离开之后，我们也就不会这样了。"

这么一想，我对自己将我所认识的得克萨斯富豪们的贪图享乐的颓废生活暴露在聚光灯下，任人仔细观察，也就能够释怀了。但是，我一点也不认为，他们每天都吃辣椒牛肉酱或烤火鸡。

在我制订这次旅行的基本计划时，我就已经确定将一些问题列入其中，希望在旅行过程中得到相应的答案。我并不认为这些问题都是不可能解决的。我觉得，可以把它们归结为一个问题："今天的美国人是什么样子？"

在欧洲，描述美国人是什么样的人，这是一项很流行的娱乐活动。那架势好像每个人都知道美国人是什么样子。反过来说，我们美国人也对描述别人是个什么样子这类娱乐活动津津乐道。我的同胞到欧洲旅行了三个星期之后，他会以很肯定的口吻描述法国人、英国人、意大利人、德国人，尤其是俄国人的性格特征，我都不知道听过多少次这类描述了。我旅行到过许多地方，这让我很早就知道，美国人作为个体与美国人作为一个整体之间的差别。两者之间相去甚远，甚至可能是相互矛盾的。通常，当一个欧洲人带着敌意和蔑视来形容美国人的时候，他会转而对我说："当然，我指的不是你，我是在说其他那些人。"归根结底一句话：无论是美国人还是英国人，作为一个整体，统统都是你不认识的缺乏个性特征的傻瓜笨蛋。然而，当涉及的是某个具体的法国人或是意大利人，则是你所熟悉的人，或是你的朋友。他的身上不具备任何由于你的无知而对他产生憎恶的特质。

以前，我一直认为，这是一种语义上的陷阱。然而，我在自己国家里走的地方多了，这让我对原来的想法不再那么肯定了。就我所见到过的和交谈过的美国人来说，的确每个人都具有很强的个性，每个人都不同于其他人。但是，渐渐地，我开始感觉到了美国人作为一个整体概念的存在，无论他们在哪一个州、他们的社会地位和经济状况、他们的教育程度、他们的宗教以及他们的政治信仰，他们确实具有普遍性的特征。但是，如果真的有一个建立在事实基础之上的美国人的整体概念形象，摒弃怀有敌意的或者管窥蠡测的观点，那么这是一个什么样的形象呢？这个形象看起来像什么呢？它具有什么作用呢？如果同一首歌曲、同一则笑话、同一种流行款式迅速风靡全国各地，那么，一定是所有的美国人在某些方面具有相似之处。同一则笑话、同一种风格在法国、英国或意大利都没有出现过这样的效果。这一事实证明，我的论点是站得住脚的。但是，我越是审视这个美国人形象，就越是无法确定这个形象到底是个什么样子。在我看来，这似乎越来越像我在以己之矛攻己之盾。依据我的经验，当矛盾过于频繁地出现而让人感到习以为常的时候，就意味着在这一等式中缺少某些因素。

到此时为止，我已经走过了好多个州，每一个州都有自己的特性。我穿过了无以计数的人群之后，此时，我的前面是一片区域，那是南部地区。这里是一个我害怕看到，但又必须去看、去聆听的地方。我不会被痛苦和暴力所吸引。出现意外事件的时候，除非我能够帮上忙，否则我从不刻意去围观。我从不为了寻求刺激而参与街头斗殴。我怀着恐惧的心理面对南部地区。我知道，这里充满了痛苦与困惑，以及由困惑和恐惧所致的各种各样的疯狂行为。而南部地区作为国家的一部分，它的痛苦蔓延到整个美国。

父辈们的原罪正在影响着后世子孙，我知道，正如所有的人都知道，这是对这一问题实事求是但却不完整的说法。我有很多南方朋友，有黑人也有白人。他们当中的许多人有着超凡的头脑和卓越的品质，然而，每当大家在交谈中出现了与黑人和白人相关的话题，甚至仅仅是细微的迹象，根本没有涉及具体问题，我总会注意到或感觉到，他们即刻进入了一种饱含阅历的空间，这是一个我无法进入的空间。

或许，我对这种极度痛苦缺乏切肤的、带着情感的理解，甚至比大多数所谓的北方人都更缺乏。这不是因为身为白人的我，没有与黑人打交道的亲身经历，而是因为我所经历的特殊性使然。

我出生在加利福尼亚州的萨利纳斯，在那里成长、读书，在那里逐渐积累了塑造我的印记。萨利纳斯只有一个黑人家庭，姓库珀。在我还没有出生的时候，库珀夫妇就已经生活在那里了。他们有三个儿子，一个比我大一点，一个跟我同龄，还有一个比我小一岁。所以，我从小学到高中，总是有一个库珀高我一个年级，一个跟我在同一个班级，一个低我一个年级。一句话，我被库珀兄弟们夹在了中间。这家的男主人，大家都叫他库珀先生，他经营一家很小的货运站——生意做得很好，日子也过得很不错。他的妻子是一位热心友善的女人，无论什么时候，只要我们缠着她要一块姜饼吃，她总会给我们的。

即使在萨利纳斯有任何肤色偏见，我也从来没有听说过，也一丝一毫都没有感觉到。库珀一家很受尊重，他们的自尊自重也绝不是勉强而为的。尤利西斯是库珀家的长子，他是我们镇上有史以来最优秀的撑竿跳运动员之一。他是一个很文静的高个子男孩。我记得他穿着运动服做运动时的优雅动作，也还记得我羡慕他对时机的掌握非常流畅和完美。他在高中三年级的时候去世了，我是他的护柩人之一。当时，被选中做护柩人我还感到很骄傲；回头想想，我为自己盲目的骄傲深感内疚。库珀家的第二个儿子叫伊格纳修斯，是我的同班同学；他不是我喜欢的那种人。现在我知道了，那是因为他绝对是个最优秀的学生。在算术以及后来的数学方面，他的成绩在我们年级名列前茅；在拉丁语方面，他不仅成绩非常好，而且从不作弊。谁会喜欢这样的同班同学呢？最小的库珀是个可爱的男孩子，脸上总是挂着笑容。奇怪的是，我不记得他的名字了。他是个天生的音乐家。我最后一次见到他的时候，他正沉迷于谱曲。用我这受过一定训练的耳朵听来，他的创作似乎是大胆的、独创的、悦耳的。但是，除开他们的天赋之外，库珀家的男孩们还都是我的朋友。

瞧，在我玩捕蝇纸的童年时代，他们是我唯一认识或接触过的黑人。由此，你可以看出，在踏入这个大千世界之前，我在这方面所做的准备有多么单薄啊。举个例子，当我听说黑人是一个劣等种族的时候，我就在想，当局得到的信息是错误的。当我听说黑人肮脏的时候，我想起了库珀太太那明亮、洁净的厨房。至于说他们懒惰？库珀先生的运货马车总是刚刚黎明就上路，车架子发出的"嘎吱""嘎吱"声和马蹄踏地的"哒哒""哒哒"声常常把我们吵醒。甚至还有人说什么黑人不诚实？库珀先生是萨利纳斯极少数几个从不让债务超过每月 15 日的人之一。

现在我意识到，说到库珀一家人，还有另外一些方面，使他们有别于我后来见到过的和遇见过的其他黑人。因为他们没有受到过伤害或侮辱，所以他们不需要怀有戒心或者好斗；因为他们有着完整的尊严，所以他们没有必要表现得傲慢专横。还有，因为库珀家的男孩们从来没有听说过他们是低人一等的，所以他们的心智可以得到最充分的发展。

直到我长大成人，我与黑人相处的经历就只有这些。或许，那以后，我已经长大了，成熟了，无法改变童年时代形成的固化了的习惯意识。唉，打那之后，我看到了很多黑人，也感受到了一波波暴力、绝望和混乱得令人惊愕与难过的冲击。我曾经看到过一些实在是无法通过学习来教养的黑人孩子，尤其是那些在婴儿时期就被告知他们是低人一等并由此在脑子里留下深刻印记的孩子们。因此，回想起库珀一家以及我们对他们的认识，我觉得自己的最大感触就是，为在白人与黑人之间拉下来的恐惧与愤怒的帷幕而感到悲哀。我的脑海里突然闪现出一个滑稽可笑的可能性。在那个年代的萨利纳斯，如果某个来自更聪明、更世故的外部世界的人问："把你的妹妹嫁给库珀家人，你觉得怎么样？"我想，我们一定会觉得这个提法很好笑。因为我们可能会想到，虽然我们都是好朋友，但库珀家的人不一定愿意娶我们的妹妹。

因此，从根本上来说，我不适合在种族冲突中选边站。我必须承认，针对软弱施以冷酷和暴力，会令我怒不可遏；但是，任何强者欺凌弱者的行为同样让我忍无可忍。

除了做不了种族主义者之外，我知道自己在南方并不受欢迎。当人们从事某种连他们自己都不觉得是引以为骄傲的事情时，他们不欢迎目击者。事实上，一俟出了什么问题，他们还会相信，是目击者制造了麻烦。

在所有这些关于南方问题的讨论中，我一直在谈论的只是因种族隔离运动所释放出来的暴力事件——黑人孩子上学的问题，年轻黑人要求允许他们使用午餐柜台、公共汽车和卫生间这些有争议特权的问题。然而，我尤其关注的是上学读书这方面的事，因为在我看来，只有出现了数以百万计库珀家庭这样的黑人时，这种社会阴影才能够真正消弭。

最近，一位关系比较密切的南方朋友充满激情地向我传授"平等但分隔"[1]的理论。他说："在我生活的那个镇子上，的确创立了三所新的黑人学校，设施标准不仅是平等的，甚至比白人学校还要优越。那么，你不觉得这样他们就应该满意了吗？还不止这些，在公共汽车站里，黑人和白人的卫生间是一模一样的。你对此有什么见解？"

我说："也许，这是个愚昧无知的做法。你以为，你换了学校和卫生间，你就可以解决这个问题，并把他们放回到了自己的位置上。你以为，一旦他们注意到，你们的学校还不如他们的好，他们就会认为，他们错怪了你们。"

可是，你知道我的朋友说了什么吗？他说："你这个制造麻烦的捣蛋鬼。"只不过，他说这话的时候，脸上是带着微笑的。

1　"平等但分隔"（equal but separate），亦称"隔离但平等"（separate but equal），曾经有段时间是美国支配种族关系的法律原则，是以合法形式实行种族隔离政策的一条途径。它主张，不同种族之间在包括学校在内的各种公共设施上分隔开来但其分隔开的公共设施在物质上是平等的，这实际上就是肯定了美国南方种族隔离的合宪性。这一原则始于1877年重建结束，南部各州在公园、学校、公共交通等公共设施中采取了严格的种族隔离政策。1896年，"平等但分隔"原则确立，黑人普莱西（Homer Plessy）因为登上白人专列而遭到逮捕。1954年，"布朗诉教育委员会案"挑战了"平等但分隔"政策，迫使实施这种政策的州废除学校的种族隔离制度。

1960 年年底，当时我还在得克萨斯州。报纸上报道最频繁、刊登照片最多的事件是几个黑人小孩获准进入新奥尔良的一所白人学校就读的消息。在这些很小的黑人孩子背后，是法律的威严和执法的力度——无论是舆论还是当局，都站在了这些学龄儿童的一边——而与他们相峙的则是三百年来，在一个不断变化的世界里的害怕、愤怒以及对变化的恐惧。那时，我每天都能在报纸上看到这类新闻的照片，在电视屏幕上看到影视图像。让新闻记者们热衷于报道这类事件的是一群肥硕结实的中年妇女。靠着对"母亲"这个词的稀奇古怪的定义，她们每天都聚集在一起，对孩子们尖声谩骂。更有甚者，她们中的一小群人已经把此事演练得如此专业，甚至被称为"啦啦队队员"。每天都有一群人聚集在一起，欣赏她们的表演，还为他们鼓掌叫好。

　　这出戏恢诡谲怪，原本属于根本不该发生的事，让我觉得非得目睹一下不可。它跟杂耍节目中长了五条腿的牛犊或长着两个头的胎儿有着同样的吸引力。这是对正常生活的一种扭曲，而我们总是觉得这种扭曲很有趣，不惜花钱去观赏。或许，我们这么做，是为了向自己证明，我们有着适当数量的腿或头。在新奥尔良的这类表演，让我亲身感受到了令人难以置信的、荒唐畸形的娱乐消遣；但同时，这种所谓的表演也让我体验到了某种恐怖，一种的确发生了的、地地道道的恐怖行为。

此时此刻，打我离开家便一直尾随着我的冬天，借助一股黑暗邪恶的强劲北风突然袭来。北风带来了冰冻和寒冷的雨夹雪，在高速公路的路面上涂上一层暗黑色的冰层。我把车子开到那位医术高超的医生那里，接回查理。查理看上去比他实际的年纪年轻了一半，并且显得非常开心的样子。为了证明这一点，他跑着、跳着、打着滚、咧着嘴，而且还像小奶狗一样发出汪汪的叫声，以示他发自内心的欢喜。查理重新陪伴在我的身边，这种感觉非常好。有时，他挺直身子坐在我旁边的座位上，凝视着前方铺展开来的道路。有时，他蜷缩着身子睡觉，头枕在我的大腿上，以便我能够抚摸他那傻里傻气的耳朵。不管你玩着什么花样去抚摸他的耳朵，他都能够睡得着觉。

现在，没有什么事情拖延我们的时间了。我们可以让车轮子在道路上尽情地滚动起来。由于天冷，路面结了冰，我们无法把车子开得很快。尽管如此，我们依然不屈不挠地向前行驶，几乎都不想花时间再看一眼得克萨斯州，任由它从我们的身边闪过。得克萨斯州真是无边无际，搞得人都头大——斯威特沃特（Sweetwater）、巴林杰（Balinger）和奥斯汀。我们经过休斯敦（Houston），但并没有进入市区。我们停下来给车子加油。我喝了杯咖啡，还吃了几块馅饼。查理也是在加油站这儿吃的饭，然后去散步。夜晚并没有阻止我们上路。我开车继续前行，直到后来，由于长时间盯着前方，我感到双眼火辣辣地刺痛，肩膀像两座小山坡一样僵硬疼痛。到了这个时候，我不得不把车子停在一个错车道口的岔道边上，像只鼹鼠一样爬进车房，钻进被窝里。我闭上眼睛，只感觉高速公路在我的眼皮后面纠缠着、扭动着、蜿蜒而行。我最多睡了不到两个小时，然后就爬起来，再次上路，进入寒冷刺骨的夜色中，继续向前行驶。路边的水结成了坚硬的冰，路上行走的人们穿着厚厚的毛衣，用披肩把身子裹得严严实实的，连耳朵都裹到了里面。

我曾经到过几次博蒙特（Beaumont），那几次我来这里的时候，都是赶上天气十分炎热，搞得我汗流浃背，只渴望着能够在有冷气的环境里喝上带冰块的饮料。而这一次我看到的博蒙特，到处都是刺眼的霓虹灯招牌，但是已经处于他们称之为"淡季"的状态。我是在夜晚经过博蒙特的，或者更确切地说，是在午夜过后伸手不见五指的时候。帮我加油的那个男人手指都冻得发紫了。他看到车子里的查理，说："嘿，那是条狗啊！我还以为你在车里面带了个黑鬼呢。"说完，他开心地笑了。我是第一次听到有人开这种玩笑；而在此后的一路上，我不断重复听到这种玩笑，至少听了不下二十遍——"以为你那车里有个黑鬼"。这并不是一个日常应该听到的玩笑——这类看似表现惊讶的玩笑总是让人有种被冒犯的感觉——从来不用"黑人"（Negro）这个词，甚至都不用"老黑"（Nigra），张嘴就是"黑鬼"（Nigger，Niggah）。[1] 对于说话者来说，这个词似乎异乎寻常地重要，是一种必须紧紧抓住才会让其感到安全的词汇，似乎只有这样，某种结构才不

1　美国对黑人的称谓一直在发生变化，力求消除或者说减少种族歧视的内涵。Negro 一词源于西班牙语和葡萄牙语，本义为"黑色的"，殖民者最初将掳到美洲的黑人称为 Negro，意思是"黑人""黑奴"。Nigra 一词源于西班牙语和葡萄牙语，本义为"黑色的"，如公元二世纪罗马人在德国特里尔（Triel）修建的罗马城墙，其北门由于年代久远显得暗黑而被称作"大黑门"（Porta Nigra）；在这里，该词是种族主义者用来对黑人的蔑称："黑鬼""老黑"。Nigger 一词源于拉丁语 Niger，意思是"黑的"；白人种族主义者使用此词，以示对黑人的蔑称："黑鬼""黑崽子"。Niggah 是 Nigga 的另一种拼写形式，借以强调非种族主义含义的一种俚语表达形式。Nigga 通常为黑人之间使用。

会坍塌。

随后，我们到了路易斯安那州。莱克查尔斯（Lake Charles）从我们身边消失，淹没在黑暗之中。我的车灯把结冰的路面照得闪闪发光，让那些钻石般的霜棱晶莹剔透。总是有些人不得不在夜晚徒步跋涉，他们用厚厚的棉衣将自己包裹得严严实实的，像一座座小山丘，借以抵御寒冷。我顽强地坚持着继续行驶，穿过拉斐特（La Fayett）和摩根城（Morgan City）。在黎明时分，我来到了霍马（Houma），这个城市名的发音跟荷马相同。在我的记忆中，霍马是世界上最令人愉快的地方之一。我的老朋友圣马丁医生就住在那里。他是卡津人[1]，一位温文尔雅的、学识渊博的人。他为方圆数公里内的贝冢卡津人治病，为他们接生、治疗腹绞痛。我想，他比任何人都更了解卡津人。不过对我来说，我倒是怀着渴望的心情，回想起了圣马丁医生在其他方面的天赋。他调制的马提尼是世界上最棒的、最精致的，而他的调制过程简直就是一种魔法。在他的调制秘方中，我只知道有一部分是他用蒸馏水做冰块，并且，为了确保效果，蒸馏水是他自己提炼的。我曾经在他的餐桌上享用过黑鸭[2]——两杯圣马丁医生亲自调制的马提尼酒，一份黑鸭，外加刚从瓶中倒出来的勃艮第，就像一个刚刚出生的婴儿似的。

---

1 卡津人（Cajun），法裔加拿大人的后裔，十八世纪，英国人占领法属阿卡迪亚（Acadia），卡津人遭到驱逐，后定居路易斯安那州东南部地区。卡津人操一种混杂着英语、法语、西班牙语、美洲印第安语等其他语言习语的法语方言。由于历史上来自外部的歧视以及他们长时间形成的习惯，他们与外界基本上保持隔绝状态。

2 黑鸭（black duck），亦称北美黑鸦，分布于加拿大和美国自密西西比河至东部沿海地区，北至加拿大的萨斯喀彻温省，南至美国的佛罗里达州，通常成群栖息于沼泽地、湖泊以及河口和海口的岸边，以水生植物、小型水生动物等为食。身体主要部分是黑褐色，有深褐色顶帽和眼纹，双腿呈鲜红色，公鸭的嘴是黄色，母鸭为深绿色。

289

我们是在一间很暗的屋子里享用这些的，百叶窗在黎明时分便都关上了，以便将夜晚的凉爽空气保存下来。餐桌上的银器精致细腻、濡润朦胧，发出白镴一样高雅洁白的柔光。我还记得，医生举起盛着葡萄圣血的玻璃杯，用他那有力的、艺术家的手指摩挲着高脚杯的杯脚。时至今日，我的耳畔依然回响着他用如歌般的阿卡迪亚[1]语言，说着简短且甜蜜的祝酒词和欢迎词。阿卡迪亚曾经属于法国，现在它属于它自己。这些情景犹如一幅图画出现在我那结了冰霜的挡风玻璃上。如果当时道路上车辆很多的话，那会让我成为一个危险的司机。然而，这个时辰的霍马，才是刚刚泛着淡黄色微光的、冰冷的黎明。我知道，如果我在霍马停下来，去拜访圣马丁医生，我的意志和决心都会随着圣马丁医生提供的不同寻常的"忘忧果"[2]而飘散，我一定不想离开的。我们会有说不完的、永恒的话题；我们会忘却时间，直到夜深人静，然后是另一个夜晚。想到这儿，我只是朝着我朋友居住的城市鞠了一躬，然后继续向新奥尔良方向疾驰而去，因为，我想要赶上看"啦啦队队员"的表演。

开着一辆挂纽约牌照的车，尤其是像驽骍难得这样惹眼的车，往有麻烦的地方凑，我还不至于蠢到这一地步。就在前一天，一名记者遭到殴打，他的相机也被砸烂了。要知道，即便是对"啦啦队队员"这种行为持赞同态度的选民，也不愿意他们的这一历史时刻被记录和保存下来。

---

1 阿卡迪亚，加拿大大西洋省份的法语区，范围覆盖北美洲的东北部，包括现在的魁北克东部、整个加拿大的海洋省份，以及新英格兰，向南一直延伸到美国的费城，曾是法属殖民地，后被划入英国殖民地，现在分布于美国的几个州以及加拿大的几个省。

2 这里，斯坦贝克用"忘忧果"是与此段开始时提到的"霍马，这个城市名的发音跟荷马相同"前后呼应，由此，将荷马史诗《奥德赛》中那些吃了忘忧果而乐不思蜀的士兵与斯坦贝克喝了圣马丁医生的马提尼酒而不想离开联系起来，烘托效果。

所以，我把车子开进了紧靠城边的一个停车场里。工作人员走到我的车窗前。"哦，上帝啊，我还以为你的车里有个黑鬼呢。哦，上帝啊，原来是条狗。我看到那张巨大的老黑脸的时候，我就在想，那是个又大又蠢的老黑鬼。"

"他干净的时候，脸是蓝灰色的。"我冷冷地说。

"不过，我看见过一些蓝灰色的黑鬼，他们并不干净。纽约来的，是吧？"

在我听来，他的声音里似乎夹杂着清晨空气中一股阴沉沉的寒意。"只是经过这里，"我说，"我想把车子在这儿停几个小时。你能帮我叫辆出租车吗？"

"告诉你，我赌什么。我敢打赌，你是要去看'啦啦队队员'。"

"没错。"

"好吧，希望你不是那些制造麻烦的家伙，或者记者。"

"我只是想去看看。"

"哦，上帝啊，你会看到很了不起的场面。还有谁能比那些'啦啦队队员'更了不起的？哦，上帝啊，她们开始表演的时候，说的那些话太了不起了，你肯定从来都没听到过。"

我带着这位停车场管理员把驽骍难得看了一遍，然后，我把查理锁在驽骍难得的车房里。我请管理员喝了一杯威士忌，还付给他一美元。"我不在的时候，打开车门时要当心点儿。"我说，"查理对待他的工作相当认真负责。你可能会失去一只手。"当然，这是一个唬人的离谱谎言，不过，这家伙却回答我说："好的，先生。我绝对不会跟一条陌生的狗搞在一起的。"

出租车司机是一位面色蜡黄的男人，冻得跟个干瘪了的鹰嘴豆一样。他说："我只能把你带到离那儿还有几个街区的地方。我可不想让人家把我的出租车给毁掉了。"

"有那么糟糕吗？"

"不只是有没有那么糟糕的事，而是就那么糟糕。并且，场面可能会变得更加糟糕。"

"什么时候开始？"

他看了看自己的手表。"除非天气特别冷，若不然，天刚亮她们就会陆陆续续地出来了。还有一刻钟了。你可以接着往前走。除非天气特别冷，不然你什么都不会错过的。"

靠着服装，我把自己掩饰了一番。我穿了一件旧的蓝色夹克，戴着我的英国海军帽。我的假定是，在海港上，没有人会多看水手一眼，就跟在餐馆里没有人会注意服务员一样。一个水手在他经常出没的地方是不会被注意到的；当然，除了喝醉了酒或者可能因为打架而坐牢之外，水手也没有什么招数能够引起别人的注意。至少，这是人们对水手的普遍印象。我曾经对这一假定做过试验。最常碰到的情况，就是会听到一个威严但却和蔼的声音对你说："这位水手，为什么不回到你的船上去？你该不会想蹲在牢房里思念着你的海潮吧，水手？"我敢说，不出五分钟，说这话的人就记不得你长什么样子了。我那海军帽上的狮子和独角兽会让我显得更加不起眼。但是，我必须警告任何一位想要检测我这个理论的人，千万不要在港口之外的地方尝试这么做。

"你从哪里来的？"司机问道，可以感觉到他对自己的问题兴味索然。

"利物浦。"

"英国佬，对吧？那好，你不会有事的。所有的麻烦都是那些该死的纽约犹太人惹出来的。"

我发觉自己在说这话的时候的确带着英国人的腔调，但那绝对不是利物浦人的口音。"犹太人？——为什么？他们怎么会惹麻烦呢？"

"为什么不会呢？见鬼，先生。我们这里的人都知道这种事情该怎么处理。大家都不会搞得很不开心，观点不一致的人也都能够相安无事。其实，我就喜欢黑鬼们。而那些该死的纽约犹太人跑到这里来，插上一脚，煽动黑鬼闹事。那些犹太人就该待在纽约，只要他们不来，就不会出现什么麻烦。倒是应该把他们全都处理掉。"

"你是说用私刑处死他们？"

"当然就是这个意思，先生。"

他让我下了车，我迈开步子，继续向前走。"先生，别想着靠得太近。"他在我身后喊道，"你只管看个痛快就行了，但不要掺和进去。"

"感谢你的提醒！"我说，已经到了嘴边的"非常"一词却被我生生地吞了回去。

我向着那所学校的方向走去，渐渐汇入了一大群人流之中。他们都是白人，都跟我一样，朝着一个方向行进。他们都心无旁骛地向前走着，就好像人们在大火燃烧了一段时间之后走向火灾现场一样。他们或者用双手拍打着臀部，或者把双手严严实实地裹在外套里面。许多男人在帽子下面还包裹着围巾，遮住自己的耳朵。

在学校对面的街道上，警察们已经事先设置好了木制拒马，把人群挡在后面。他们来来回回巡视着，对人群跟他们开的玩笑漠然处之。此时的学校门前还是空空荡荡的，但是沿着路边，联邦法警们以一定的间隔距离一字排开。他们没有穿制服，而是佩戴臂章，以表明他们的身份。他们的枪支形状很体面地在外衣下面凸显出来，而他们的眼睛却在紧张地扫视着周围人群的面孔。我觉得，他们也仔细地审视过我，看看我是不是个常客，然后，他们放弃了我，把我当作了无关紧要的人。

很容易就能知道"啦啦队队员"会站在哪个位置，因为人们都想要接近她们，拼命朝着那里拥挤。她们在学校门前正对面的拒马处占据了一处不错的位置。而且，在那个地方，聚集着一些警察。警察们跺着脚，手上带着特殊的手套，相互之间拉着手。

猛然间，我被粗暴地推搡了一下；紧接着，一声大喊爆发出来："她来了。让她过去……快点，往后退。让她过去。你到哪儿去了？你差点赶不上他们上学的时间。你到哪儿去了，内莉[1]？"

她的名字不是内莉，只是我忘了她叫什么名字。她从离我非常近的地方经过，被拥挤的人群推搡着向前移动。靠近我的时候，我都可以看到她那件仿羊毛外套和她的金耳环。她个子并不高，但很丰满，胸围巨大。我估计，她在五十岁上下。她的脸上涂了厚厚的一层粉，这搞得她那双下巴的线条看上去很黑。

她的脸上挂着邪恶的微笑，在拥来挤去的人群中推搡着，挤了过去。她的手里拿着一大堆剪报，举得高高的，以免被拥挤的人群撕碎。由于她那举起来的是左手，所以我特意寻找，想看看她的手指上有无结婚戒指，结果却没有找到。我挤到她的身后，想借着她的推浪，跟着往前蹭，但是，人群太过拥挤不堪。我也受到了警告："小心点，水手。大家都想听她

---

1 内莉（Nellie），在古希腊神话中，内莉用作海伦的变体，也用作埃莉诺的变体，二者均源自希腊语词根 ēlē（光明，火炬，明亮）。后来，内莉也含有"挑剔""喋喋不休""忧虑"等意思，如 a nervous Nellie（心烦意乱、忧虑不安、胆小紧张的人，杞人忧天的人）、a negative Nellie（消极的女人）等。

的演讲。"

人群爆发出一片叫喊声，欢迎内莉。我不知道有多少个"啦啦队队员"。"啦啦队队员"与她们身后的人群之间没有明显的界线。我所能看到的，就是一群人，来来回回地传递简报。他们高声朗读简报上的内容，伴随着一阵阵幼稚可笑的尖叫声，来表现他们的兴奋和快乐。

此时，人群开始变得焦躁不安起来，就跟那些认为已经过了开演时间还没有看到表演的观众一样。我周围的人都在看自己的手表。我也看了看我的手表。差三分钟九点。

表演准时开始了。警笛声响了起来。出现了骑着摩托车的警察。接着，两辆黑色大轿车停在了学校门前，车子里面挤满了头戴浅黄色毛毡帽的壮汉。人群似乎屏住了呼吸。从两辆大轿车里，各走出四位体格魁梧的联邦法警。随后，也不知道从大轿车里的什么地方，他们拎出来一个个子非常矮小的黑人小女孩。黑人小女孩身穿泛着亮光的、用淀粉浆洗过而显得硬邦邦的白色衣服，脚上蹬着一双崭新的白色鞋子，鞋子小得让人感觉几乎就是两个圆球。在白色的衬托下，她的小脸和两条小腿显得格外黑。

体格魁梧的联邦法警让黑人小女孩站在路边，被拒马挡在后面的人群传出一阵刺耳的喊叫声，听得出来，全是奚落人的话。黑人小女孩并没有去看那些喊叫的人群，但是我从侧面看，她的眼白让她看起来像是一头受到惊吓的小鹿。联邦法警们像对待洋娃娃一样，让她转了一圈。然后，这一列奇特的队伍迈开步伐，沿着宽阔的人行道向学校走去。那几个男人太过魁梧高大了，反衬之下，这个小女孩显得格外瘦小。不知怎的，这个小女孩稀奇古怪地蹦跶了一下。我很想知道她这么做的原因。我认为，小女孩长这么大，还从来没有过像模像样地走上十步而不蹦跶一下的。可是这一回，她刚刚蹦跶起来，沉重感就把她给压垮了。她那圆圆的小脚在高大魁梧的护卫兵中间迈着谨慎的、勉为其难的步伐。他们一行人慢慢地走上台阶，进入学校。

针对这种嘲弄与奚落，报纸曾经刊载文章，强调这是残忍无情的，有时甚至是恶毒下流的，而事实的确如此。其实，这还不是主场大秀。人群在等待着那位敢于带着他的白人孩子上学的白人父亲。瞧，他出现了，正沿着有警卫的人行道走过来。这是一位高个子男人，穿着浅灰色衣服，牵着他那受到惊吓的孩子的手。他的身体绷得紧紧的，像一根被拉到极限、就要断裂的弹簧片。他的表情阴沉凝重，脸色灰暗苍白。他的眼睛僵直地盯着前方的路面。他面颊的肌肉因其紧咬双颌而凸显出来。这是一位忧心忡忡的男人，正在用自己的意志来抑制住自己的恐惧，就像一名伟大的骑手正在引导一匹受到惊吓的马匹。

尖锐而刺耳的喧嚣声在人群中一次又一次响起来。这种嘶吼毫无秩序可言。每个人都吼上一嗓子，而在每一次嘶吼声结束的时候，人群都会爆发出混杂着号叫、咆哮和口哨的喝彩声。这就是他们到这里来想要看到的、听到的。

这些妇女嘶吼的内容究竟是什么？没有任何一家报纸刊载过，因为大家都知道，这些内容太过粗俗无礼。有些报纸甚至声称，这些内容是淫秽下流的。在电视播报中，他们会将这些妇女的嘶吼声做模糊处理，或者将人群的喧嚣声置入其中，用以遮掩这些下作不堪的内容。然而此时此地，我亲耳听到了这些人嘶吼的内容，如野兽般的、卑劣肮脏的、污秽堕落的，的确如此。在我的生活中，我更多的时间是处于没有保护的环境之中，我曾经见过也听到过，如同恶魔般的人类如何口吐令人作呕的恶言。即便如此，为什么发生在这里的嘶吼却令我感到格外震惊和恶心？

简报上写下来的字词肮脏卑劣，都是经过精心策划的、刻意挑选的污言秽语。然而，相比之下，现场实际发生的情景绝对有过之而无不及，更令人作呕。这是一场令人恐惧的女巫安息日狂欢。这里发生的绝不是即席出现的怒吼，更不是偶然发作的暴怒。

也许，正因为如此，才让我感到恶心透顶。这里没有明断是非的原则，也看不到事态发展的方向。这些粗俗邋遢的女人，她们头上戴着小帽，手中拿着剪报，饥渴地指望着别人的关注，想要得到别人的赞赏。当人群为她们喝彩的时候，她们沉浸在快乐的、几乎是无知的胜利之中，发出扭捏作态的笑声。她们的所作所为，是只有那些以自我为中心的孩子才会表现出来的乖张暴戾的残忍行为。不知出于什么原因，这使得她们那麻木不仁的兽性更加令人心碎。她们不是母亲，甚至不是女人。她们是疯狂的演员，在疯狂的观众面前哗众取宠。

人群拥挤在拒马的后面，咆哮着，欢呼着，开心地互相打斗着。紧张不安的警察们来来回回地巡视着，防范人群中有人攻克拒马，冲过来。他们双唇紧闭，但是他们中偶尔会有几个人微微地笑一下，马上就又没了笑容。街对面的联邦法警们一动不动地站在那里。那位穿着灰衣服的男人有那么一瞬间加快了脚步，但是，他还是靠着意志，驾驭住了自己的双腿，保持着原来的速度，沿着人行道，一步一步向学校走去。

人群暂时安静了下来。然后，轮到下一位"啦啦队队员"嘶吼了。她的声音就像是一头哞哞嚎叫的公牛，音调很低，也听得出来十分卖力，但却难掩她内心深处的无聊与焦躁，难免不让人联想到马戏团里招徕顾客的声音。没有必要把她的话记下来。模式是一样的，只是节奏和音质的不同。

就如同看过戏剧的人都清楚表演不是即兴的,靠近这个啦啦队戏场子的人都会知道,这些嘶吼的内容并不是心血来潮而随口说出来的。这些话是经过了反复的尝试、背诵,以及仔细排练过的。这就是一个正在演戏的大戏台。我看着人群,观察着他们那聚精会神的表情,那是看喜剧的观众脸上才会出现的表情。当掌声响起来的时候,那是在为一位戏剧表演者喝彩。

这一切令我感到身心疲惫,感到厌倦恶心,我的胃肠在剧烈地翻腾着。但是,我不能让身体的不适蒙蔽了我的双眼,毕竟我跑了这么远的路,就是为了耳闻目睹这里发生的实际情况。猛然间,我意识到,有些事情是错误的,是被扭曲了的,是走了样的。我了解新奥尔良。多年来,我在这里结交了很多朋友,他们都是些体贴周到、温文尔雅的人,承继着善良和礼貌的传统。我想起了莱尔·萨克森[1],他是一位笑起来很轻柔的大块头。我与罗克·布拉德福德[2]曾经共度过许多美好的时光。他带着路易斯安那州人的口音和视野,创造了上帝以及上帝将引导我们去向绿色牧场。我在人群中搜寻着这类人的面孔,但他们并不在这里。我曾在职业拳击赛上见识过嗜血狂徒们发出的这种声嘶力竭的嘶吼声,在斗牛场中看着斗牛士被牛角顶伤而诱发出的极度兴奋,在高速公路上盯着交通事故现场而间接感受到的

1　莱尔·萨克森(Lyle Chambers Saxon, 1891—1946),记者、作家,出生于路易斯安那州巴吞鲁日,后移居新奥尔良,代表作为《海盗拉菲特》(*Lafitte the Pirate*)。1938 年,萨克森参与将《海盗拉菲特》改编为电影。

2　罗克·布拉德福德(Roark Bradford, 1896—1948),编辑、作家,出生于得克萨斯州劳德代尔,后移居新奥尔良,曾任《新奥尔良时报》(*New Orleans Times-Picayune*)编辑。他为纽约《世界报》(*The World*)撰写了一系列关于南方黑人生活的故事,并集结成书——《老亚当斯和他的奇伦》(*Ol' Man Adams and His Chillun*),后改编成百老汇戏剧《绿色牧场》(*The Green Pastures*),并于 1930 年获得普利策奖,1936 年被改编成同名电影。该剧被认为是对《圣经》另一种形式的诠释,让南方黑人以他们日常生活中所认识的人和事来想象上帝和天堂。

强烈同感，在耐心排队、等待着获取观看任何疼痛或痛苦挣扎的特权。但是，其他那类人在哪里呢——那些会因为自己与灰衣人同属于一个物种而感到自豪的那些人——那些为了保护那个吓坏了的黑人小女孩而相互之间挽起手臂、不惧由此造成的手臂疼痛的那些人在哪里呢？

我不知道那些人在哪里。或许，他们跟我一样，只能感到自己于事无助。然而，他们的缺失是在放任这个世界对新奥尔良的误解。毫无疑问，出现在这里的围观人群随后就要急着赶回家去，看看自己上了电视节目的模样。他们的所见传遍了全世界。据我所知，还从来没有比这里发生的事情更糟糕的。

这番表演结束了，我们像一条河流一样开始流散。等到学校放学的铃声响起来的时候，第二场表演就一定会开始，而那张小黑脸又不得不再次面对指责她的人。我知道，在新奥尔良有许多非常棒的餐厅，所有那些环境和味道俱佳的好餐厅我都知道，而大多数餐厅的人也都认识我。然而，亲历了这场表演之后，我已经无法再去加拉托尔餐厅吃煎蛋卷、喝香槟酒了，这就跟我不可能在一座坟墓上跳舞没什么两样。别说在这座城市吃顿饭，就是把我在学校门前的这些经历写在纸上，都会让我再一次感到厌倦和绝望，令我恶心。而我之所以要将这段经历记录下来，绝不是出于娱乐消遣，对这类事，我一点都不觉得有什么好玩的。

　　我买了一份特大三明治，便离开了新奥尔良这座城市。没开出去多远，我就找到了一处让我看着舒心的休息场所。在那里，我可以坐下来，大口大口地咀嚼三明治，我可以沉思，我可以凝视那气宇轩昂的棕色的河流之父[1]在缓缓流动着。这正是我的灵魂所需要的。查理没有到处游荡，而是紧靠在我的身边坐着，把他的肩头抵在我的膝盖上。只有在我生病的时候，他才会这样做，所以我认为，我一定是生病了，应该是一种悲伤而致的病痛。

1　河流之父（Father of Waters），指的是密西西比河，被印第安人称为“河流之父”，或“众水之父”。

此时，我说不准具体应该是什么时间。在太阳已经过了制高点之后没多久，一个人走了过来，我们互相打了个招呼，说声"下午好"。他衣着整洁考究，看得出来，已经上了年纪。他长着一张希腊人格列柯[1]的脸，一头白发，发丝很细，被风轻轻吹拂着，还有修剪得体的白胡子。我邀请他跟我一起坐坐，他答应了。然后，我走进我的车房里，煮上咖啡。这时，我想起了罗克·布拉德福德非常喜欢的煮咖啡方法。于是，我把咖啡的量增加了一倍，我先是放了平日每杯满满两汤匙咖啡的量，又往壶里为每杯额外加了满满两汤匙。我打开一枚鸡蛋，将蛋黄弄出来，蛋清和蛋壳丢进壶里，因为我不知道，还有什么东西使煮出来的咖啡能像加上蛋清和蛋壳煮的那么柔亮。天气依然非常寒冷，预示着一个寒冷的夜晚即将来临。壶里放上冷水，让水逐渐煮到沸腾，这样煮好的咖啡散发出来的香醇气味，足以与其他任何好味道相媲美。

我的客人很满意，他用双手捂住塑料杯来取暖。"看你的车牌，知道你不是这里的人。"他说，"你怎么会知道用这种方法煮咖啡？"

"我是在波本街[2]跟这个地球上的大师们学到的。"我说，"只不过，他们

---

1 此处指希腊裔西班牙画家埃尔·格列柯，其名字"格列柯"意为"希腊人"。格列柯被认为是欧洲矫饰主义后期最具独创性的画家，其画作人物的身体总是被拉得很长，面容清瘦，眼神忧郁冷漠，表情阴沉肃穆，充满神秘色彩。斯坦贝克似借此渲染偶遇的陌生人形象，令人联想到格列柯的《一位年长绅士的画像》(*Portrait of An Elder Nobleman*, 1584—1594)。

2 波本街（Bourbon Street），位于美国爵士乐发源地路易斯安那州新奥尔良，剧作家田纳西·威廉斯（Tennessee Williams）创作的《欲望号街车》(*A Street Name Desire*, 1947)于1951年改编为同名电影，由费雯丽主演，就曾在此取景，因此，这里也被称作"欲望的天堂"。街道两旁布满酒吧，爵士乐、摇滚霹雳等音乐不绝于耳。爵士乐巨擘路易斯·阿姆斯特朗（Louis Armstrong）当年就是在波本街这里起家的。他的歌中有一段老唱词，历久弥新："我会带你玩转波本街，你会看到无尽的繁华，你会遇见所有的显贵。"

会要求烘焙得更久一些的咖啡豆，而且，他们会喜欢配上一点菊苣。"

"你的确很在行。"他说，"对于这里，你毕竟不是陌生人。你也会做暗黑咖啡[1]吗？"

"派对上用的那种，会做。你是本地人吧？"

"都好几代了，根本都无法证明有多少代了，这还没算在圣路易斯（St. Louis）被归类为 ci gît[2] 的那些人。"

"我知道了。你就是那些人的后代。我很高兴你能在这里停下来。以前，我对圣路易斯很熟悉，甚至还搜集过那里的墓志铭上的诗文。"

"是吗，先生？这么说，你一定会记得那个奇怪的碑文啦。"

"如果我们指的是同一个碑文的话，我试着背诵一下。你是说那个开头是'悲哀啊，一个把至高无上的欢乐寄托于天堂里的人……'？"

"就是那个碑文。是罗伯特·约翰·克雷斯韦尔（Robert John Cresswell）的碑文，死于 1845 年，当时才二十六岁。"

"但愿我能背得下来。"

"有纸吗？你可以写下来。"

我拿出一个便笺本，放在膝盖上，他说："悲哀啊，一个把至高无上的欢乐寄托于天堂里的人，却要如此突然地从其所有人间的希冀中解脱出来，尽管你对远方的爱为人类战胜大瘟疫带来了福祉，你的离去却是为了证明你在人间的痛苦。"

---

1 暗黑咖啡（diablo），为西班牙语，意思是"魔鬼""恶魔"，因此也有人称这种咖啡为"魔鬼咖啡"，亦有人称其为"深水炸弹"。此外，该词现在多指"暗黑破坏神"（如 1996 年推出的《暗黑破坏神》经典游戏）、"大菠萝""鬼怪""迪亚波罗"等。

2 法语：长眠于此。

"太棒了，"我说，"多像是刘易斯·卡罗尔[1]写的东西。我大致明白这是什么意思。"

"每个人都懂。你是来旅游消遣的吗？"

"今天之前都是的。我去看了'啦啦队队员'。"

"哦，你这么说，我就明白了。"他说，重负与阴郁降临在他的身上。

"事情会演变到什么地步呢？"

"我不知道。真的无法预测。我都不敢用心去想这件事。我为什么要费这个心思呢？我太老了。让别人去操这个心吧。"

"你觉得这事会有个结局吗？"

"噢，当然会有一个结局。这是手段——这是手段。但是，你住在北方。这不是你的问题。"

"我认为，这是每个人的问题。这并不是地区性的问题。你要不要再来一杯咖啡，我们继续聊聊这方面的事？我没有个人立场。我是说，我很想听听大家怎么说的。"

"没什么可了解的，"他说，"对这件事的看法似乎会随着你的身份、你住在哪里以及你个人的感受如何而不同——不是思考，而是感觉。你不喜欢你所看到的吗？"

"你会喜欢吗？"

"也许不像你认为的那么以厌，因为，我知道这儿所有痛苦的过去，也知道某种可能会出现的臭气熏天的未来。我用了个难听的词，先生，但是

---

1 刘易斯·卡罗尔（Lewis Carroll，1832—1898），英国数学家、逻辑学家、作家，著有童话《爱丽丝漫游奇境》（*Alice's Adventures in Wonderland*，1865）和《爱丽丝镜中奇游记》（*Through the Looking-Glass, and What Alice Found There*，1871）等。

没有别的词可以形容了。"

"黑人只不过是想成为跟你我一样的正常人。你觉得这有什么不应该的吗？"

"上帝啊，当然没有，先生。但是，要想成为一个跟你我一样的正常人，他们就必须同那些不满足于只当正常人的人做斗争。"

"你的意思是，任何利益都不会使黑人感到满足吗？"

"要是你，你会吗？要是你有认识的人，他们有谁会吗？"

"让他们成为跟你我一样的正常人，你愿意吗？"

"我已经是属于够愿意的了；只是，我就是搞不明白这件事。我在这里有太多 ci gîts 的家族成员。我该怎么说才会让你听得懂我的意思呢？这样吧，拿你的这条狗打个比方。他看起来是一条非常聪明的狗——"

"的确。"

"好吧，假设你的狗能够说话，能够用他的后腿站立起来走路。或许，他在各个方面都能够做得很好。也许，你可以邀他共进晚餐，可是，你能够把他当人看待吗？"

"你的意思是说，我会不会愿意将我的妹妹嫁给他？"

他笑了。"我只是想告诉你，改变对事物的既有感觉有多困难。并且，黑人改变他们对我们的感觉就跟我们改变对他们的感觉一样困难，这一点你相信吗？这都不是什么现在才有的看法。这种看法已经持续很长时间了。"

"不管怎么说，这个话题把这番聊天的乐趣都给抹掉了。"

"的确如此，先生。我觉得，我应该就属于你们可能会称之为摆脱了偏见的开明南方人，错把侮辱当成了赞誉。在这样一个新生儿多为混血儿的时代，我知道，久而久之，会发生什么。现在，在非洲和亚洲都已经显露端倪了。"

"你的意思是吸纳作用——黑人就会消失吗？"

"如果他们的人数超过我们，我们就会消失；或者，更有可能的是，他们和我们都会消失，形成新的什么东西。"

"而在这一演变过程中，都会发生什么事情呢？"

"正是这个演变过程让我感到害怕，先生。古人把爱与战争交到了亲近的同族神祇手里。那并不是巧合。先生，那是人类渊博知识的体现。"

"你讲的非常有道理。"

"你今天在学校门口看到的那些人，他们根本不需要有什么道理。他们是一群让神都可能会有所警觉的人。"

"那么，你真的认为，这事不可能以和平的方式落幕吗？"

"我不知道。"他说这话时提高了嗓门，"我想，这就是最槽糕的。我的确不知道。有时候，我真的渴望获得我的合法头衔，成为 ci gîts 的人。

"我真希望你能够跟我走上一段路。你是在旅行吗？"

"不是，过了那片小树林，我自己有一小块落脚的地儿。我在那里已经待了很长时间，主要是读读书——都是些老书，再就是四处看看——都是些看了又看的东西。这是我刻意回避这个问题的方法，因为我害怕提到这个问题。"

"我想，对于这个问题，我们大家或多或少都有些害怕。"

他脸上露出了微笑。"我有一对黑人夫妇在照顾我，他们跟我一样，都是上了年纪的人。有时候到了晚上，我们会把什么烦扰的事情都忘却了。他们忘了嫉妒我，我也忘了他们可能会嫉妒我。那个时候，我们只是三个开心的……老东西，一起生活，一起闻着花香。"

"老东西，"我重复道，"这个词很有趣——不是人也不是兽，不是黑的也不是白的，而是开心的老东西。我的妻子告诉过我，有一位年迈的老人曾经这样说：'我还记得黑人没有灵魂的那个年代。那时的日子要好得多了，也轻松得多了。现在可好，什么都让人感到困惑。'"

　　"我对那个时代没有什么记忆，不过一定是那个样子。我有个这样的想法，我们可以像切生日蛋糕一样，把我们承继下来的罪恶感切开，并分割掉。"他说。假如不是过多地注意他的胡子，他看上去的确像格列柯画中的圣保罗，手里拿着那本正要合上的书。"固然，我的祖辈们曾经拥有奴仆，但要知道，把这些奴仆掳来并卖给我们的，有可能是你们的祖辈们。"

　　"我有清教徒的血统，我的祖辈们极有可能做过这种事。"

　　"如果你借助暴力让一种生物像野兽一样生活和劳动，你就必须把这种生物当成野兽，不然的话，同情心会让你发疯。一旦你在心里把这种生物归好了类，你的感觉就安全了。"他凝视着河水，微风吹乱了他的头发，像在抚弄着白色的烟雾，"并且，如果你的心中还残存着人类的勇气和愤怒的话——这在一个男人的身上被称作美德，那么，你就会对危险的野兽产生恐惧感。然而，因为你的心既有智慧又有创造力，同时还具有隐藏它们的能力，所以，你必然生活在恐惧之中。既然如此，你就必须粉碎这种生物身上所具有的与人类相似的特质，让其变为你所需要的温顺野兽。如果你从一开始就能教会你的孩子如何处理好与这类野兽的关系，他的内心就不会存在跟你一样的困惑了。"

　　"有人告诉我说，黑人在过去的好时光里唱歌、跳舞，感觉很满足。"

　　"那时的黑人也会逃跑。各种逃亡法的制定足以证明，那个年代，他们逃跑的频率非常高。"

"你不像是北方人认为的南方人。"

"也许不是。不过，像我这样的人还是大有人在的。"他站起身来，用手指掸了掸裤子上的灰尘，"不——绝不止我一个人。现在，我要去做个开心的老东西了。"

"我还没有请教过你的大名，先生，也没有把我的名字告诉你。"

"Ci Gît，"他说，"Monsieur Ci Gît[1]，——一个大家族，一个普通的名字。"

如果音乐能够用一丝凉意使肌肤清爽并由此令人愉悦的话，那么他离去之后，我感觉到了一种甜美，就如同欣赏了一段优美的音乐一般。

对我来说，这一天远不止二十四小时，除非我还有机会碰上跟这一天的经历差不多的其他任何一天。由于前一天晚上几乎没有睡觉，我知道，我应该停下来了。我非常疲惫，但是有时候，疲惫会变成一种亢奋和冲动。我强迫自己把油箱加满，并迫使自己把车子停下来，让一位年老的黑人搭车走上一程。当时，他走在长满野草的混凝土路边，脚后跟显得很沉重，走起路来一拖一拖的。其实，他很不情愿接受我的好意，但他还是上了我的车子，那样子就好像是出于无力抗拒我的原因。他穿着一件农场工人常穿的衣服，已经破旧不堪，外面还披着一件老式的宽幅毛呢布外套，由于穿得年头久了，加之磨损，表面像涂了一层油腻腻的光。他的脸是咖啡色的，布满了数不过来的细小皱纹。他的下眼睑露出红色的眼圈，就像一条寻血警犬的眼睛。他的双手攥得紧紧的，僵硬地放在大腿上；手背上疙疙瘩瘩的，像长满了节瘤的樱桃枝。他的整个人似乎都缩在座位上，仿佛还在收缩自己的轮廓，好使自己显得更小一点。

1　法语：长眠于此先生

他一直都没有看我。我也看不出他是否在看什么东西。不过，他先开口了，他问道："狗会咬人吗，船长先生[1]？"

"不会咬人的，他很友善。"

沉默了许久之后，我问道："日子过得好吧？"

"好，很好，船长先生。"

"你对发生的那件事有什么看法？"

他没有回答。

"我指的是学校和示威那件事。"

"那件事，我一点都不知道，船长先生。"

"在农场工作吗？"

"在棉花园种棉花，先生。"

"靠这个生活吗？"

"我过得很好，船长先生。"

一路上，我们谁都没有再说话，默默地沿着河流边上的路向上游方向行驶。树木和热带草地被北方袭来的严寒冻伤，渐次变得焦黄，让人看着很悲伤的样子。过了一会儿，我又说话了，其实倒更像是对自己而不是对他说话。我说："说到底，你为什么要相信我呢？问题常常是一个陷阱，而答案则会让你一脚踏空，掉到陷阱里去的。"我说这话的时候，想到了发生在纽约的那一幕。我甚至动了心思，想把那件事讲给他听。然而，我很快就放弃了这一冲动。因为，我用自己的眼角余光可以看出，他已经跟我拉

1　这里的"船长"（Captain）是老派黑人用来称谓好心白人的，以示感激。美国诗人沃尔特·惠特曼（Walt Whitman）曾写诗歌《啊，船长，我的船长》（"O Captain! My Captain"，1865），悼念林肯总统，将林肯总统比作"船长"，以此讴歌其为解放黑奴做出的历史性伟绩。

开了距离，把自己远远地挤在驾驶室的另一边。尽管如此，我的记忆却不可抗拒地出现在我的脑海里。

那时候，我住在曼哈顿的一间小砖房里。由于当时的经济状况还说得过去，我雇了一位黑人帮我做事。街对面的拐角处，有一家酒吧兼餐馆。在一个冬天的黄昏，人行道上结了冰，我站在窗前向外看。这时，我看见一个醉醺醺的女人从酒吧里走出来，在结冰的路面上滑了一跤，摔倒在地上。她挣扎着，试图爬起来，但又滑倒了。她躺在地上，伤感地哭叫着。就在那一刻，为我工作的那位黑人刚好从那条街的拐角处走出来，看见了那个女人。他立刻穿过街道，尽其所能远远避开她。

当他走进房间的时候，我问他："我看见你在躲避她。你为什么不去帮那个女人一把呢？"

"嗯，先生，她喝醉了，而我是一个黑人。如果我碰了她，她很容易就会尖叫起来，说我要强奸她。然后，就会有一群人围过来。谁会相信我呢？"

"你这是需要多么敏捷的思考，才能够让自己躲避得那么迅速。"

"噢，不是这样的，先生！"他说，"我一直在训练自己，让自己意识到自己是个黑人，已经很长时间了。"

联想到这段经历，我才意识到，此时，在驽骍难得里，我正在愚蠢地试图破坏一个人用一辈子的时间对自己的训练。

"我不会再问你任何问题了。"我对那位年老的黑人说。

但是，他却不安地扭动着身子。"让我下来好吗，船长先生？我就住在附近。"

我让他下了车。从镜子里，我看到他是如何拖着沉重的脚步，在路边继续向前移动。可以肯定，他并不是住在附近。但是，在他看来，走这样的路也比搭我的车、跟我坐在一起更安全。

心力交瘁把我彻底击垮了。于是，我在一家舒适的小型汽车旅馆停了下来。床铺很舒适，可我却怎么都睡不着。那位穿着灰色衣服送孩子上学的男人走过我的眼前，一张张"啦啦队队员"的面孔也渐次浮现在我的眼前。然而更多的时候，在我眼前驻足的是那位年老的黑人，他尽其可能把自己挤得离我远远的，就好像我携带着传染病毒。或许，我真的带着传染病毒。我出来的目的是想了解到更多的东西。我了解到了什么呢？我一刻也没有从那种紧张状态中解脱出来，那是一种极具伤害性的、带来强烈恐惧的重负。毫无疑问，作为一个刚刚来到这里、对这里并不真正了解的北方人，我的感受更为强烈；但是，问题原本就在那里，并不是我带来的。每一个人，无论是白人还是黑人，都生活在这片土地上，呼吸这里的空气——不论年龄、不论职业、不论阶层。对他们而言，这是一个始终存在的事实。这就像身上长的疖子，皮下的脓肿在积聚压力。是不是在它破裂之前就不可能有解脱呢？

大千世界中，我所见识和经历的，只不过是冰山一角。在第二次世界大战期间，我没有经历过太多的战斗场面——一百次登陆中的一次，几次零星的战斗，几百万战死沙场者中的几千位——然而，我的所见所感已经足够多了，足以让我相信，战争并不陌生。因此，在这里——只是一个小插曲和少数一些人，就足以令恐惧的气息无处不在。我想逃脱——或许，这是一种怯懦的态度，但是，更怯懦的是对它的否认。想想看，我周围的人生活在这里，他们不仅接受它，还将其视为一种恒久的生活方式，从来都不知道从其他的角度去审视它，也从未指望它会停止。以前在战争时期，伦敦居民们已经习惯了德军对其实施的战略轰炸，轰炸的停止扰乱了他们业已习惯的生活模式，伦敦人的孩子们竟然为此而显得焦躁不安。

我躺在床上，目不交睫，辗转反侧，直到查理开始生我的气，并冲着我数次发出"夫特"声。但是，查理并没有我们人类的问题。他不属于一个聪明到了足以分裂原子，却又没有聪明到可以与自己和平共处的物种。别说物种，他甚至连种族是什么都不知道，也不关心他的姐妹们的婚姻。他的世界与我们的世界截然不同。有一次，查理爱上了一条腊肠犬，这是一段种族上不适合、体型上荒谬可笑、机械力学上行不通的浪漫经历。可是，查理漠视了所有这些问题。他深深地爱上了这条腊肠犬，顽固地尝试着他的爱。向一条狗解释，一千个人聚集在一起诅咒一个小孩子这一行径，其善良与道德何在，这是一件极其困难的事，简直就是对牛弹琴。我曾经看到过狗的眼睛里流露出来的一种神情，那是一种很快便消失的惊愕与轻蔑的神情。由此我相信，狗从根本上就认为人类都是疯子。

第二天，我的第一位搭车人并不是我选择了他，而是他选择了我。当时，他坐在我旁边的凳子上，吃着汉堡；我手里也拿着一个跟他的一模一样的汉堡。他的年龄大概在三十到三十五岁之间，人长得又高又瘦，面相很好看。他的头发长长的，平直且柔软，近乎浅金色的。看得出来，他很爱护自己那头长发，经常不自觉地用袖珍梳子打理头发。他穿了一套浅灰色的西装，由于经常在外，衣服弄得皱巴巴的，沾着污渍。他把西装外套搭在肩上。白衬衫领口是敞开的，那是因为他把那条浅色的佩斯利漩涡纹理[1]的领带结向下拉了些。他说话的语调是我迄今为止听到的最具典型的南

---

1 佩斯利漩涡纹理（paisley）是一种由圆点和曲线组成的华丽纹样，状若水滴，起源于古巴比伦，后流传至波斯和印度。十八世纪时，拿破仑在远征埃及途中，将这一纹样的克什米尔披肩作为纪念品带回法国，迅速风靡欧洲，成为上流社会青睐的装饰元素。"佩斯利"原为苏格兰西部一座纺织小镇的名字，因这里生产的该纹理纺织品而闻名。

方腔调。他问我要去哪里，当我告诉他，我的目的地是杰克逊（Jackson）和蒙哥马利（Montgomery）的时候，他央求我载他一程。他看到车子里的查理，立刻想到的是我的车子里有个黑鬼。这一行径肯定已经是一套固定的模式。

我们上了车子，各自坐好。他先是用梳子把自己的头发向后梳了梳，然后恭维我的驾驭难得如何如何好。"当然，"他说，"你一说话，我就听出来了，你是北方人。"

"你的耳朵真灵。"我是这么说的，我想也是有开玩笑的意思。

"嗯，我去过很多地方。"他解释说。

接下来，我们之间发生了一件事。我认为，我应该对这件事承担责任。如果我能够适时地闭上嘴的话，可能会了解到一些有价值的东西。我要把责任归咎于我那个没有真正休息好的夜晚，还要归咎于旅途的漫长和一路上的紧张。还有另外一个原因，圣诞节快到了，我发现自己越来越频繁地想着要回家，并且毫无办法来缓解一下。

我们彼此在心里暗暗查探了一番，想知道对方人在旅途的原因。我是出来旅行，而他则是在外面找工作。

"你是沿着河边从下游过来的，"他说，"看到新奥尔良那儿发生的事情了吗？"

"是的，我看到了。"

"她们很了不起吧？尤其是那个内莉。她真的把房顶都给掀翻了。"

"是的，她做到了。"

"看到有人在恪守自己的义务，你的心里别提多高兴啦。"

我想，就是在这个地方，我失控了。我应该只是嗯嗯啊啊地跟着听，好让他继续大谈特谈他想要表达的内容。但是，一种讨厌的、会引起我愤怒的小蠕虫开始在我心里蠕动。"她们这么做是出于恪守自己的义务？"

"当然，上帝保佑她们。总得有人把那些该死的黑鬼挡在我们学校的大门外吧。""啦啦队队员"勇于自我牺牲的崇高精神彻底征服了他。"该到时候啦，大家必须坐下来，把这个问题好好考虑一下。已经到了这个时刻，你必须下定决心，为了你所信仰的事情付出自己的生命。"

"你下定决心这么做了吗？"

"我当然会的，并且很多人都跟我的想法一样。"

"你的信仰是什么？"

"我就是不会让我的孩子们跟黑鬼们一起上学。没错，先生。我将会毫不犹豫地付出我的生命。但是，我的目标是，在我死之前，我会先杀掉一大群该死的黑鬼。"

"你有几个孩子？"

他朝我转过身来。"现在我还一个孩子也没有，但是，我打算生几个。我向你保证，他们绝不会跟黑鬼一起上学。"

"你打算是在你有孩子之前还是之后牺牲你的生命？"

我在开车，不得不看着路，所以，我只能用眼角瞥一眼他的表情。显然，我的话令他很不愉快。"你这是什么腔调？听起来就好像你是个黑鬼情人。我早就应该意识到这一点。你们这些麻烦制造者们——你们到这里来，对我们指手画脚，告诉我们应该怎么过日子。我跟你说，你跑不掉的，先生。我们盯上了你们，这些共产主义黑鬼情人。"

"我脑袋里刚刚闪现出一幅你牺牲自己生命的英勇画面。"

"上帝啊，我说对了。你就是个黑鬼情人。"

"不，我不是。并且，假如把那些自认高贵的'啦啦队队员'也包括在白人中的话，我也不是一个白人情人。"

他将自己的脸跟我的靠得很近。"你想听听我是怎么看待你的吗？"

"不想听，我昨天听到过内莉用这个词了。"我踩下刹车，把弩驭难得停在路边。

这让他看上去很困惑。"你干吗把车停下来？"

"下车。"我说。

"噢，你想回避这个话题。"

"不是，我想甩掉你。下车。"

"你要逼我来硬的吗？"

我把手伸进座位与车门之间的空隙中，其实，那里什么也没有。

"好吧，好吧。"说完，他便下了车，将车门在身后狠狠地关上，声音很响，搞得查理气愤地大叫着，发泄他的不满。

我立刻将车子开起来，但是，我还是听到了他的嘶吼声。从反光镜里，我看到了他那副令人厌恶的脸和那个大张着的、喷着唾沫的嘴。他在不停地嘶吼着："黑鬼情人，黑鬼情人，黑鬼情人！"在我还能看得见他的范围内，我一直能听到他的嘶吼声。真不知道，在我看不见他之后，他还会嘶吼多久。说真格的，是我激怒了他，可是，我无法按捺住自己不去这么做。我想，假如他们要招募和事佬的话，最好把我排除在外吧。

在杰克逊和蒙哥马利这两座城市之间的这段路上，我又顺路带上了一位搭车人。那是一个年轻的黑人学生，长着一张犀利的脸，显得一副不耐烦的、凶巴巴的样子。他胸前口袋里插着三支自来水笔，衣服内里的口袋塞了些纸，从外面都看得出鼓囊囊的。我知道他是个学生，因为我事先问过他。

他显得很警觉的样子。我的车牌和我的口音使他尽可能地把自己放松下来。

我们讨论了示威。他曾经参与过这类活动，还参与了公车抵制运动[1]。我跟他讲了我在新奥尔良的所见所闻。他也去过那里。所以，我还没有说到细节，他就预料到了我为什么会感到震惊。

最后，我们谈到了马丁·路德·金[2]，还谈到了他所倡导的非暴力但坚持不懈的抵抗。

"太慢了，"他说，"这么做需要太长的时间。"

"有了改善，正在持续不断得到改善。甘地[3]证明了这是唯一能够战胜暴力的武器。"

"这些我都知道。我已经研究过了。收到的效果就像一滴滴的水在积累，而时间却在快速流逝。我想要的是，效果来得更快一点，我要行动起来——现在就行动。"

"那样做可能会把整个事情都搞砸了。"

"不这样的话，在我能够堂堂正正地做人之前，我可能已经老了。我也可能早就死掉了。"

---

1 公车抵制运动，即"蒙哥马利公车抵制运动"，被认为是美国民权运动史上的一座里程碑，开始于 1955 年年底，持续了一年左右。马丁·路德·金曾发表演讲，称"除了抵抗我们别无选择"。1956 年，美国最高法院裁决，认定蒙哥马利市公交的种族隔离违背宪法，黑人有权利选择自己想要的座位。

2 马丁·路德·金（Martin Luther King, 1929－1968），美国牧师、社会活动家、黑人民权运动领袖。1963 年在林肯纪念馆发表了题为《我有一个梦》(I Have A Dream) 的演说, 1964 年获得诺贝尔和平奖, 1968 年遭暗杀。

3 甘地，全名莫罕达斯·卡拉姆昌德·甘地（Mohandas Karamchand Gandhi, 1869－1948），印度民族解放运动领导人、国民大会党领袖，被尊称为"圣雄甘地"（Mahatma Gandhi），倡导"非暴力不合作运动"。

"那倒是真的。甘地已经过世了。像你这样想要快速行动起来的人有很多吗？"

"是的。我的意思是，有一些人——我的意思是，我不知道到底有多少人。"

随后，我们还谈了很多其他事情。他是一个很有激情的、表述清晰的年轻人，内心深处充满焦虑和恐惧。让我想不到的是，当我在蒙哥马利把他放下来的时候，他下了车，从驾驶室的窗玻璃把身子探进车里，冲着我笑了起来。"我很惭愧，"他说，"这只是利己主义的观点。但是，我想看到结果——我本人——在我还没有死掉的时候。就在这片土地上！在我还活着的时候！我想看到结果——很快就看到。"然后，他转过身子，用手擦了擦眼睛，快步走开了。

太多的民意测验和舆论调查，还有报纸上远远超过新闻的舆论观点，所有这些搞得我们不再分得清各种意见之间的差别了。在这种状态下，我想要严正声明一件事。我并没有计划过要呈现，也并不认为我已经呈现了任何具有代表性的意见，好让读者这么说："瞧，他以为自己呈现了一幅南方的真实画面。"我并没有。我只是讲述了少数几个人跟我说的话以及我所看到的景象。我不知道这些是否具有典型性，也不知道能否从中得出任何结论。但是，我的确知道，这里是一个麻烦不断的地方，这里有一个陷入困境的民族。并且我也知道，即使出台了解决方案，其实施过程也不会是简单易行的。我与那位 Monsieur Ci Gît 有着同样的感觉，都认为会有最终结果，这是毋庸置疑的。使人疑虑重重的是手段——手段具有不确定性，难免不使人感到恐惧。

在撰写这部游历纪行伊始，我就曾试着探索旅行的本质，根据旅行本身界定旅行的概念。每一次旅行都是一个完整的个体，没有两次旅行是相同的。我带着一种惊叹的心态，仔细揣摩着旅行的个性力量，结果我推断出这样一个基本原理：不是人在规划旅行——而是旅行在主导人。然而，对这一问题的讨论并没有深入到旅行的生命周期。旅行的生命周期似乎变幻莫测且难以预知。一段旅程在旅行者返回之前就已经结束了、消亡了，这一点谁会不知道呢？反过来说，许多旅行在时间和空间运动停止之后，仍然会长时间地持续下去。我记得，有一位住在萨利纳斯的人，在他中年的时候，他曾到檀香山旅行过；回来之后，这段旅行在他的有生之年一直持续着。我们常常看到，他坐在房子前廊的摇椅里，眼睛半睁半闭地眯缝着，整个人都处于一种无休无止地云游在檀香山之旅的状态之中。

我自己的这次旅行早在我离开家之前就已经开始，而在我尚未到家之前就已经结束了。我清楚地知道这次旅行结束的时间和地点。那是在一个狂风大作的午后四点钟，在弗吉尼亚州急弯区的阿宾登（Abingdon）附近，没有预警，没有道别，也没有跟在我的脚后要与我吻别，我的旅行就离我而去了，把我搁在离家还有一段距离的地方。我试着呼唤它回到我的身边，也试着去追赶它——所有的努力都是愚不可及的，因为这趟旅行已经过去

317

了，永久结束了，这一点确定无疑。道路变成了一条用石子铺就的永无止境的缎带，山峦一再重复着，树木绿得模模糊糊，人们只是一群木然移动着的有头无脸的形体。沿路上的所有食物吃起来都像是在喝汤，甚至连汤也不例外。我不再整理床铺。我的作息时间很不规律，每隔很长但却并不是一样长的一段时间，我便钻进被子里，睡一会儿。我没再把炉子点燃过，柜橱里有一条发了霉的面包。公里数随着车轮的转动在不知不觉地增加着。我知道天气很冷，可我却一点都感觉不到；我知道乡间一定很美，但我却一点都看不到。我盲目地开着车子向前推进，穿过西弗吉尼亚州，一头扎进宾夕法尼亚州。之后，我把弩骅难得开到宽大平坦的收费高速公路上。我意识不到黑夜，感觉不到白天，也不知道开了多远的距离。这期间，我一定停下来过，给我的油箱加油，还带着查理散步，给他喂食，给自己弄点吃的，打过电话。可是，所有这一切，我一点印象都没有了。

这种感觉非常奇怪。在到达弗吉尼亚州的阿宾登之前，我可以像放映电影一样，回溯我走过的这段旅程。我几乎都能够完全回忆起来，每一副面孔、每一座山、每一棵树、每一种颜色、每一次说话的声音，甚至那些很不起眼的场景，所有这些都在我的记忆中重演。然而，过了阿宾登之后，什么都没有留下来。道路变成了一条灰暗的、永恒的、再平淡不过的隧道。但我知道，在它的尽头却是一个闪亮的现实——我的妻子，自家街道上的房子，属于我的床。所有的一切都在隧道的那一端，我缓慢而笨重地朝着隧道驶去。弩骅难得完全可以疾速行驶，但我没有把车子开得很快。此时，弩骅难得在我那沉重且无情的脚下跳着，风在驾驶室的两侧呼啸着。如果你认为我任由自己耽溺于旅程终结的奇思幻想之中，那你又如何解释查理也知道这次旅行结束了呢？至少，他不是一个梦想家，也不是情绪的创造者。他把头枕在我的大腿上睡着了，不再向窗外张望，不再发出"夫特"声，也不再敦促我把车子停到道路岔口处。他在使自己做一个尽心尽职的梦游者，对一整排垃圾桶漠然视之。如果这还不足以证明我所做的关于旅行结束声明的真实性，那就没有什么能够证明了。

我在新泽西州驶上另一条收费高速公路。我的身体处于一种感觉麻木但也不知疲倦的真空状态。驶向纽约的车流一再增多，驱使着我一同前行。猛然间，我的眼前出现了荷兰隧道[1]迎宾口，而在隧道的另一端就是我的家。

一个警察向我挥挥手，让我把车子从车流中移出来，并给出信号，示意我停车。"你不能带着丁烷穿过隧道。"他说。

"但是，警官，我已经把它关掉了。"

"没有用。这是规定。不能带着气体燃料进入隧道。"

听他这么一说，我崩溃了，疲惫不堪地瘫作一团。"可是，我想回家，"我哭丧着脸说，"那我怎么回家啊？"

这位警官对我的态度很友好，也很有耐心。或许，他在某个地方也有一个家。"你可以走上面，经过乔治·华盛顿大桥[2]；或者，你也可以去搭乘渡轮。"

当时正值交通高峰时段。不过，这位心地善良的警察一定从我身上看

---

1 荷兰隧道（Holland Tunnel）为当时穿越哈德逊河（Hudson River）河底、连接新泽西州与纽约市曼哈顿的两条汽车隧道之一，1927 年投入运营，最初设计时的隧道名称为"哈德逊河行车隧道"，建成后被命名为"荷兰隧道"，以此纪念在竣工前逝世的该隧道设计师克里福德·荷兰（Clifford M. Holland）。另一条为 1934 年通车的林肯隧道（Lincoln Tunnel）。

2 乔治·华盛顿大桥（George Washington Bridge）为穿越哈德逊河、连接新泽西州与纽约市曼哈顿的悬索桥，共有两层，上层有双向八车道，下层有双向六车道。另外，在桥的两侧还有人行道及自行车道，1931 年通车。

到了一种潜在的狂躁。他阻止了道路上狂野奔驰的车流，让我穿过。然后，他极其详细地给我指路。这让我有种感觉，认为他一定有着很强的冲动，要亲自开车把我送回家。

真是鬼使神差，我居然登上了霍博肯（Hoboken）的渡轮；然后，我上了岸。这里离市区还很远，每天都有张皇失措的通勤族在道路上跳跃着、奔跑着、躲闪着，根本不遵守交通信号灯。在纽约下城区，每天傍晚都像在上演着一场潘普洛纳奔牛节[1]。我驾车转过一个弯，然后又转了一个弯，进入了一条单行道。结果，我走错了路，不得不退出。当我退到十字路口的时候，我被来来往往的人流给困住了。

我瞅准机会，突然把车开到路边一处禁止停车的区域，熄了火；然后，我靠在驾驶座上大笑起来，根本停不下来。我的双手、胳膊和肩膀都因为路上的颠簸而抖动着。

一位显得很老气的警察朝我靠过来，他面色很红，长着一双雾霜般的蓝眼睛。"你怎么了，老兄，喝醉了吗？"他问道。

我说："警官，我开着这家伙，已经在全国各地跑了个遍——山脉，平原，沙漠。现在，我回到我自己的城市，这个我生活的城区——而我却迷路了。"

他咧开嘴笑了。"这没什么，老兄，"他说，"只要是星期六，我在布鲁克林也会迷路的。跟我说，你要去哪里呢？"

瞧，旅行者就是这样又回到了自己的家。

1　潘普洛纳奔牛节（Fest of Pamplona），即"圣费尔明节"（Feast of San Fermín），为西班牙潘普洛纳的一项传统节日，据记载始于十六世纪，每年 7 月 6 日至 14 日举行。1923 年，欧内斯特·海明威（Ernest Hemingway）曾到此观看奔牛节，在其小说《太阳照常升起》（*The Sun Also Rises*，1926）中详细描写了奔牛节上的活动，奔牛节也因而得以闻名于世。

附录一 途经的三十四个州及图示[*]

纽约州→康涅狄格州→罗得岛州→马萨诸塞州→佛蒙特州→新罕布什尔州→缅因州→（新罕布什尔州）→（佛蒙特州）→（纽约州）→宾夕法尼亚州→俄亥俄州→密歇根州→印第安纳州→伊利诺伊州→威斯康星州→明尼苏达州→北达科他州→南达科他州→蒙大拿州→怀俄明州→（蒙大拿州）→爱达荷州→华盛顿州→俄勒冈州→加利福尼亚州→亚利桑那州→新墨西哥州→得克萨斯州→路易斯安那州→密西西比州→亚拉巴马州→佐治亚州→南卡罗来纳州→北卡罗来纳州→弗吉尼亚州→西弗吉尼亚州→（宾夕法尼亚州）→新泽西州→（纽约州）

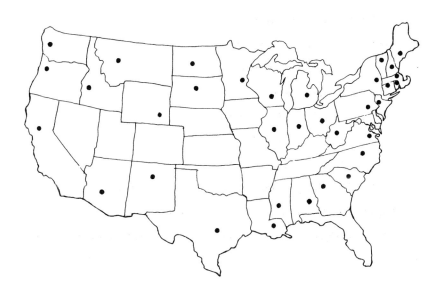

　　*1.括号内为第二次途经的州，不重复计入总数；2. 黑点为途经州的州府所在地；
3. 手绘美国本土线型图或有遗漏和不准确之处。

附录二 约翰·斯坦贝克作品

小说

《金杯》(*Cup of Gold*, 1929)

《小红马》(*The Red Pony*, 1933)

《致一位未知的神》(*To a God Unknown*, 1933)

《煎饼坪》(*Tortilla Flat*, 1935)

《胜负未决的战斗》(*In Dubious Battle*, 1936)

《人鼠之间》(*Of Mice and Men*, 1937)

《愤怒的葡萄》(*The Grapes of Wrath*, 1939)

《月亮下去了》(*The Moon Is Down*, 1942)

《罐头厂街》(*Cannery Row*, 1945)

《不称心的客车》(*The Wayward Bus*, 1947)

《珍珠》(*The Pearl*, 1947)

《燃烧的夜晚》(*Burning Bright*, 1950)

《伊甸之东》(*East of Eden*, 1952)

《甜蜜的星期四》(*Sweet Thursday*, 1954)

《丕平四世的短命王朝》(*The Short Reign of Pippin IV*, 1957)

《烦恼的冬天》(*The Winter of Our Discontent*, 1961)

《亚瑟王和他的贵族骑士们之举》(*The Acts of King Arthur and His Noble Knights*, 1976)

短篇小说集

《天堂牧场》（*The Pastures of Heaven*，1932）

《长谷》（*The Long Valley*，1938）

剧本

《被遗忘的村庄》（*The Forgotten Village*，1941）

《救生艇》（*Lifeboat*，1944）

《珍珠》（*The Pearl*，1947）

《小红马》（*The Red Pony*，1949）

《萨帕塔万岁！》（*Viva Zapata!*，1952）

非虚构

《柯特兹海》（*Sea of Cortez: A Leisurely Journal of Travel and Research*，1941；与爱德华·F. 里基茨［Edward F. Ricketts］合著）

《轰炸：轰炸队的故事》（*Bombs Away: The Story of a Bomber Team*，1942）

《俄国纪行》（*A Russian Journal*，1948）

《柯特兹海航行日志》（*The Log from the Sea of Cortez*，1951）

《曾经有一场战争》（*Once There Was a War*，1958）

《带上查理去旅行：重寻美国》（*Travels with Charley: In Search of America*，1962）

《美国和美国人》（*America and Americans*，1966）

《小说日志：伊甸之东的信》（*Journal of a Novel: The East of Eden Letters*，1969）

译后记

这是一次重新发现美国之旅。一条贵宾犬、一辆带篷卡车、必备的装备以及准备好的问题，约翰·斯坦贝克踏上了环美国的旅程，走过了16,000多公里，跨越了34个州。他到达了被誉为"缅因州王冠"的美国最北端，游览了壮观的尼亚加拉大瀑布，穿过了杳无人烟的"荒芜之地"和莫哈维沙漠，登上了美洲大陆"大分水岭"，饱览了美国山川河流的壮丽景色；他享受了阳光明媚的白昼，也度过了风霜雪雨的黑夜，更经历了无数惊心动魄的时刻；他亲历了美国城乡的变化，感受了不同地域的风土人情；"他生动地捕捉到了这个国家被连根拔起的躁动、风景的戏剧性对比、日趋成熟的标准化、巨大的浪费以及紧张的种族关系带来的恐惧"（《每月一书俱乐部新闻》）。文学的伟大之处，表现为作者对大自然的情感释怀，斯坦贝克以这部游历纪行绘制了一幅美国社会政治、经济、地理、历史的立体图，在其所经过的点上，标记了美国的时代特征，堪称一部美国二十世纪六十年代的"社会纪实"。

作者从长岛出发，一路上"选择在树荫遮蔽的乡间道路上行驶"，带领读者"置身于犹如梦幻般的自然环境之中"；"给自己煮一杯咖啡，舒服地坐在我的车房后阶梯上，凝视着森林和溪流，还有远处的山峦"，感受千变万化的自然之美；欣赏"北极光呈现出玫瑰色、薰衣草色、紫色"，像"无极限的旅行者"，"在夜空中游弋着、脉动着"；寒意袭人的霜雪让读者感受到的是"空气中有一种霜花触灼的甜蜜寒意"；令人瑟瑟发抖的风雪"只是一场雪花在空中跳跃翻飞着的小雪"；而城市"黄昏的雾霭……像一群群暮归的绵羊朝着羊圈滚动"；雨夜的"森林像是在哭泣"，令"刮雨刷涕泗交颐，呜咽着一道道弧线"；树木"靠着阳光的渲染，成为一片闪耀着绿光的金子"；叶子"等待着第一场霜冻给它们打上季节的色彩"；"奶油色的阳光……是晶莹剔透的，清晰地映衬着每一棵结了霜晶的树"；昏暗的光线"靠着足以使人产生错觉的透视效果，形成了光怪陆离的斑点，造成鬼魂出没的氛围"；气势恢宏的"大分水岭""活脱脱一个大自然造就出来的中国长城"；而大海则是"从邈若山河般遥远之处飘来的但却记忆深刻的气味"，向他"释放出一种电激流般的兴奋"。毫无疑问，将此书对大自然的描写汇编在一起，将是一帧完美的自然风光画卷。

然而，作者从未停留在"写景"这一层面上，而是将人的喜怒哀乐融入大自然的阴晴雨雪之中，"灵巧地召唤出了大自然的世界"（杰伊·帕里尼），使人与自然的微妙关系精彩纷呈。美洲红杉高大伟岸，"直指天穹"，"犹如一座大教堂般清幽、安详"，使"整个白昼都是静谧的时光"，让黑夜"脉动着一种呼吸"。作者将这壮观的景致融入对人类的思考之中，视红杉为"对远古时期这个世界曾经是个什么样子的惊人记忆"，以其悬若日月的生命凸显人类"不过是乳臭未干"，但却盲目自大、相互鄙视。在"令人心生恐惧的"莫哈维沙漠的烘托下，作者抒发了自己对人类生存前景的忧虑："人类这个拥有几近完善生存技能的生物……不仅可以毁灭我们人类自己的生命，而且可以消灭所有其他物种的生命。"他以"沙漠中总是有着神秘莫测的事物"这一神话传说为切入点，分析沙漠生命的生存原则，探讨生命与水的关系，将生命的延续寄托于沙漠生物的生存模式上，相信沙漠"很可能会是生命抗衡无生命的最后阵地"。

作者接触了美国各地的人民——军人、政客、警察、职员、农场主、店主、农民、服务员、卡车司机，展现了他们鲜活的个性，为他重新认识美国尤其是"了解今天的美国人是什么样子"、在想些什么，积蓄了不可或缺的第一手材料。长着飞燕草般的眼睛的潜艇军人朝气蓬勃、乐观向上，让作者意识到两代人不同的世界观；长得"像格列柯画中的圣保罗"的南方白人对种族问题忧心忡忡；"有着少女般奶油和浆果色的皮肤"的法裔加拿大季节工人对生活充满信心；"脸上有疤痕，一只眼睛是邪恶的白眼仁"的修车店老板却是难得的大好人；"看起来不高兴，但也没有不高兴"的女服务员在消耗"人们的活力和喜悦"；涂脂抹粉、扭捏作态、口吐恶言的内莉简直就是令人恐惧的女巫；眼睛像"寻血警犬"、手背"像长满了节瘤的樱桃枝"的黑人老人卑微且拘谨；渴望走出去的小男孩与那位"去哪儿我不在乎"的瓶装酒店主人体现了美国人的不安分性格；"湖泊守卫者"代表了一代乡镇青年既离不开现有生活，又渴望大城市的繁华，处于茫然而矛盾的心理状态。作者还描写了不同地域人的性格差异，对"新英格兰人与生俱来的沉默寡言的性格"揭示得淋漓尽致："只用'嗯'作答的顾客的确已经是一个爱说话的人了。有些人的回应都简短到了靠着打嗝发出'嗝儿'的一声；而另有一些人则根本不作答。"那位"惜字如金"的州警察"像一块在波特兰采石场开采出来的花岗岩似的坚实刚硬，简直就是一个将来某个时候用来做骑马雕像的完美模型"，其指路方式更是让人不禁哑然失笑：

要么是"扭动了一下屁股，侧身指向一小片开阔的水面"，要么是"将下巴朝我一直在走的方向画了一个小弧线"。

查理"是一个好朋友，一个理想的旅行伙伴"，"为这次旅行做出了很大的贡献"。查理靠着"那狮子般的吼叫声"足以震慑"心怀邪恶之念"者，给作者带来安全感；查理是作者与"陌生人之间的纽带"，"能够读懂人的心思"，会调解作者的情绪；而作者对查理叫早的描写更是惟妙惟肖，犹如大人与孩童之间的斗智斗勇；查理的叫声、摇尾或者扭动身子制造了一种对话似的氛围，作者有如在与人交流中阐述自己对所见所闻的感受和感悟；最经典的当属他为查理做生日蛋糕，以排遣自己内心的烦恼，看似一场闹剧，实则表现了人与动物的和谐；作者还通过查理两次生病的经历谴责那位"连他自己都不喜欢"的兽医的冷漠与敷衍；作者也"毫不掩饰自己对任何一位自诩为爱狗人士的厌恶"，指斥他们对动物的畸形行为，"把自己的挫折"转嫁给狗，以所谓的"爱"对其实施"长期的折磨"，使其成为"神经官能症的牺牲品"。

作者对乔治猫的描写俨然一则寓言，人与动物的心理活动、猫与狗以及猫与人的关系被活灵活现地表现出来。人类给猫贴上"愤世嫉俗"的标签，还根据人类的好斗本性，臆想猫与狗的不和，拼凑憎恶猫的依据，冠之为"以猫身出现的女巫至交、一个魔鬼的使者、一个邪恶灵魂的配偶"此外，作者还质疑打猎的目的，反对滥杀，对盲目打猎带来的各种危险与危害充满焦虑。他将那些"把秋天变成了一个危险的旅游季节"的"体态臃肿的绅士"称作"屠杀者"。他描述了自己在莫哈维沙漠纠结于是否猎杀郊狼的心态。这是一场人与动物的对峙，是一次对生命的思考。他设立了相互对立的两个人物——代表社会文明的"我"与代表传统习俗的假想

"教练"。在"我"逐渐战胜"教练"的过程中阐明生命是平等的;通过中国的一则定律——"当一个人救了另一个人的命,他就要对那一条被救下来的生命负责"——进一步提升生命的平等性。

作者对比此前的几次旅行,感受人文地理的变化,品评时代的差异。他抗议食物、歌曲、语言"都成了由流水线统一生产出来的产品",甚至担忧"我们的灵魂最终也难逃这一结果"。北部的伐木、中部的工业、西部城市的快速扩张,"到处都在疯狂无序地发展变化着,呈癌变状滋生蔓延着","进步看起来那么像是在毁灭"。这让他深思现代化发展的意义。他对比西雅图的过去与现在,曾经的小城镇"到处都是树木和花园,房屋的建筑风格与当地的环境相得益彰";而此时看到的却是一座陌生的现代化城市:"相互挤兑的房舍像被串连在一起","车流带着蓄意谋杀的意图疾速行驶","空气中弥漫着化学物质的气味……河水受到有害物质的污染","橡胶制品发出刺耳的声音","盲目生产是多么狂野不羁和不计后果",而"新型的美国人在交通拥堵的街道中找寻自己的挑战与爱"。"曾经辉煌的中心区域"成为废弃的旧城区,"贫困的人拥挤在这里,浑浑噩噩地度日";"移动房屋多得像鲱鱼产的卵",导致严重的税收、财政、空间等社会问题。"浪费似乎是一个指标",过度包装、过度消毒卫生、过度使用塑料制品极大地破坏了自然;在"这个计划性报废的时代","美国的城市就像是獾子洞一样……几乎被废弃物覆盖了"。然而,他并没有彻底否定城市的发展,他笔下的旧金山始终是他心目中的"大城市","像一座沉浸在美梦之中的高贵城市……犹如一幅根本不可能存在过的中世纪意大利城市的画卷"。

移动房屋住户"既不可能实现永久性,也从来没有指望永久性",由此引出对"根"的思考,其实也是"美国人的身份认同"问题。美国人是

"一个流动的民族"，"是那些不安分的、不满足于留在家园、任性不羁的早期拓荒者的后裔"，那些人"砍断了自己的根，来到了美国"。一代代美国人"都遗传了这种性格"，"只要有选择，他们永远都不会安于自己的现状"。迁徙的目的既是物质的需求，也是精神的追求。其实，关于"家乡难回"的探讨，也是对"根"的思考。家乡由传统小镇发展成令他产生陌生感的现代化城市，家庭论战表现了他与家人在政治观点上的分歧，而在约翰尼·加西亚酒吧聚会上的经历则让他意识到自己没有跟上家乡的变化，乡亲们也没有跟上他的变化。对于他们，"我等于已经死去了，因此固化了、不可改变了"，永远停留在"一个楚楚可怜的、贫困交加的孩子"这一形象。他感慨"再也回不到故乡了，因为你所知道的故乡已经不复存在，只是被封存在记忆之中"。"在那里，我的母亲总是在射杀一只野猫，而我的父亲总是在用炽热的铁，将他与爱人的名字一同烙在大橡树上。"

阿瑟·米勒曾盛赞斯坦贝克，称其"对美国政治生活的影响如此之深"。那年正是美国大选年，而一路上，他"并没听到多少有坚定信念的言论"，民众对于大选的热情并不高，这引起了他的思虑。他通过一位政治记者之口，慨叹美国不再是伟人辈出的时代。从总统候选人身上，"除了胆小怯懦和权宜之计，我什么都没有看到过"，人民"不能指望用一组平庸的官员来保卫一个国家"。他与一位农场主探讨为什么人们对大选"没有争论，没有辩论"，并以祖辈为例，暗示选举只是一场政治作秀，人民"看不懂规则"。作者与家人的一场激烈家庭政治辩论则从另一个方面说明，"只有在公开场合，全国人民才会惜言如金，把舌头打个结"，而私下里，人们对大选的争论依然是各执一词的"家庭战争"，不仅谈不上公正，反而只是以党派名义相互挑剔的"茬口"，是"无稽之谈"。

"我们在早晨用眼睛描绘的世界与我们在午后用眼睛描绘的世界是不同的，当然，我们在黄昏时分用疲惫的眼睛只能报道出一个疲惫的暮色世界。"带着辩证的观点才能客观地审视各类问题。他既批评自助形式的现代生活使人与人的接触几乎为零，同时也赞许这种"新趋势"带给生活的便利；他既揭示一次性用具破坏环境，同时也承认自己与大多数人一样，离不开这类用具；他坦承自己对改变的抗拒心理，同时也看出发展的必然趋势，深知一味地抱怨"只能在失去中感受痛苦，却体会不到获得带来的喜悦"。正是靠着这种辩证看待事物的心态，他克服了途中一再出现的孤独与恐惧心理。他通过讲述雨夜如何"自己吓唬自己，在心中催生了一大堆神秘莫测的危险"，将恐惧"用臆想一层层堆积"，分析环境和心理对产生恐惧的作用，"有多少个不同的日子就有多少个不同的世界，就如同猫眼石变换它的颜色和它的光泽以适应一天中的自然变化"；同时，他也看出了人类本质上是脆弱的，"即使是我们这些自诩见多识广、自信满满、相信这个世界上没有什么事情我们无法判定或衡量的人，也能够将黑暗布满恐怖"。

斯坦贝克的讽刺从不锋芒毕露，他的幽默总是圆滑优雅，二者的结合常常令读者忍俊不禁。卡梅尔城"最初聚集着温饱难继的作家和门可罗雀的画家"并因此"名声大噪"，成为富人社区，现如今，那些曾经使之成名的"原住民们"已经"负担不起这里的生活费用"，甚至难以踏足其中，因为"他们那特有的穷酸相"跟这里格格不入了，必定被怀疑并被驱逐出去。寥寥几笔，不乏幽默但也带着一丝悲凉。他称"查理是一个有着纯正法国血统的老绅士"，但却将查理向母狗调情的行为归咎于"法国佬永远都是这德行"；他"一时心血来潮，按响了牛叫声仿真喇叭"，当那四头年轻母驼鹿带着"浪漫的神情"朝他冲过来时，他却"逃之夭夭"："尽管我对所有形式的爱情都很喜欢"，"可是，这四个浪漫的情种啊，每一个都有一千多斤重！"

曾为斯坦贝克作传的杰伊·帕里尼认为："美国文学史上，鲜少有像斯坦贝克这样的作家，固执地关切自己国家的特质与命运。"的确，南方种族歧视问题是此书最后也是最精彩的论题。"父辈们的原罪正在影响着后世子孙"，不仅使南方"充满了痛苦与困惑，以及由困惑和恐惧所致的各种各样的疯狂行为"，还波及整个美国，是"给全体美国人民带来困惑和不快的问题"。他亲历了一场种族歧视闹剧，接触了南方的白人、黑人，年老者、年轻人，以客观的态度审视种族问题。他认为，黑人称谓的变化反映了美国在种族问题上始终处于"换汤不换药"的模棱两可态度，而"平等但分隔"则是以合法形式实行种族隔离政策，实际上是肯定了美国南方种族隔离的合宪性。作者还以库珀家庭的经历为参照，指出只有黑人不再遭受种族歧视，"这种社会阴影才能够真正消弭"。他详细描写了新奥尔良一场为阻止黑人孩子到白人学校读书的闹剧，毫不掩饰自己对那些打着母亲旗号的所谓"啦啦队队员"的厌恶与憎恨，将这场闹剧比作"令人恐惧的女巫安息日狂欢"。作者还描写了四位南方人，以"他者"角度谈论南方种族问题。年长南方白人的观点很有地域代表性："如果你借助暴力让一种生物像野兽一样生活和劳动，你就必须把这种生物当成野兽……粉碎这种生物身上所具有的与人类相似的特质"；而"如果你从一开始就能教会你的孩子如何处理好与这类野兽的关系，他的内心就不会存在跟你一样的困惑了"。或许，这种僵化的思想是解决种族问题的桎梏。另外三位搭车人分别体现了作者关于黑人现状及种族问题的三个方面：年老黑人走不出奴隶制的阴影；白人男子属于典型的南方种族主义者；黑人学生代表了激进的年轻黑人，充满激情，也满含焦虑。

旅行是本书的母题，是所有描写、思考和探讨的基点。作者仔细揣摩旅行的意义，结合实践，给出了精辟的概述："不是人在规划旅行——而是旅行在主导人。"旅行是抹不去的记忆，犹如"一旦见过红杉，你的头脑中就会留下一个印记，或者创造出一个愿景，永远都会伴随着你"；旅行既存储有意识的所见所闻，也存储途中所有无意识的经历，是一个完整的储存库；每次旅行都是下次旅行的参照，以此助推，使旅行一再升华；旅行是一生的记忆，在旅行结束之后"仍然会长时间地持续下去"，亦如到过檀香山的旅行者，其"有生之年一直持续"在这次旅行之中。由此作者点出，人生是一次生命之旅。

斯坦贝克设计这次旅行有诸多考虑，其中就有对作者职业的诠释。他恪守作家应该对作品中的"每一件具体的事情给出恰如其分的精准描述"这一原则，拒绝"只是从书本和报刊上了解到这个国家发生的变化"。他认为："作家有义务展示并赞美人类经历过考验的非凡能力：伟大的心灵与精神，面对失败的勇气，勇敢、宽厚与爱。"他指出，作家"有责任揭露我们的许多严重错误与失败，并将阴暗与危险的梦想挖出来暴露在阳光之下"。他做到了，而且做得十分出色。

《迈阿密先驱报》赞誉斯坦贝克用"丰富的色彩和睿智的幽默，完美再现了美国这块土地的景色和人民的声音"。斯坦贝克是美国最注重社会发展、最有文学价值的作家之一，他的描写详尽贴切，论述据事直书，客观地探讨各种社会问题。他的作品表现了一个时代的缩影，他的精神是一个时代文人的体现，必将继续影响美国及世界其他国家的文学创作，也必将为人民所铭记。这正是他被授予诺贝尔文学奖的理由："通过现实主义的、富于想象的创作，表现出富于同情的幽默和对社会的敏锐观察。"

"这是一幅充满活力、深思熟虑、极具启发性的大地与人民的全景图。这是一次慢慢品味、仔细思考、尽情享受的阅读。"（《波士顿先驱报》）

谨以此译，表达父母的养育之恩，感激家人的支持，感谢爱人金寿福对艰深晦涩词句的精辟点拨，尤其感谢李红燕博士的细心审读和精准的勘误。

栾奇

二零二一年十二月三十日于上海茶园坊

图书在版编目(CIP)数据

带上查理去旅行:重寻美国/(美)约翰·斯坦贝克著;
栾奇译.—北京:商务印书馆,2024
(远方译丛)
ISBN 978-7-100-21593-0

Ⅰ.①带… Ⅱ.①约… ②栾… Ⅲ.①游记—美国
Ⅳ.①K971.29

中国国家版本馆 CIP 数据核字(2024)第 031223 号

远方译丛

带上查理去旅行:重寻美国
〔美〕约翰·斯坦贝克 著
栾奇 译

———————————————————

商 务 印 书 馆 出 版
(北京王府井大街 36 号 邮政编码 100710)
商 务 印 书 馆 发 行
北京通州皇家印刷厂印刷
ISBN 978-7-100-21593-0

———————————————————

2024 年 3 月第 1 版 开本 880×1230 1/32
2024 年 3 月北京第 1 次印刷 印张 10⅜

定价:68.00 元